한국의
대학입시문화사

시험의 탄생에서 SKY 캐슬까지

강창동

「한국의 대학입시문화사」 둘러보기

　　인재를 공정하고 완벽하게 선별하는 시험은 존재하지 않는다. 시험은 신의 도구가 아니라 인간의 불완전한 장치다. 시험은 사회 권력을 합법적으로 분배하는 기제에 불과하다. 그렇다고 시험이 없으면 합리적으로 인재를 선발할 다른 방법은 현실적으로 존재하지 않는다. 시험이 없으면 오히려 엄청난 사회 혼란을 야기한다. 시험의 역설이다. 그래서 시험을 사회의 필요악이라고 한다.

　　시험은 탄생할 때부터 유능한 인재를 양성하기 위한 합리적인 제도가 아니라 왕권을 강화하기 위한 정치 도구로 출발했으며, 개인에게는 입신양명이라는 출세주의 욕망을 부채질한 사회 도구로 활용됐다. 시험은 공정성이라는 고귀한 순결의 의미를 구현하기 위한 것이 아니라 세속에 물든 출세 욕망을 실현하는 장치였다.

　　시험은 과거제란 이름으로 중국, 한국, 베트남에서 효과적인 인재 선발 장치로 활용됐다. 시험이 처음 생길 때부터 시험과 부정행위는 실과 바늘의 관계였다. 과거제 시험은 사회 출세의 세속 욕망을 실현하는 제도였기 때문이다. 과거제에서도 지금과 비슷한 예상 문제와 모범 답안지를 실은 초집(抄集)이라는 참고 도서가 있었다.

　　시험이 세계적으로 확산된 것은 마테오 리치가 중국의 과거제를 로마 교황청에 보고한 것이 계기가 됐다. 유럽은 중세에서 근대 사회로 전환하면서 타고난 혈통보다 노력에 의한 능력을 강조했다. 능력주의(meritocracy)를 구현하는 시험은 유럽 사회에서 큰 각광을 받았다. 시험이 공무원 채용에 활용되면서 유럽 전역으로 전파됐으며, 특히 학력(學力)을 가늠하는 선별 장치가 되자 학력(學歷) 사회를 도래시켰다. 유럽 사회에서 시험은 근대 사회의 능력주의 이념을 유지하는 제도 축이었지만, 다른 한편으로는 사회 출세 욕망을 도모하는 장치였다.

우리 역사도 차이가 없다. 고려·조선 시대에도 과거제는 신분 출세 욕망을 실현하는 효과적인 제도였다. 교육은 사회 출세와 신분 유지를 구현하는 기제였다. 지배층도 과거제를 통해 자신의 사회 신분을 유지하기 위해 각고의 노력을 했다. 교육은 과거 합격과 신분 출세 욕망을 구현하는 수단으로 활용됐다. 교육 욕망의 깊은 곳에는 사회 출세 욕망이 숨어 있었다. 교육 욕망이 사회 욕망이며, 사회 욕망이 교육 욕망이었다.

구한말에는 근대식 교육제도를 도입하면서 학력주의(學歷主義)의 시단이 됐다. 일제강점기에는 오늘날과 같이 입시 경쟁이 치열하여, 언론에서는 홍수 지원, 패닉 등으로 당시 상황을 묘사하고 있다. 극렬한 입시 압박을 이기지 못한 학생들은 극단적인 선택을 했다. 이 시기에 교육이 제도화된 학력(學歷)으로 체계화되면서 교육 욕망이 학력 욕망으로 대치됐다. 과거제의 교육 출세주의가 학교 연계의 학력 출세주의로 변한 것이다. 학력 출세주의는 학력 귀족이 되면 사회 귀족이 될 수 있다는 믿음을 강화했다. 학력 욕망의 깊은 곳에는 사회 출세 욕망이 숨어 있었다. 학력 욕망이 사회 욕망이며, 사회 욕망이 학력 욕망이었다.

해방 이후 지금까지 학력의 사회 출세주의 욕망이 우리의 대학입시문화를 관통하는 핵심축으로 작용했다. 우리의 교육열은 학력 출세주의에 뿌리를 둔 세속 욕망에 지나지 않았다. 사회 출세의 강력한 보증서인 학력(學歷)을 획득하기 위해 학부모와 학생은 혼신의 힘을 다해 입시 공부에 매진했다. 학력 귀족이 되기 위한 대학 입시경쟁은 마라톤 경기를 100m 달리기하듯이 전력 질주를 하게 했다. 한국의 대학입시문화는 학력 귀족이 되기 위해 어린 시절부터 학력 전사가 되어 입시 전쟁을 치르는 우리의 이야기다.

오늘날의 학력문화는 과거제의 교육문화와 차이가 없다. 고려와 조선 시대에는 교육을 통해 과거 출세주의를 실현했듯이, 오늘날은 학력을 통해 사회 출세주의를 구현한다는 점에서 변함이 없다. 대학 입시의 학력문화의 역사 원형은 과거제의 교육문화라는 것이다.

이 책은 이러한 한국의 대학입시문화 실체를 이해하기 위해 시험의 탄생부터 지금까지의 우리의 치열한 교육 모습을 담았다. 이 책은 한국의 대학입시문화를 분석한 처음의 연구서라, 광범위한 자료와 높은 수준의 접근을 요구했다. 한국의 역동적인 대학입시문화에 대한 종합 분석은 금단의 벽에 갇힌 원시림에 가깝기 때문이다. 이 책은 2007년에 저자가 쓴 '한국 대학입시제도의 사회사적 변천과 특징에 관한 연구'라는 논문을 기반으로 했다. 그리고 방대한 내용을 담아내기 위해 7장으로 나누어 접근했다.

제1장은 한국의 대학입시문화에 대한 전반적인 내용 흐름과 대학입시 제도의 시기 구분을 위한 분류 체계를 제시했다. 이 부분은 방법론과 관계가 있어 일반 독자가 굳이 읽지 않아도 큰 무리는 없다.

제2장은 시험의 탄생과 과정에 관한 것이다. 중국의 과거제 성격과 유럽의 시험 도입 과정과 그 의미 그리고 한국 과거제의 정치사회적 성격과 교육문화에 대해 논의했다. 이를 통해 일제강점기에 나타난 치열한 입시문화의 사회 의미를 살펴보았다.

제3장에서 제6장은 이 책의 핵심 부분이다. 대학입시제도의 분류 체계에 따라 해방 이후에서 지금까지 대학입시문화의 시대 흐름을 분석했다. 대학입시제도의 각 시기 특징은 세 가지로 구분하여 접근했다. 처음인 '교육의 사회적 배경'에서는 대학입시문화의 이해를 돕기 위해 각 시대의 정치사회적인 흐름과 특징을 제시했다. 다음인 '대학입시문화의 전개'에서는 입시를 위한 학부모의 절박한 교육열과 학생의 치열한 경쟁을 담은 생생한 장면과 그 의미를 논의했다. 마지막인 '대학입시체제의 특징'에서는 당시 대학입시체제의 제도적인 특징을 기술했다.

제7장은 지금까지 대학입시체제에서 논란이 되고 예민한 부분인 핵심 쟁점 세 가지를 논의했다. 하나는 '대학입시체제 vs 학교교육의 정상화', 다른 하나는 '국가 주도 관리 vs 대학의 선발 자율권' 마지막은 '수시 vs 정시'이다. 이 주제들은 앞으로도 논란이 예상되며, 하나의 정답을 찾기 어려운 특징을 가지고 있다. 단지 여기서는 대학입시제도의 올바른 방향을 모색하기 위해 함께 깊은 고민을 도모하고자 세 가지 주제를 제시했다.

이 책이 나오기까지 쉽지 않은 여정이 있었다. 이 책은 까탈스러운 글쓰기와 구토를 참게 하는 끈기를 요구했다. 때로는 포기하고 싶을 정도로 고통스러웠지만, 지인들의 관심과 격려로 마음을 붙잡을 수가 있었다.

이 책을 위해 구체적인 도움을 주신 학문의 벗들이 있었다. 한경대학교 정미경 교수님은 이 책의 구상에서 마무리 단계까지 귀한 시간을 내어 토론에 응해주시고 전체적인 체계 마련에 도움을 주셨다. 전지니 교수님은 바쁜 시간을 쪼개어 문장 구성과 배열에 대해 전문적인 조언을 주셨다. 마상룡 박사님은 시대 흐름 체계와 문장 구성에 대한 지혜를 주어 글의 완성도를 높일 수 있었다. 이유정 박사님은 글의 맥락과 내용 흐름을 세밀하게 조정하여 글의 세련성에 도움을 주었다. 김혜진 박사님은 문장 배치와 내용 구성에 참여하여 글의 가독성을 높였다. 지면에서 이 분들에게 감사 마음을 전한다. 마지막으로 이 책의 결실은 한국의 대학입시정책을 고민하는 이 땅의 모든 분들과 함께 나누고 싶다.

2020년 4월 10일 어느 봄날

강 창 동

차 례

CHAPTER 1   대학입시제도의 분류   / 9
1. 한국 교육과 대학입시문화 ·· 11
2. 대학입시제도의 시기 구분 ·· 15

CHAPTER 2   대학입시문화의 사회사적 배경   / 23
1. 시험의 탄생과 사회적 의미 ·· 25
    가. 시험의 탄생과 과정 ·· 25
    나. 근대 사회와 시험 ·· 30
2. 한국의 과거제와 교육문화 ·· 33
    가. 과거제와 정치사회적 관계 ·· 33
    나. 과거제와 교육문화 ·· 35
3. 일제강점기의 입시문화 ·· 41
    가. 일제강점기의 교육 특성 ·· 41
    나. 일제강점기의 입시문화 ·· 44

CHAPTER 3   대학별 단독시험기(1945년~1968년)와 입시문화   / 49
1. 대학별 단독고사제(1945년~1953년)와 입시문화 ···················· 51
    가. 교육의 사회적 배경 ·· 51
    나. 대학입시문화의 전개 ·· 54
    다. 대학입시체제의 특징 ·· 58

2. 국가연합고사와 대학별 본고사 병행제(1954년)와 입시문화 ·················· 62

　가. 교육의 사회적 배경 ··· 62

　나. 대학입시문화의 전개 ··· 64

　다. 대학입시체제의 특징 ··· 68

3. 대학별 단독시험(본고사)과 무시험(내신제) 병행제(1955년~1961년)와 입시문화 ··· 72

　가. 교육의 사회적 배경 ··· 72

　나. 대학입시문화의 전개 ··· 75

　다. 대학입시체제의 특징 ··· 78

4. 대학입학자격 국가고시제(1962년~1963년)와 입시문화 ························ 82

　가. 교육의 사회적 배경 ··· 82

　나. 대학입시문화의 전개 ··· 85

　다. 대학입시체제의 특징 ··· 88

5. 대학별 단독시험제(1964년~1968년)와 입시문화 ······························ 93

　가. 교육의 사회적 배경 ··· 93

　나. 대학입시문화의 전개 ··· 96

　다. 대학입시체제의 특징 ·· 102

CHAPTER 4　대학입학 예비고사기(1969년~1981년)와 입시문화　　/ 107

6. 예비고사와 대학별 본고사 병행제(1969년~1980년)와 입시문화 ············· 109

　가. 교육의 사회적 배경 ·· 109

　나. 대학입시문화의 전개 ·· 113

　다. 대학입시체제의 특징 ·· 118

7. 예비고사와 고교내신 병행제(1981년)와 입시문화 ························· 123

　가. 교육의 사회적 배경 ·· 123

　나. 대학입시문화의 전개 ·· 128

　다. 대학입시체제의 특징 ·· 131

CHAPTER 5 대학입학 학력고사기(1982년~1993년)와 입시문화 / 135

8. 학력고사와 고교내신 병행제(1982년~1985년)와 입시문화 ·················· 137

   가. 교육의 사회적 배경 ·· 137

   나. 대학입시문화의 전개 ··· 141

   다. 대학입시체제의 특징 ··· 145

9. 학력고사와 고교내신, 논술 고사 병행제(1986년~1987년)와 입시문화 ····· 149

   가. 교육의 사회적 배경 ·· 149

   나. 대학입시문화의 전개 ··· 152

   다. 대학입시체제의 특징 ··· 158

10. 학력고사와 고교내신 및 면접 병행제(1988년~1993년)와 입시문화 ······· 161

   가. 교육의 사회적 배경 ·· 161

   나. 대학입시문화의 전개 ··· 166

   다. 대학입시체제의 특징 ··· 173

CHAPTER 6 대학수학능력시험기(1994년~현재)와 입시문화 / 177

11. 대수능시험과 대학별 본고사 병행제(1994년~1996년)와 입시문화 ········· 179

   가. 교육의 사회적 배경 ·· 179

   나. 대학입시문화의 전개 ··· 184

   다. 대학입시체제의 특징 ··· 190

12. 대수능시험과 학생부(종생부) 및 대학별 고사 병행제(1997년~2001년)와

   입시문화 ··· 194

   가. 교육의 사회적 배경 ·· 194

   나. 대학입시문화의 전개 ··· 198

   다. 대학입시체제의 특징 ··· 204

13. 대수능시험과 무시험 전형제, 학생부 및 대학별 고사 병행제(2002년~2007년)

　　와 입시문화 ·· 209

　　가. 교육의 사회적 배경 ·· 209

　　나. 대학입시문화의 전개 ·· 212

　　다. 대학입시체제의 특징 ·· 218

14. 대수능시험 제반 제도와 입학사정관제 시행(2008년~2012년)과 입시문화 ·· 225

　　가. 교육의 사회적 배경 ·· 225

　　나. 대학입시문화의 전개 ·· 230

　　다. 대학입시체제의 특징 ·· 237

15. 대수능시험 제반 제도와 학생부 확대 적용(2013년~현재)과 입시문화 ····· 243

　　가. 교육의 사회적 배경 ·· 243

　　나. 대학입시문화의 전개 ·· 249

　　다. 대학입시체제의 특징 ·· 258

CHAPTER 7　대학입시체제의 쟁점들　　/ 263

1. 대학입시체제 vs 학교교육의 정상화 ·· 265

2. 국가 주도 관리 vs 대학의 선발 자율권 ·· 270

3. 수시 vs 정시 ·· 275

참고문헌　286
찾아보기　295

제1장

대학입시제도의 분류

대학입시제도의 분류

1 한국 교육과 대학입시문화

　해방 이후, 우리 교육은 절박한 상황에서도 불확실한 미래를 밝히는 사회의 생명줄이었다. 한국의 학부모들은 교육을 위해서라면 어떤 희생도 주저하지 않았다. 오늘날 학부모의 교육 노력은 대학입학시험제도(이하 대학입시제도)에 집중하고 있다. 대학입시제도는 교육의 사회 출세를 구현하는 실질적인 최종 관문이기 때문이다. 즉, 대학입시제도는 태풍의 눈으로 한국 교육의 중심을 이루어 모든 국민의 높은 관심을 받았으며, 학부모의 교육열이 집중된 첨예한 사회 경쟁의 도화선이었다.

　대학입시제도를 구현하는 우리 교육은 역사적으로 사회 생존권의 사슬에서 신분 가치를 높이는 기제였다. 사회 경쟁의 강력한 수단인 교육에 대한 열정은 고려와 조선 시대를 거치면서 현대 사회에서도 지속해서 나타났다. 고려와 조선 시대에서 과거제를 통해 신분 상승하려는 교육 욕망은 가문 간의 치열한 사회 경쟁의 원천으로 작용했다. 당시의 교육 욕망은 신분 욕망을 구현하는 교육 출세주의와 관련이 있었다. 구한말 근대 학제가 도입되면서부터 지금까지, 교육 욕망이 학력(學歷) 욕망으로 대치되면서 학력 출세주의가 대학입시제도의 중심을 이루었다.

　한국 사회에서 학력은 가족의 계급 상징물이며 개인의 사회 위세였다.

학력은 사회 출세와 신분 지위를 보증하는 핵심 공인서였다. 학력은 사회 생존권의 강력한 도구로서 활용됐다. 한국 사회에서 학력을 취득하려는 경쟁은 극심하게 전개됐다. 학력 경쟁의 부작용은 과외망국론, 비인간화 교육, 입시 교육, 교육 자살, 죽음의 트라이앵글 등의 부정적인 교육 언표에서 잘 드러나고 있다. 사실 학력 경쟁은 교육의 가면을 쓴 사회 경쟁이었다.

학력 경쟁의 중심에는 대학 입시가 제도적으로 자리매김하고 있었다. 학력 경쟁의 구현은 대학입시제도를 통해 이루어졌기 때문이다. 대학입시제도의 부작용은 시대가 변할 때마다 새로운 가면을 쓰고 지속해서 다른 모습으로 나타났다. 그 일관된 뿌리는 교육을 통해 출세하려는 학력 욕망으로 시대를 통괄했다.

학력 욕망의 근간인 교육 출세주의 욕망은 과거제(科擧制)에서 나타났다. 즉, 고려·조선 시대의 과거제라는 관료 입시제도에서도 참고 도서와 과외가 성행했으며 광범위한 시험 부정도 있었다. 과거제의 이런 모습은 오늘날 대학입시문화와 차이가 없다.

일제강점기에도 학력(학벌)주의 폐해는 심각했다. 국민학교와 중등학교는 입시 광풍에 시달렸으며 학생 자살이 이어졌다. 초등학교 시절 우리에게 익숙한 'ㅇㅇ전과'라는 참고 도서는 이 시기에 처음 발간됐으며, 당시 가열된 입시 교육의 단면을 보여주고 있다.

해방 이후, 1950년대에도 중등학교 입시와 대학 입시가 치열하게 전개됐으며 치맛바람의 성행과 부정 입학이 남발했다. 1960·70년대는 경기중학교 입학시험 오류로 인한 무즙 파동과 창칼 파동이 발생하여 '엿 먹어라'의 사회 기원이 되었다. 당시 입시 교육의 심각한 부작용으로 인해 1968년에 일류중학교가 폐지됐고, 1973년에 고교평준화가 실시되면서 파생된 입시병이 순차적으로 '국6병→중 3병→고3병'으로 나타났다.

1980년대에는 7·30 교육개혁조치의 대학 정원의 급격한 30% 증가로 인해 학력 인플레이션을 발생했으며, 예상과 달리 학력 경쟁은 더욱 치열해지고 재수생이 증가했다. '행복은 성적순이 아니잖아요'라고 대변되는 교육 자살이 이 시기에 나타났다.

1990년대에는 대졸 출신의 학부모가 전면적으로 등장하면서 대학 입시경쟁은 더욱 정교해지기 시작했다. 과거와 달리 대학입시준비가 '고등학교→중학교→초등학교→유치원→유아 교육'으로 이어지는 역 도미노 경쟁 현상이 일어났다.

2000년대에는 엄마사정관제, 죽음의 트라이앵글, 죽음의 사각지대, 죽음의 핵사곤 등 대학입시제도의 부작용을 대변하는 살벌한 교육 언표도 등장했다. 이러한 우리의 대학입시문화는 평범한 일상생활 주기를 바꿀 만큼 큰 영향력을 미쳤으며, 고3 수험생을 둔 학부모들은 극도로 예민해졌다. 자연히 교육 출세주의라는 학력 욕망이 빚어낸 대학입시문화는 교육의 많은 사회 부작용을 초래했다.

해방 이후 지금까지 대학 입시는 우리 교육에서 부인할 수 없는 제도의 축이며, 초·중등교육에도 구체적인 영향을 미쳤다. 대학입시제도는 모든 국민에게 뜨거우면서 예민한 관심사였다. 대학입시제도는 정권이 교체될 때마다 어김없이 등장하는 정치의 단골 주제였다. 대학입시제도는 모든 국민의 중요한 관심사여서 정권 차원의 부담으로 작용했다.

대학입시제도는 모든 국민의 뜨거운 관심으로 인해 정치 차원과 사회 차원의 민감한 주제였다. 대학입시제도에 대한 연구는 자연스러운 일이었다. 그동안 대학입시제도 연구는 특정 시대와 제도사에 집중되어 그 자체로 내적 한계가 있었다. 대학입시제도 연구는 이를 둘러싸고 파생한 다양하고 역동적인 역학관계를 간과했다. 대학입시제도의 변천 과정에 따른 정치사회의 배경과 교육문화의 역동성에 대한 논의에서 미흡했다.

그래서 한국 교육의 실체를 설명할 수 있는 대학입시제도에 관한 새롭고 통합적인 연구가 필요하다. 대학입시제도에서 이런 요건을 종합적으로 충족시키는 주제는 대학입시제도에서 파생한 교육문화다. 대학입시문화는 교육의 정치사회 관계, 초·중등교육의 입시경쟁, 사교육 문화, 학력 욕망, 극심한 가족주의 교육열, 비정상적인 교육 경쟁 등의 교육 부작용 전반과 총체적이며 입체적으로 관련을 맺고 있기 때문이다. 대학입시문화에 대한 깊은 이해는 자연히 한국 교육에 대한 깊이 있는 역사 통찰력을 제공한다.

대학입시제도의 정치사회 성격과 초·중등학교 입시문화와의 연계를 기반으로 대학입시문화 분석은 한국 교육에 의미 있는 문제의식을 공유하기 위한 것이다. 이에 따라 해방 이후부터 오늘날까지 대학입시문화를 형성하게 한 입시제도의 변화와 전개 과정 그리고 교육문화의 시대 흐름을 주요 연구 대상으로 둔다. 대학입시문화에 대한 이해의 효과성을 높이기 위해, 시험의 역사적 기원과 과거제의 교육 욕망 그리고 일제강점기의 학력 경쟁의 실체를 분석 기반으로 삼았다. 이를 통해 해방 이후 전개된 대학입시문화의 역동적인 변화의 실체에 대한 설명력을 높여서 한국 교육에 대해 성숙하고 통합적인 안목을 갖추고자 하였다.

2 대학입시제도의 시기 구분

　해방 이후, 역사의 풍파를 겪으면서도 대학입시제도는 한국 사회에서 생존권의 중심에 있었다. 대학입시제도는 한국 사회의 뿌리 깊은 학력(학벌)주의로 인해 사회 차별의 원인이 됐다. 대학입시제도는 사회 신분을 가르는 제도적 기제로 작용했기 때문이다.

　학력(학벌)주의를 구현하는 대학입시제도를 효과적으로 이해하기 위해서는 먼저 시대의 분류 체계를 마련해야 한다. 대학입시제도의 분류 체계는 한국 교육에 대한 역사 안목을 제공해 주기 때문이다. 대학입시제도는 우리 국민의 지칠 줄 모르는 교육열로 인해 크고 작은 정도의 차이만 있을 뿐, 거의 매년 수시로 바뀌어 왔다. 그동안 대학입시제도는 적용하지 않은 전형 방법이 거의 없을 정도로 가능한 모든 방법이 동원됐으며, 시대에 맞게 외양만 바꾸고 비슷한 방법들로 되풀이됐다. 역사적으로 대학입시제도의 변화는 몇 가지 방법이 지속해서 혼용·결합하여 나타났다. 대학입시제도의 변천 특징을 살펴보기 위해 대학 입시 관리 주체를 중심으로 세 가지로 접근했다.

　첫째, 입시관리의 중심이 대학인 경우다. 미군정기에는 미국의 대학 자율성에 대한 영향을 받아 주로 대학 중심으로 입시관리가 이루어졌다.

　둘째, 입시관리의 중심이 국가인 경우다. 대학의 자율적인 입시 관리는 많은 사회 부작용으로 인해 입시관리를 국가가 통제했다.

　셋째, 입시관리의 중심이 국가와 대학의 혼용 체제인 경우다. 이 경우 입시관리를 국가와 대학이 분담한다. 국가는 예비고사를, 대학은 본고사를 분담하여 시행하는 것이다. 국가의 획일적 통제권과 대학의 자율적 관리의 혼용 방법은 오늘날까지 적용되는 입시관리 체제다. 외양은 혼용 관리 체제지만 실제는 국가가 자율적인 대학의 입시 관리 체제를 통제·간섭한다는 점에서 국가 관리 체제라고 할 수 있다.

　대학 입시 관리 체제에서 국가 주도 관리와 대학 주도 관리의 어느 한쪽이 더 효율적이냐의 판단은 한국 특유의 그동안 만연했던 학력 출세주의로 인해 쉽게 대답할 수는 없다.

국가 관리의 경직성은 관료 중심의 획일적이고 비전문적인 입시정책으로 인해 많은 혼란을 초래했다. 정권이 교체될 때마다 정치성이 짙은 손쉽고 일관되지 못한 대학입시정책은 국민에게 신뢰를 주지 못했다.

대학 관리의 자율성은 고등교육의 가치를 실현하는 핵심적인 이념 기반이지만, 적어도 한국 사회에서 대학의 선발 자율성은 역사적으로 사회 공정성 실현과 거리가 멀었다. 대학은 사회 공정성보다 자신의 대학 명성을 유지하기 위해 노력하는 이해 집단이기 때문에 국가의 불가피한 개입을 초래했다. 대학 입시 관리에서 국가와 대학 모두는 역사적으로 불안한 모습을 보였다.

입시관리 주체가 변하듯이 대학입시제도는 복잡하며 다양하게 변천했다. 이종승(2005: 43)은 대학 입시 선발 제도에 관한 변화의 특징을 다음과 같이 정리했다. 첫째, 별도의 선발 과정 없이 고등학교 졸업자격 소지자는 누구나 입학할 수 있는 제도, 둘째, 고등학교 학업 성적에 의해 입학자를 선발하는 제도, 셋째, 고등학교 학업 성적과 추천서, 사회활동 보고서, 면접시험 등을 종합적으로 검토하여 입학자를 선발하는 제도, 넷째, 표준화된 수학능력시험이나 학력시험 성적에 따라 선발하는 제도, 다섯째, 대학별 고사(필기시험과 구술고사)에 의해 선발하는 제도이다. 사실 입시 선발의 내용적인 측면에서 보면 시대에 따라 약간의 변화를 거쳤지만, 거의 모든 제도를 소개하고 혼용·적용했다.

대학입시제도의 선발 방법은 시대 상황에 따라 변모하면서 세분되거나 한층 발전된 방법으로 적용됐다. 대학입시제도 전형 방법의 조합은 매우 다양하게 전개됐다. 대학입시제도의 변천은 비슷한 전형 방법을 각색하여 적용한 반복 과정에 지나지 않았다.

대학입시제도 변화의 배경 역시 시대에 따라 약간의 차이가 있지만, 내용면에서 비슷한 교육 문제를 표출했다. 대부분 교육 문제의 근원에는 학력 출세주의 욕망이 뿌리깊게 자리잡고 있었다. 교육 문제는 단지 시대의 무대 특성에 따라 외형만 다른 옷을 입고 등장한 것에 지나지 않았다.

그동안 대학입시제도는 끊임없이 변천했지만, 비슷한 전형 방법을 되풀이했다. 대학입시제도의 변천은 반복적인 특징으로 인해, 그 분류 체계는 까다로운 성격이 있다. 대학입시제도의 변천을 일정한 범주 안에서 분류하기가 어렵다는 것이다. 우리의 현대사는 정치사회적으로 격동의 변화를 겪어서 대학입시제도 변천의 분류 체계를 더욱더 어렵게 만들었다.

대학입시제도 변천에 대한 대다수 연구는 시대 흐름과 변화 그리고 특정 사실에 주목하는 연대기적 방법과 대학 입시의 제도사에 주로 집중되어 있었다. 이런 한계를 극복하기 위해 대학입시제도 변천의 정치사회 상황과 교육문화의 역동적 변화에 주목하여 입체적으로 대학입시제도를 분석하고자 했다. 이를 위해 대학입시제도의 분류 체계를 먼저 검토해야 했다. 아쉬운 점은 대부분의 분류 체계가 2000년대 전후까지를 논의한 데서 멈춘 것이다. 그렇지만 큰 흐름을 보면 현재와 약간의 차이가 있지만, 해석에는 무리가 없다고 생각한다.

그동안의 대학입시제도사 연구를 살펴보면, 김익로(1993)는 대학입시제도의 변천 과정에서 대학수학능력시험 이전까지를 4개로 범주화하여 9개[1]로 구분했다. 백승현(1999)은 해방 이후 1999년까지의 대학입시제도의 변천 과정을 12개[2]로 분류하여 제시했다. 조성종(2001)은 다른 연구와 달리 세부

---

1 **김익로**(1993)는 대학수학능력시험 이전까지를 3개로 범주화하여 9개로 분류했다. 구체 분류 체계는 다음과 같다. 첫째, 대학의 자율적 운영 조성기(1945년~1961년)이다. 이 시기는 ① 대학별 단독시험기(1945년~1953년) ② 대학입학 국가연합고사와 본고사 병행기(1954년) ③ 대학별 단독시험기(1955년~1961년)로 구분한다. 둘째, 대학의 정비와 통제감독기(1962년~1980년)이다. 이 시기는 ④ 대학입학자격 국가고사기(1962년~1963년) ⑤ 대학별 단독시험기(1964년~1968년) ⑥ 대학입학 예비고사 · 본고사 병행기(1969년~1980년)로 구분한다. 셋째, 대학의 양적 확대와 교육개혁기(1981년~1993년)이다. 이 시기는 ⑦ 대학입학 예비고사(학력고사) · 고교내신 병행기(1981년~1985년) ⑧ 대학입학 학력고사 · 내신성적 · 논술 고사 병행기(1986년~1987년) ⑨ 대학입학 학력고사 · 내신성적 · 면접 병행기(1988년~1993년)로 구분한다.

2 **백승현**(1999)은 해방 이후에서 1999년까지 대학입시제도의 변천 과정을 12번으로 분류하여 제시했다. 분류 체계는 ① 대학별 단독시험제(1945년~1953년) ② 대학입학 국가연합고사

적인 대학입시제도의 변천을 제시하지 않았지만, 6개의 범주화3로만 구분한 것이 특징이다. 남혜영(2002)은 우리나라 대학 입시 변천 과정을 해방 이후에서 2002년까지를 범주화 없이 평면적으로 13개4로 구분했다.

이종승(2005)은 대학입시제도의 변천을 정치사회 변동과 관련하여 구분했다. 대학입시제도는 크게 15번의 변화가 있었으나, 세부 사항을 고려하면 거의 매년 바뀌었다고 할 수 있다. 대학입시제도가 변할 때마다 언제나 새로운 교육 문제를 발생시키면서 오늘날에 이르렀다고 했다. 그는 해방 이후에서 2005년까지 대학입시제도의 15번 변천을 다시 4개로 범주화5하

와 대학별고사 병행기(1954년) ③ 대학별 단독시험기(1955년~1961년) ④ 대학입학자격 국가고사기(1962년~1963년) ⑤ 대학별 단독시험제(1964년~1968년) ⑥ 대학입학 예비고사 · 대학별고사 병행기(1969년~1980년) ⑦ 대학입학 예비고사 · 고교내신 병행기(1981년) ⑧ 대학입학 학력고사 · 고교내신 병행기(1982년~1985년) ⑨ 대학입학 학력고사 · 고교내신 · 논술 고사 병행기(1986년~1987년) ⑩ 대학입학 학력고사 · 내신성적 및 면접 병행기(1988년~1993년) ⑪ 대학수학능력시험 · 고교내신성적 및 대학별고사 병행기(1994년~1996년) ⑫ 대학별 자율 결정기(1997년~)이다.

3 조성종(2002)은 세부인 변천 과정을 제시하지 않고 단지 6개의 범주화만 제시했다. 구체적으로 ① 대학별 단독고사제(1945년~1961년) ② 대학입학자격 국가고사기(1963년~1964년) ③ 대학별 단독고사제로의 복귀기(1964년~1968년) ④ 대학입학 예비고사 실시기(1969년~1981년) ⑤ 대학입학 학력고사 실시기(1982년~1993년) ⑥ 대학수학능력시험 시험기(1994년~)로 구분하였다.

4 남혜영(2002)은 대학입시제도의 변천과정을 ① 대학별 단독시험제(1945년~1953년) ② 대학입학 국가연합고사와 대학별 고사(1954년) ③ 대학별 단독시험과 무시험 병행제(1955년~1961년) ④ 대학입학자격 국가고사제(1962년~1963년) ⑤ 대학별 단독시험제(1964년~1968년) ⑥ 대학입학 예비고사와 대학별고사 병행제(1969년~1980년) ⑦ 대학입학 예비고사와 고교내신 병행제(1981년) ⑧ 대학입학 학력고사와 고교내신 병행제(1982년~1985년) ⑨ 대학입학 학력고사 · 고교내신 · 논술 고사 병행제(1986년~1987년) ⑩ 대학입학 학력고사 · 고교내신 · 면접 병행제(1988년~1993년) ⑪ 대학수학능력시험 · 고교내신 · 대학별고사 병행제(1994년~1996년) ⑫ 대학수학능력시험 · 학교생활기록부 · 대학별고사 병행제(1997년~2001년) ⑬ 대학수학능력시험 · 학교생활기록부 · 면접 · 비교과 주요자료 · 대학자체 전형자료 · 정보소양인증(2002년~)으로 구분하였다.

5 이종승(2005)은 해방 이후 지금까지 대학입시제도의 변천이 14번 이루어졌다고 하며, 다시 4개로 범주화했다. 그 구분은 다음과 같다. 첫째, 대학별 단독시험기(1945년~1968년)를 들

여 제시했다.

　박철희(2005)는 지금까지의 대학입시제도의 분류 체계와 달리, 일제강
점기부터 1994년까지의 시기를 대상으로 삼았다. 우리나라 대학입시제도
의 변천을 정치사회 맥락에서 분석했으며 논의 전개를 위해 간략하며 특이
한 분류 체계를 제시했다. 구체적인 내용은 다음과 같다. 첫째, 일제강점기
의 대학입학생 선발제도를 들었다. 둘째, 해방 이후부터 박정희 정권까지
의 대학입학생 선발제도를 들었다. 여기서는 ① 해방 이후부터 이승만 정
권기의 대학입학 선발제도 ② 박정희 정권기의 대학입학생 선발제도로 구
분한다. 셋째, 전두환 정권 이후의 대입선발제로 구분했다.

　여기서 박철희의 연구를 제외하고, 대다수의 연구가 비슷한 분류 체계
를 가지고 있다. 세부적인 사항에서는 약간의 차이가 있지만 큰 흐름에서
는 비슷한 맥락을 유지하고 있다. 사실 대학입시제도의 변천을 분류하는
것은 관점에 따라 매우 상이할 수 있다. 대학입시제도는 해방 이후 거의
매년 바뀌었기 때문에 어떤 분류 방법을 선택하느냐에 따라 달라질 수 있
다. 대학입시제도 변천의 분류 방법은 일정한 틀을 유지해도 임의적인 한
계에 놓이게 된다.

　이 책에서는 대학입시제도 변천의 시대 흐름을 유지하면서 위의 연구

었다. 이 시기는 ① 대학별 단독시험제(1945년~1953년) ② 대학입학 국가연합고사 · 대학별
본고사 병행제(1954년) ③ 대학별 단독시험 · 무시험전형 병행제(1955년~1961년) ④ 대학
입학자격 국가고사제(1962년~1963년) ⑤ 대학별 단독시험제(1964년~1968년)로 구성되었
다. 둘째, 대학입학 예비고사기(1969년~1981년)를 들었다. 이 시기는 ① 대학입학 예비고사 ·
대학별 본고사 병행제(1969년~1980년) ② 대학입학 예비고사 · 고교내신성적 병행제(1981
년)로 구성되었다. 셋째, 대학입학 학력고사기(1982년~1993년)를 들었다. 이 시기는 ① 대
학입학 학력고사 · 고교내신성적 병행제(1982년~1985년) ② 대학입학 학력고사 · 고교내신
성적 · 논술 고사 병행제(1986년~1987년) ③ 대학입학 학력고사 · 고교내신성적 병행제
(1988년~1993년)로 구성되었다. 넷째, 대학수학능력시험기(1994년~현재)를 들었다. 이 시
기는 ① 대학수학능력시험 · 고교내신성적 · 대학별고사 병행제(1994년~1996년) ② 대학수
학능력시험 · 종생부(학생부) · 대학별고사 병행제(1997년~2001년) ③ 대학수학능력시험 · 학
생부 · 대학별고사 병행제(2002년~2004년) ④ 대학수학능력시험(선택제) · 학생부 · 대학별고
사 병행제(2005년~　)로 구성되었다.

성과를 참조하여 분류하고자 한다. 이 책의 분류 체계는 절대적일 수 없으며, 위의 연구를 참고하여 정치사회 측면과 교육사회 측면 그리고 대학입시제도 측면의 세 가지를 주요 준거로 삼았다.

첫째, 정치사회 측면은 대학입시제도의 변화에 영향을 준 정권 교체 등과 같은 정치사회 요인에 초점을 두었다.

둘째, 교육사회 측면은 재수생과 과외 문제 그리고 학력주의 등의 교육적 부작용이 사회적으로 심각하게 제기되어 이를 해결하기 위한 대학입시제도의 변화에 영향을 준 교육사회 요인에 초점을 두었다.

셋째, 대학입시제도 측면은 관리 형태, 선발 방법, 전형 방법, 시험 과목 등과 같은 제도의 구체적인 내용에 초점을 두었다.

대학입시제도 분류 체계에서 세 가지의 각 요인은 그 분류 기준이 상이할 수 있다. 어떤 분류 기준을 중심에 두느냐에 따라 대학입시제도의 분류 체계는 다르게 나타난다. 이 책에서는 세 가지 요인을 신중하고 균형적으로 배려하여 분류 체계를 마련하려고 했다. 이 책의 대학입시제도의 분류 체계는 [표 1-1]과 같으며, 이를 기준으로 논의를 전개하고자 한다.

표 1-1_____ 대학입시제도의 분류 체계

구분	대학입시제도의 시기별 분류 유형
대학별 단독시험기 (1945년~ 1968년)	1. 대학별 단독고사제(1945년~1953년) 2. 국가연합고사와 대학별 본고사 병행제(1954년) 3. 대학별 단독시험(본고사)과 무시험(내신제) 병행제(1955년~1961년) 4. 대학입학자격 국가고사제(1962년~1963년) 5. 대학별 단독시험제(1964년~1968년)
대학입학 예비고사기 (1969년~ 1981년)	6. 예비고사와 대학별 본고사 병행제(1969년~1980년) 7. 예비고사와 고교내신 병행제(1981년)
대학입학 학력고사기 (1982년~ 1993년)	8. 학력고사와 고교내신 병행제(1982년~1985년) 9. 학력고사와 고교내신 및 논술 고사 병행제(1986년~1987년) 10. 학력고사와 고교내신 및 면접 병행제(1988년~1993년)
대학수학능력 시험기 (1994년~ 현재)	11. 대수능시험과 고교내신 및 대학별 본고사 병행제(1994년~1996년) 12. 대수능시험과 학생부(종생부) 및 대학별 고사 병행제(1997년~2001년) 13. 대수능시험과 무시험 전형제, 학생부 및 대학별 고사 병행제(2002년~2007년) 14. 대수능시험 제반 제도와 입학사정관제 시행(2008년~2012년) 15. 대수능시험 제반 제도와 학생부 확대 적용(2013년~현재)

제2장

대학입시문화의 사회사적 배경

대학입시문화의 사회사적 배경

1 시험의 탄생과 사회적 의미

가. 시험의 탄생과 과정

시험은 관료를 선발하기 위해 과거제(科擧制)라는 이름으로 중국의 수(隋) 나라 문제(文帝)에 의해 탄생했다. 시험이 있기 전, 관료 선발 방법으로는 한(漢) 대의 향거리선제(鄕擧里選制)와 위진남북조 시대의 구품관인법(九品官人法)이 있었다. 이 제도들은 경쟁 선발보다 귀족이 추천하여 자기 사람을 뽑는 형식이어서 문벌(門閥) 독점이 심했다. 이 제도들에 의해 문벌 귀족은 합법적으로 정부 요직의 독점과 권력의 세습화를 초래하여 왕권을 위협했다.

수(隋) 문제(文帝)는 중국을 통일한 후에 관제(官制)를 정비하고 추천에 의한 문벌 귀족의 전횡을 막고자 했다. 또한 중앙집권적 왕권을 강화하기 위해 시험에 의해 새로운 세력인 관료를 선발하는 과거제를 고안했다. 과거제는 빈부의 차별 없이 능력에 의해 유능한 인재를 선별하는 객관적이며 공정한 성격으로 인해 사회 정당성이 있었다. 과거제는 시험이 가진 중립적이며 보편주의적인 성격으로 인해 중국, 한국, 베트남에서만 도입되어 대표적인 인재 선별 장치로 활용됐다.

과거제는 합리적인 인재 선발보다는 왕권강화와 권력 다툼을 위한 정치 정쟁의 무기에 지나지 않았다. 과거제의 왕권강화에 대해 당(唐) 태종(太宗)은 천하의 영웅들이 내 올가미에 걸려들었다고 했다. 宮岐市定(1963: 20)에 따르면 과거제는 원래 천자(天子)가 귀족과 맞서 싸우기 위해 창안됐다고 한다. 당(唐) 대는 300년 동안 이런 목적이 달성됐으며, 송(宋) 대는 이미 세상에는 천자와 맞서 싸울 만큼 강력한 귀족은 사라지고 과거제의 전성시대에 있었다. 과거제는 유능한 인재의 선발보다는 역사적으로 정치 정쟁의 도구가 되었다.

과거제가 정치 정쟁의 도구가 된 것은 많은 사람의 충분한 관심을 받아서 가능했다. 과거 합격은 하늘의 별을 따는 만큼 당시의 사회 위세는 대단했다. 과거제를 통해 관료가 된다는 것은 일시에 지위, 권력, 부 모두를 독점하는 벼락출세를 보장했기 때문이다. 전근대 사회에서 과거제는 신분 출세를 위한 거의 유일한 제도적인 통로여서 많은 사람의 출세 욕구를 자극했다. 시험을 통한 과거 합격자는 개인의 능력에 의존해서 무엇보다 공정하고 정당한 사회 존경의 대상이 되었다. 이에 따라 일반 백성은 신분 출세를 보장하는 과거 합격을 위해 치열한 시험 경쟁에 뛰어들었다.

시험의 제도화는 특정의 사회 이해관계와 연결되어 있다. 사회의 이해관계가 클수록 과거제는 역사적으로 치열하게 전개됐다. 과거제는 일시에 지위, 권력, 부를 소유한 관료가 되게 하여, 수단과 방법을 가리지 않는 시험 경쟁을 만들었다.

태아(胎兒)부터 시경(詩經)을 읽으면 똑똑한 아이가 태어난다 하여, 과거 합격을 위해 태교를 시작했다. 어렸을 때부터 과거 합격을 위한 혹독한 조기교육을 실시했다. 만 6세가 되면 학교에 보내거나 과외 교육을 받게 했다. 상인은 관청에서 굴욕을 참으면서 돈을 버는 것보다 관리가 되는 것이 좋다고 생각했다. 집안에 재능있는 사람이 있으면 그를 공부시키기 위해 가족들은 궂은 일도 주저하지 않았다. 심지어 어떤 상인은 공부를 좋아하는 아이를 미래의 사위로 점찍고 경제적 도움을 주는 것을 마다하지 않았다. 비록 관직이 아닌 단순한 과거를 통한 학위신분층(관료는 아니지만 1차에만 합격하여 진사, 생원같이 상징적인 학위만 있는 계층)이라도 사회에서 높은 대우를 받았으며, 그 위세는 대단했다(何柄棣, 1962: 98-104). 과거 합격은 사회 지위와 특권을 획득하는 공적인 장치였다.

신분 출세를 보장하는 과거 합격은 필생의 염원이 될 정도로 모든 사람의 꿈이 되었다. 경전을 공부해 수신제가(修身齊家)의 인격을 가다듬어야 하는 과거제는 오늘과 같이 '시험을 위한 시험'으로 전락했다. 과거 합격을 위해 오늘날의 참고서와 같은 모범답안지인 초집(抄集)으로 시험 공부를 했다. 이에 대해 성리학(性理學)의 창시자인 주희(朱熹)는 다음과 같이 생생한 한탄을 남겼다.

> 경전을 공부하는 자들이 더는 경전의 원문과 선현들의 주석은 보지 않고
> 근래 과거 시험에 합격한 문장만 가져다 외우고 모방하여 … 당시 일반
> 학교들 역시 이미 과거 시험의 준비 기구로 전락해 사인(士人)들에게 쓸모
> 없는 빈말들뿐인 과문 짓는 것만 가르치고 있다(金諍, 1990: 186).

당시의 세태는 학원과 참고 도서에 의존하여 시험 문제만 풀이하여 대학수학능력시험을 준비하는 오늘날 상황과 매우 유사했다. 시험이 있는 곳에 출세가 있으며 '시험을 위한 시험'의 상황은 역사적으로 되풀이됐다. 신분 출세주의의 덫에 걸린 사람들은 편법으로도 과거에 합격하기 위해 시험의 부정행위를 주저하지 않았다.

실제 시험을 보는 거인(擧人) 중에서 세력이 있는 집은 대다수가 뇌물을 보내면서 응시자들에게 부탁하여 답안지를 바꾸거나 대필하기도 하고, … 남의 이름을 사칭하여 시험을 보거나 혹은 남의 손을 빌려 밖에서 답안을 가지고 들어와 답안 용지를 받는 곳에서 베껴 쓰기도 했다(Chaffee, 1995: 208). 과거 시험의 부정행위는 중죄로 다스리고 때로는 사형에 처하는 법이 있어도 신분 출세를 위해 절박한 심정으로 목숨을 걸고서도 부정행위를 했었다. 과거 합격을 통해 일시에 지위, 권력, 부를 획득하려는 신분 출세주의 욕망이 앞섰기 때문이다.

결국 유교 경전을 통해 인격을 완성하려는 의지와 합리적이고 유능한

관료를 선발하려는 제도적인 욕구는 신분 출세주의라는 세속 욕망을 극복하지 못하고 과거제를 시험을 위한 시험으로 전락하게 했다. 「고문진보(古文眞寶)」에 수록된 송(宋) 진종(眞宗)의 권학문(勸學文)에는 과거제의 세속적인 성격이 잘 드러나 있다.

> 부자가 되기 위해 좋은 밭을 사지 말라.
> 책 속에 천 석(石)의 쌀이 있다.
> 편안하게 살기 위해 호화로운 집을 지을 필요가 없다.
> 책 속에 황금 가옥이 있다.
> 문을 나서고도 사람이 따르지 않는다고 한탄하지 말라.
> 책 속에 수레와 말이 무수히 있다.
> 아내를 얻으려고 좋은 중매가 없다고 실망하지 말라.
> 책 속에 옥 같은 구슬을 가진 여자가 있다.
> 남자로 태어나 평생의 뜻을 이루고 싶거든
> 창 앞에서 육경을 부지런히 읽어라.

당시 과거제에 대한 사회 세태를 바라보는 눈은 서로가 비슷했다. 사마광(司馬光)은 「권학가(勸學歌)」에서 "하루아침에 벼슬길에 올라 벼슬이 높아지면 선배라고 불린다. 집안에 인척관계를 맺지 않는 사람이 있으면 저절로 가인(佳人)이 와서 배필을 구한다"라고 했다.

왕안석(王安石)은 「권학문(勸學文)」에서 "독서는 낭비가 아니라 만 배의 이익을 준다. … 창 앞에서 고서를 읽고 등 아래에서 서의(書義)를 찾으면 가난한 자는 부자가 되고, 부자는 귀하게 된다"라고 했다. 오래전에도 과거제의 신분 출세주의라는 세속 욕망이 극명하게 나타나고 있다.

19세기 중국의 사회소설인 관장현형기(官場現形記)의 서문에는 "관리의 지위는 높고 그 이름은 크고 위엄은 중하다. 이것은 어린아이도 잘 아는 것이다. … 과거제가 시작되면서부터는 … 사인(士人)은 자기의 학업을 버리고, 농민은 쟁기를 버리고, 공인은 기술을, 상인은 자기의 장사를 버리고 오직 한 가지 일, 즉 관직에만 관심을 가지게 됐다"고 했다(何柄棣, 1962: 51).

시험의 신분 출세주의라는 세속적 욕망은 안타깝게도 오늘날과 차이가 없다. 얼마 전에 우리 사회에 유행했던 대학수학능력시험을 빗댄 씁쓸한 말들이 떠오른다.

지금 자면 꿈을 꾸지만, 지금 공부하면 꿈을 이룬다.
공부할 때의 고통은 잠깐이지만, 못 배운 고통은 평생이다.
행복은 성적순이 아닐지라도 성공은 성적순이다.
지금 흘린 침은 내일의 눈물이 된다.
개같이 공부하여 정승같이 놀자.
학벌이 돈이다.
지금 이 순간에도 적들의 책장은 넘어간다.
가장 위대한 일은 남들이 자고 있을 때 이루어진다.
한 시간 더 공부하면 남편(마누라)의 얼굴(직업)이 바뀐다.

부인하고 싶지만, 틀린 말은 아니다. 지금은 시험을 위한 시험의 만능 사회이기 때문이다. 우리는 시험을 치는 것이 아니라, 시험이 담고 있는 사회 이익을 쫓고 있는 것이다. 시험 욕망은 세속적인 꿈을 이루게 하는 사회 욕망이다. 시험에 집착하는 교육 욕망은 결국 교육의 가면을 쓴 사회 욕망이다.

그래서 인재를 공정하고 완벽하게 선발하는 시험은 존재하지 않는다. 시험은 그 자체로 내적 한계를 가지고 있다. 시험은 시대의 특징과 사회적 제약을 담고 있기 때문이다. 시험은 신의 완벽한 도구가 아니라 인간의 불완전한 장치일 뿐이다. 시험은 외형상 객관적이고 공정한 능력주의 (meritocracy)를 상징하지만, 실제는 타고난 사회 환경에 의해 보이지 않는 차별을 하고 있다. 시험은 사회 권력을 합법적으로 배분하기 위한 기제일 뿐이다. 시험에 의해 선발된 인재들은 언제나 한계를 가지기 마련이다. 그렇다고 시험이 없으면 합리적으로 인재를 선발할 다른 방법이 존재하지 않아, 많은 사회 혼란을 야기할 수 있다. 그래서 시험은 사회의 필요악이다.

나. 근대 사회와 시험

중세는 봉건영주의 귀족 혈통을 중시하는 귀속사회(ascribed society)였다. 십자군 원정으로 인해 상공업이 발달하면서 자본가를 중심으로 한 신흥 시민계급이 형성되었다. 왕과 봉건영주의 통치를 받던 자본가 계급은 자유로운 시장경쟁을 보장받기 위해 인간 존엄성이라는 천부권(天賦權)을 토대로 개인의 자유와 평등을 강조했다. 사람은 하늘이 부여한 고귀한 존재여서 타인에게 어떤 간섭도 받지 않는 자유롭고 평등한 존재다. 왕과 귀족 그리고 시민 모두는 평등하다는 것이다. 평등을 기반으로 한 자유주의는 근대 사회 출현의 이념 기반이 되었다. 근대 사회는 귀족 중심의 혈통사회에서 모든 사람에게 평등한 기회를 부여하여 개인의 재능과 노력을 강조하는 능력주의(meritocracy) 사회로 변모했다.

능력주의 사회로 변화한 근대 사회를 지탱하는 장치는 시험이다. 개인의 능력을 가늠할 수 있는 척도가 시험이기 때문이다. 시험은 근대 사회의 시대 정신을 구현하는 새로운 제도였다. 과거제라는 시험이 소개된 것은 16세기 말에 이탈리아 선교사인 마테오 리치(M. Ricci)가 로마 교황청에 보고한 것을 계기로 유럽에 전파됐다. 중세 유럽인들은 관료 선발에서 출신과 신분, 지위보다는 오로지 개인의 능력과 학식에만 의존하는 시험 제도에 비상한 관심을 가졌다. 유럽의 많은 사상가는 개인의 능력을 공정하게 분류하는 시험을 관료 선발과 대학입학 선발에 도입할 것을 적극 권유했다.

18세기 볼테르(Voltaire)와 몽테스키외(Montesquieu)는 중국을 황제를 제외하고 모두 평등하고 귀족 계층이 없는 개방된 사회로 보고 상하 계층이 끊임없이 상호 교류하여 권력의 세습화를 방지한다고 하며, 서구 사회의 개혁 가능성을 추구했다. 케네(Quesnay)는 정식으로 중국의 문관고시제도를 모방할 것을 주장했다. 멜더스(Malthus)는 영국이 중국의 공직 경쟁인 고시제도를 모방했으며, 중국에서는 이 제도로 인해 능력 있는 지식인을 기용함으로써 정치가 깨끗해졌다고 했다(金諍, 1995: 4-7). 당시 유럽인은 중국의 과거제를 황금의 도시인 엘도라도를 안내하는 사회 개혁의 혁신 장치로 볼 정도로 큰 기대를 했다.

1791년 프랑스가 가장 먼저 필기시험에 의한 문관고시제도를 시행했고, 1853년 이후부터는 영국도 점차 문관고시제도를 확대했다. 실질적으로 유럽 전체에 영향을 미친 것은 영국의 문관고시제도이다. 18세기 이후에 유럽 대학들은 학업 수준을 측정하는 필기시험을 채택했다(金諍, 1995: 3-4). 유럽에서 시험에 의한 관료 선발과 학생 선발은 시험의 세계화를 이루게 했다.

근대 사회에서 시험을 통한 개인의 능력 선별은 중세의 신분 제도를 변화시킬 만큼 사회 전체에 엄청난 파급력이 있었다. 시험은 이념적으로 근대 사회를 떠받치고 있었으며 실제적인 영향력을 행사했다.

홉스봄(Habsbawm, 2003: 366)에 의하면 당시 교육에 대한 열망은 사업 성공에 대한 일반적인 열망보다는 훨씬 조성되기 쉬웠으며, 낯선 돈벌이 기술보다는 학교교육을 습득하는 것이 훨씬 쉬웠다. 교육은 개인주의 경쟁과 재능에 의한 출세, 그리고 출생과 연고에 대한 실력의 승리를 상징했다. 교육은 어떤 의미에서 돈벌이 사업만큼이나 효과적이었으며, 그것은 경쟁시험이라는 장치를 통해 이루어졌다. 프랑스 대혁명은 시험에 의한 계층 제도를 만들었으며, 지금도 시험에 의한 계층 제도가 살아 있다고 했다.

시험은 학교 제도에 도입되면서 학력주의(學歷主義)의 시단(始端)이 되었다. 학력은 시험에 의해 분류된다. 시험이 없으면 학력이 존재할 수 없다. 능력주의를 중시하는 근대 사회는 시험으로 인한 학력주의를 동반했다.

당시의 이런 상황에 대한 베버(Weber)의 논의는 인상이 깊다. 그에 의하면 옛날에는 족보를 가지고 재력과 권력 획득 그리고 공직을 증명했으나 오늘날에는 교육이 족보를 대신하고 있다. 대학교에서 수여하는 각종 학력 증명서는 사회의 특권층 형성에 기여하고, 사회 저명인사 집안과의 혼인을 맺고 각 분야의 최고 지위에 오르게 한다. 사람들은 학력을 바탕으로 사회적이고 경제적인 특권과 지위를 독점하고자 한다. 오늘날의 시험 제도는 특권적 지위를 독점화하는 도구로 변질되고 있다. 생존 경쟁에 이기기 위해서는 교육 특권을 보장받는 명문 대학의 기숙사 클럽에 참가하는 것이 필요하게 되었다(Collins. 1989: 서문). 근대 사회에 시험이 도입되면서 학력주의가 대두되고, 사실상 시험에 의해 분류된 학력은 특권 지위를 형성하는 사회 기반이 되었다. 당시 상황에 대한 베버의 논의는 오늘날 우리 사회의 학력주의와 너무나 유사하다.

근대 사회에 도입된 시험은 오늘날 사회 기능의 중요한 장치가 되었다. 시험은 사회의 필요악이지만, 시험이 없으면 많은 사회 기능이 마비된다. 우리의 의지와 관계없이 현대 사회에서 시험의 중요성은 갈수록 커지고 있다. 재미있는 사실은 시험은 동양에서 시작됐지만, 서양에 의해 정교화되었다는 것이다. 특히 20세기 초부터 미국에서 교육측정과 평가의 발달로 '시험의 과학화'가 이루어지면서, 서양의 시험은 동양으로 역수출되는 역사의 아이러니가 일어났다.

2 한국의 과거제와 교육문화

가. 과거제와 정치사회적 관계

우리의 과거제도는 중국과 같이 왕권을 강화하려는 정치 목적에서 비롯됐다. 고려 초기는 호족연합정권이라 불릴 만큼 호족(豪族)의 정치 세력이 강해서 왕권이 매우 불안정했다. 고려 4대 광종(光宗) 9년(958년) 후주(後周) 쌍기(雙冀)의 건의를 받아들여 과거제를 도입했지만 유능한 관료 선발보다는 왕권 강화가 우선이었다. 광종은 호족 세력에 합법적으로 대응하기 위해 시험에 의한 개인 능력을 평가하는 과거제를 통해 육두품 계열의 신진 세력을 등장시켰다. 이 시대 과거제는 지속적으로 왕권 강화의 도구로 활용됐다.

성종(成宗)은 처음으로 최종 시험인 예부시(禮部試) 합격자를 왕이 친히 시험하는 복시(覆試)를 실시했는데 이는 왕권을 강화하기 위해서였다. 예종(睿宗)은 문벌 귀족을 견제하기 위해 새로운 세력인 신진 관료가 필요했다. 당시 문벌 귀족은 사장(詞章: 한당 시와 당송고문에 중점을 둔 문학적 학풍)과 한당유학(漢唐儒學)을 추구했다. 과거제는 사장 전통이 강하여 문벌 귀족의 인적 공급 역할을 했다. 예종은 사장풍의 문벌 세력을 대신하기 위해 국자감에서 경학(經學: 유교 경전의 뜻을 철두철미하게 해석하는 학풍)을 흡수하여 신관료 충원의 기반이 되게 했다. 예종의 이런 혁신 노력에 대해 구귀족의 반발과 논란이 끊이질 않았다.

공민왕(恭愍王)은 왕권을 강화하여 고려의 자주성을 높이고, 친원 세력과 대농장을 소유한 구귀족 세력을 약화시키기 위해 과거삼층법(科擧三層法)을 실시했다. 당시의 과거제는 구귀족에게 유리하게 편성되어 있었다. 공민왕은 개혁 정치의 일환으로 사장 중심의 한당유학에 의존하던 구귀족 세력을 약화하기 위해 경학 중심의 신진사대부(新進士大夫)의 신유학(新儒學)을 중시했다. 과거삼층법은 문벌 귀족의 저항을 받았고 공민왕은 반대 세력에 의해 결국 피살됐다.

우왕(禑王)이 등극하자 과거제는 구귀족에게 유리한 기존 방법으로 돌아갔다. 과거삼층법을 요구하는 신진사대부는 구귀족과 긴장관계에 있을 수밖에 없었다. 이성계를 위시한 무장 세력과 정몽주, 정도전, 조준 같은 신진사대부가 연합하여 구귀족을 타파하고 창왕 대에 과거삼층법을 부활시켰다. 고려시대의 과거제는 집권 세력의 정치적 이해관계에 따라 영향을 받았고, 그때마다 자신들에게 유리한 방법으로 조성됐다.

조선시대에 들어 사장(詞章)과 경학(經學)에 대한 입장은 시험방법인 제술(製述: 논술 시험)과 강경(講經: 구술 및 암기 시험)의 정치 논쟁으로 바뀌었다. 고려 말의 신진사대부는 정도전과 조준이 중심인 급진개혁파와 이색과 권근인 중심인 온건개혁파로 나누어졌다. 양측은 정치 이념뿐만 아니라 과거제에 대한 입장에서도 많은 차이를 보였다.

급진개혁파인 정도전은 중앙집권화를 위해 과거 시험관과 과거 시험에 합격한 문생의 정치적인 유대 관계를 통해 문벌과 붕당 폐해의 직접 원인이었던 좌주문생제(座主門生制)의 폐지와 함께 사장 중심의 진사시도 혁파할 것을 주장했다. 정도전은 이념 기반인 경학을 강조하면서 강경을 시험 방식으로 채택할 것을 요구했다.

온건개혁파인 신진사대부는 차츰 문벌화 경향을 드러내면서 구귀족과 같이 세족(世族)화가 되어 갔다. 온건개혁파인 권근은 관직 생활과 외교 관계 등에서 필요한 사장 능력을 강조하여 진사시의 복구를 강하게 요구했다. 심지어 강경 중심의 경학에 대한 시험 방식도 제술을 강조했다.

정도전이 주장한 경학 중심의 강경과 권근이 내세운 사장 중심의 제술은 극명한 차이를 보였으며 정치적으로 심각하게 대립했다. 그 이후, 훈구파는 사장 중심의 제술을, 사림파는 암송 위주의 강경을 강조했다.

과거제의 제술과 강경이란 시험 방법은 훈구파와 사림파의 정치적인 인적 공급 방식이 되었다. 제술과 강경은 단순한 시험 방법이 아니라 미래의 권력을 유지하기 위해 정치 주도권을 잡기 위한 전초전의 방식이었다. 사장 중심의 제술은 오늘날의 논술과 비슷해서 문장력을 지도할 수 있는 수준 높은 스승이 요구된다. 한양에서 재력을 갖춘 훈구파는 쉽게 훌륭한 스승을 모셔서 제술 능력을 높일 수 있었다.

지방의 사림파는 능력 있는 스승이 매우 부족하고, 설령 있더라도 감당할 재력이 없어서 모시기가 어려웠다. 사림파는 불가피하게 암송 위주의 강경을 선택할 수밖에 없었다. 선조(宣祖) 대에 사림파가 정권을 완전히 장악하지만, 이런 경향은 지속됐다. 선조 대의 사림파는 급속히 붕당되면서, 점차 서울의 지배세력인 문벌 가문과 지방의 향촌 사회에서 유교 소양을 갖춘 재지사족(在地士族)으로 나누어졌다.

서울의 문벌 가문은 지속해서 권력을 유지하기 위해 과거제의 실시 방법도 자신들에게 유리하게 편성했다. 문벌 가문의 영향력은 비정기 시험인 별시(別試)에서 두드러지게 나타났다. 조선 후기 정치지배층인 합격한 문과 시인 경우 3년에 한 번씩 규칙적으로 시행하는 정기 시험인 식년시(式年試)가 15.1%인 데 반해, 별시 합격자는 84.9%에 이르렀다. 1777년에서 1876년까지의 문과 합격자 중에서 서울 출신이 18.4%에 불과하지만, 별시 합격자는 54%였다. 서울에 거주하는 문과 출신의 지배층의 부친은 72.9%가 관직에 있었으며 삼조(三朝) 중에는 90.7%가 관직에 있었다(김영모, 1977: 101–105).

정규 시험인 식년시는 예측 가능하여 체계적으로 준비할 수 있지만, 별시는 실시 시기가 불투명하여 지방의 재지사족들은 시험 준비에 많은 어려움이 있었다. 갑작스럽게 시행되는 별시를 전국에 공시하기 위해서는 당시의 교통 사정으로 3개월 정도가 소요되는데, 심지어 3개월 내에 시행하는 일도 있었다. 사실상 별시는 서울 응시자들에게 거의 노골적인 혜택을 주는 매우 유리한 시험이었다. 이렇게 보면 과거제는 정치사회적 이해관계와 밀접히 관련되어 있었다고 할 수 있다.

나. 과거제와 교육문화

우리나라에 과거제가 도입되면서 관료가 되기 위한 시험 경쟁은 치열하게 전개됐다. 과거제의 시험공부는 신분 출세주의 욕망을 실현하기 위한 교육 수단에 불과하여, 우리의 전통적 교육문화 형성에 큰 영향을 미쳤다.

전통적 교육문화의 숨결은 역사의 날선 질곡에서도 끈질긴 생명력을 유지하여, 시대의 무대에 따라 긴 호흡을 하면서 오늘날 교육문화 형성의 근간으로 작용했다.

과거제에서 파생된 전통적 교육문화에 대한 기본적인 이해는 한국의 대학입시문화를 해석하는 인식의 첫걸음이다. 한국 교육에 대한 통찰력은 전통적 교육문화를 이해하는 정도에 따라 달라진다. 오늘날 교육문화는 전통적 교육문화의 역사 기반 위에서 형성됐기 때문이다. 전통적 교육문화는 우리 교육의 경쟁 풍토를 이해하는 핵심적인 뿌리다. 자연히 전통적 교육문화에 대한 깊은 이해가 필요해진다. 일반적으로 전통적 교육문화는 크게 네 가지로 구분하고 있다.

첫째, 숭문주의(崇文主義) 교육문화이다. 숭문주의의 정치 흐름은 삼국시대부터 찾을 수 있다. 유교(儒敎) 숭문주의는 수직적 위계관계를 정당화하기 때문에, 왕의 입장에서 효율적인 통치 이념이었다. 통일신라 시대의 유교 사상은 국민의 도덕적 교화와 왕권 강화를 위한 이념 수단이었다. 고려 시대는 유교 능력주의를 강조한 과거제(科擧制)와 학교제의 발달로 인해 유교 사상은 사회적으로 깊숙이 전파되어 효율적인 통치 이념으로 정착했다. 유교적 문인 중심의 관료 선발은 유교의 이념적 통치를 정당화했다.

조선 시대에 들어서면서 성리학은 거의 종교와 같았다. 성리학은 단순한 사상이 아니라 현실적 이해관계를 구현하는 양반들의 통치 이념이었다. 성리학적인 문치주의(文治主義)는 숭문주의 이데올로기와 자연스럽게 결합하였다. 숭문주의는 유학의 도덕적 우월성을 통해 왕권 강화와 양반들의 사회 지배를 정당화했다. 통치 이념으로서 숭문주의는 인격을 완성하는 순수 학문인 유학을 존중하게 하여, 우리가 문(文)을 좋아하는 민족이라고 역사를 통해 이데올로기적인 포장을 했다.

조선 시대의 양반은 유학(儒學)에 종사했다. 유학은 양반 신분층을 유지해 주고, 과거제를 통해 출세할 기회를 마련해 주는 이념 수단이었다. 유학적 숭문주의는 신분 출세주의 욕망을 유지해 주는 현실적인 이데올로기를 반영하고 있었다. 숭문주의는 유교를 통해 내면의 인격을 성숙하게 하기 위한 것이 아니라, 유교를 숭상하는 과거제로 인해 세속 욕망을 구현하는 이념 수단으로 작용했다.

세속적인 숭문주의는 목적으로서 순수 유학을 선호한 것이 아니라, 수단으로서 유학을 통해 왕권 강화와 신분 출세주의를 지향한 것이다. 인격을 가다듬는 학문을 존중한다는 숭문주의 전통은 포장된 이데올로기에 불과하며, 그 밑에는 숭문을 통한 출세주의 욕망이 결합되어 있었다. 최근에 이런 사실을 뒷받침하는 재미난 연구가 있다. 김지영(2019)의 연구는 우리 사회에서 연령 전반에 걸쳐 교육열은 높게 나오지만, 학구열은 떨어지며, 연령이 높을수록 이런 경향이 강화된다고 하였다. 사회의 이해관계를 구현하는 수단적인 교육열은 강하지만 순수한 학구열이 약하다는 것은 숭문주의의 이데올로기적인 가면을 여실히 보여주고 있다.

둘째, 입신양명주의(立身揚名主義) 교육문화이다. 효경(孝經)은 입신양명에 대해 입신(立身)하여 도(道)를 행해서 후세에 이름을 날려 부모를 드러내는 것이 효(孝)의 끝이라고 한다. 입신양명은 순선한 인(仁)을 실천하여 자연스럽게 부모와 자신의 이름을 드높인다(揚名)는 것이다. 입신양명은 유학의 실천 사상을 함축적으로 표현한 말이지만, 과거제와 결부되면서 출세주의를 나타내는 세속적인 의미로 쓰이게 된다. 과거제를 통한 입신양명은 사회에서 최고의 출세주의 가치로 인해 모든 사람의 주목을 받으면서, 동시에 많은 사회 폐단을 낳았다. 입신양명으로 인한 과거제는 '출세를 위한 출세'와 '시험을 위한 시험'이 되었다.

삼국사기에 의하면 육두품인 최치원은 골품제(骨品制)의 신분 벽을 넘기 위해 12세의 어린 나이에 당(唐)나라에 유학을 하러 갔다. 그의 부친은 어린 최치원에게 "10년이 되도록 과거에 급제하지 못하면 내 아들이 아니다. 가서 힘쓰라"라고 골품제에 대한 한 맺힌 불만을 토로했다. 과거 합격은 신분의 벽을 넘기 위한 수단으로서 금의환향(錦衣還鄕)을 기대한 것이다.

고려 시대의 과거제 역시 시험을 위한 시험이었다. 구체적으로 고려 전기의 과거 응시자들은 진사과 중심의 과거제로 인해 구태여 국자감에 얽매이면서까지 과거와 직접 관계가 없는 경학을 수학하려 들지 않았다(신천식, 1994: 21). 의종(毅宗) 대의 임춘은 과거 시험에 낙방했지만 이를 수치로 여기지 않았으며, 과장에 대해 고문(古文)에 대한 해박한 지식의 소유자들이 과장에서 평가를 못 받으며 그 진출이 억제당하고 있어서 통탄할 일이라고 하였다(박창희, 1991: 44). 고려 시대에도 유학은 인격을 수양하기 위한 배움이 아니라, 과거 합격의 입신양명을 위한 시험이었다.

조선 시대의 태종실록(太宗實錄)에서 문과를 통해 관리가 된 사람들은 대개가 배움을 생계의 수단으로 여기기 때문에 일단 과거에 합격하면 곧 학업을 버린다고 하였다(이원호, 2002: 90). 과거제의 폐해에 대해서 세종실록(世宗實錄)은 과장의 글들을 기록하고 외워서 요행히 벼슬길에 오름을 바라는 것에 휩쓸려 기풍을 이루어서, 그 사이에 혹 성현의 글을 부지런히 읽는 이가 있으면 동류들이 비웃으니 학업을 폐기하고 지취(志趣)가 부박(浮薄)함이 이와 같다고 했다(손인수, 1999: 16-75). 유학은 인격 수양보다 과거제를 통한 입신양명의 수단에 불과했다. 이이(李珥)는 아이들은 머리털이 마르기도 전에 과거 공부를 했으며, 과거가 아니면 출세하여 도를 행할 수 없어서 아비가 자식을 가르치고, 형이 아우에게 권하는 것이 과거 이외에는 다른 방법이 없다고 한탄했다(손인수, 1997: 202). 유교적 입신양명의 세속화는 과거제를 통해 관료적 신분 출세주의 욕망을 표현한 것이다. 조선 후기로 갈수록 양반 경쟁이 치열해지면서 과거 합격은 현실적인 생존권적 문제와 연계되어, 입신양명은 세속적인 출세주의를 대표하는 말로 오늘날까지 알려졌다.

셋째, 문벌주의(門閥主義) 교육문화이다. 문벌주의는 몇 세대에 걸쳐 형성된 사회 위세가 있는 족벌(族閥)이나 학벌(學閥) 같은 사회 집단이 공유한 동류의식과 집단 결속력을 통해 자신뿐만 아니라 소속 집단의 이해관계를 높이기 위해 집단 영향력을 행사하는 것이다. 문벌 집단의 경우 자신들의 신분 가치의 정당성을 확보하기 위해서 과거제를 통한 관료 배출은 매우 중요한 사회 기준이었다. 문벌 집단은 과거 합격을 위해 교육을 매우 중요하게 여겼다. 과거 합격은 가문의 능력을 나타내는 실질적인 사회 지표였기 때문이다.

그래서 고려 시대의 이곡(利穀)은 비록 재상의 자리에 있더라도 과거를 거치지 않으면 영광이 될 수 없다고 할 정도였다(김의규, 1985: 37). 과거 합격은 개인의 객관적인 능력을 인정하는 사회 보증서였다. 과거 합격은 문벌 가문에게도 매우 중요하였다. 고려 시대에 특권 귀족층이 되기 위해서는 5품 이상의 고위관료를 3대 이상 배출해야만 문지(門地)를 세울 수 있고 지위를 세습할 수 있었다(박용운, 1980: 311-314). 고려 시대 과거제를 통한 지속적인 관료 배출은 문벌 가문이 되기 위한 핵심 기준이었다.

조선 후기에는 문벌화 경향이 심해지면서 권력 투쟁에서 승리하여 오랫동안 세력을 누리는 벌열(閥閱) 가문이 대두됐다. 벌열 가문에게도 과거 합격은 자신들의 지위를 객관적으로 유지해 주는 사회 인증서였다. 벌열 가문은 3세대에 걸쳐서 각 세대마다 정책 결정에 참여하는 정 3품인 당상관(堂上官) 이상의 관인을 배출해야 했다. 벌열 가문은 3세대 6촌 범위에서 세대마다 반드시 당상관을 배출하는 것이 중요한 기준이었다(차장섭, 1997: 26-48). 벌열 가문은 자신의 지위를 유지하기 위해 교육을 통해 과거 합격에 필사적으로 매달릴 수밖에 없었다.

벌열 가문이 교육에 집중하는 것은 자신들의 권력 세습을 정당화하는 세속 욕망을 보존하기 위한 것이다. 자연히 벌열 가문은 과거 합격을 위해 부정한 방법도 서슴지 않았다. 조선 후기에 일어나 대다수의 과거 부정은 이들에 의해 자행되었다. 심지어 거경(居京)의 벌열 자제들은 그들의 관인적·경제적 기반을 바탕으로 거경자들이 서울의 여관을 점령하여 시골에서 올라온 응시자들이 노숙할 수밖에 없게 만들기도 했다(차장섭, 1997: 125). 결국 문벌주의 교육문화는 과거 합격을 통해 세속적인 신분과 권력 욕망을 실현하기 위해 교육을 수단으로 활용한 것에 불과했다.

넷째, 가족주의(家族主義) 교육문화이다. 조선 중기까지 우리의 가족주의는 신부집에서 사위를 데리고 사는 처가살이 혼인 형태인 솔서혼(率婿婚)제에 의한 양측적(兩側的) 친속관계(親屬關係)를 유지했다. 부와 모는 비슷한 지위를 유지하면서 아들과 딸의 차별이 없었다. 친가와 외가의 구별이 없어서 사위를 친자식처럼 여겼다. 친속관계도 친가보다 외가를 중심으로 이루어졌다. 이때의 우리 전통은 처가살이였다.

조선 중기에 들면서 가족주의에 코페르니쿠스의 대전환이 일어났다. 임진왜란과 병자호란을 거치면서 소빙하기(小氷下期)의 대참상은 가부장권을 장자가 상속하는 종법제(宗法制)를 도입하게 했다. 양란과 소빙하기를 거치면서 그 당시 사람들은 끔찍한 굶주림을 견딜 수 없어서 사람 고기를 먹었으며, 부자와 형제 간에도 서로를 잡아먹는 지옥의 세계에 있었다. 이로 인해 기존의 양반 지배층은 일시에 계층구조가 무너질 수 있다는 위기의식으로 자신들의 기득권을 지키기 위해 수직적 위계관계를 강조한 장자 중심의 종법제를 도입·확대했다. 장자 중심의 상속제는 재산의 집중화를 통해 가문의 결속력을 강화할 수 있었다.

조선 후기에 양반층이 증가함에 따라 각 가문은 살아남기 위해 치열한 생존 경쟁을 하였다. 각 가문은 문벌 가문이 되기 위해 고위 관료, 고명한 학자, 충신 등을 모셔, 위세를 높이기 위해 사우(祠宇)와 가묘(家廟)를 경쟁적으로 설립했다. 가문의 위세 중에서 족보(族譜)는 매우 중요했다. 가문과 족보의 사회 가치를 효과적으로 높이는 방법은 과거 합격에 의한 현직 관료를 두는 것이다. 과거 합격은 가문의 지위를 높이는 확실한 사회 보증서였다. 과거 합격은 개인의 영광보다는 가문 전체의 영광이어서, 각 가문은 교육에 필사적인 노력을 했다.

이성무(1973: 510)에 의하면, 양반들은 자제에게 과거 준비에 열중할 것을 요구했으며 이런 노력을 평생 그치지 않았다. 유망한 인재가 종중(宗中)에서 교육하기도 했다. 최봉영(1997: 173)에 의하면 자녀를 양육하고 교육하는 일은 가통(家統)이란 측면에서 가(家)의 존립과 직결되어 있으며, 현재의 가사일 뿐만 아니라 후일의 가사를 처리하는 사람을 기르는 일이다. 가(家)의 관심은 언제나 자녀의 양육과 교육에 집중될 수밖에 없었다. 가족주의 교육문화에서 과거 합격을 통한 관료의 지위는 개인보다 가문의 사회 계급장이 된다는 점에서 오늘날과 매우 유사하다.

3　일제강점기의 입시문화

가. 일제강점기의 교육 특성

구한말, 갑오개혁에서 과거제를 폐지하고 새로운 관리임용시험을 채택했다. 1895년 고종은 '교육입국조서'를 공포하면서 처음으로 근대식 교육제도를 도입했다. 근대 학제의 개편은 학력주의(學歷主義)의 탄생과 학력 경쟁의 서막을 알리는 것이다. 학력주의는 학교급에 따라 치열한 입학시험을 초래했으며, 학력에 의한 사회 차별을 정당화했다. 학력 경쟁은 학력의 직업적 연계에 의한 사회 이해관계와 관련을 맺고 전개됐다.

이만규(1988: 57−58)에 의하면 구한말 당시 사람들은 신교육에 대한 이해가 부족하여 학교를 옛 과거를 대신할 새 과거로 인식했으며 졸업을 곧 과거 급제로 알았다. 중도에 벼슬할 수 있으면 자퇴하는 것이 보통이었다. 또한 외국 세력이 강해짐에 따라 벼슬길이 빠른 외국어 학교가 제일 선호되었고, 다음에는 교과 초사(初仕)가 약속된 사범학교와 벼슬길에 오르기 쉬운 법학 학교의 시세가 좋았다. 전근대 사회의 교육 출세주의가 근대 사회의 학력 출세주의로 변화하기 시작했다.

능력주의에 기반한 학력주의는 서열에 의한 성적을 중시하여 자연히 학력 경쟁을 가속화했다. 상대평가의 성적 경쟁은 공부를 독려하는 동기 유인체로 작용했다. 성적 중심의 서열주의는 구한말에 광고에 게재될 정도였다. 이원호(1987: 124−141)에 의하면 1903년 한성사범학교는 졸업생 중 우등 7명과 급제 17명의 명단을 공시했다. 1900년 12월 10일 최초로 학업 우수자에 대한 광고가 게재됐으며, 이어 익년 10월 10일 자에도 중학교 학년 시험의 우등자, 동월 학년 우등자 명단을 게재했다. 이런 현상은 각 학교로 파급됐으며 이러한 광고 게재는 취학 권유와 학업 정진을 권장하기 위한 노력이었다.

구한말에도 학력은 직업과 연계되어 사회의 이해관계를 높이는 수단이었다. 학력은 인격을 수양하는 도덕이 중요한 것이 아니라, 신분 출세를 구현하는 사회 자격증이었다. 이원호(1987: 128)는 1887년과 1906년에는 영어, 불어, 일어, 독어 학교 순으로 인기가 있었으나, 국권침탈 직전에는 일본어 학교가 우위를 보이고 영어가 그 뒤를 따랐다고 했다. 시대의 이해관계에 따라 외국어의 인기도 달랐다. 외국어 교육은 신분 출세의 수단으로 인식되었다.

당시 선교사인 아펜젤러(Appenzeller)는 한국 사람의 영어 향학열은 높았지만, 이를 보다 높은 자리를 올라가는 디딤돌의 구실로 생각했다고 한다(오천석, 1975a: 55). 1905년 을사늑약으로 인해 일본의 영향력이 강화되자 대부분 학교에서 일어(日語)가 입학시험 과목이 되었다(이광호, 1996: 102). 구한말의 혼란한 시기에도 과거제와 같이 교육은 사회의 이해관계에 예민하게 반응했다.

일제강점기에 들면서 근대 학제가 체계화되자 학력주의가 강화됐다. 학교는 시험에 의해 학력(學力)을 가늠했다. 일제강점기 학생평가의 큰 특징은 초·중등학교에서 학생들의 모든 과목 평균 점수에 따라 석차(혹은 학년 석차)를 매기는 상대평가를 도입하여, 그 석차를 진급, 진학, 취업 등에 활용했다는 점이다(백순근, 2003: 36). 각 학교는 상급학교에 진학하기 위한 자료로써 성적 일람표를 제출하기 시작했다. 이 시기는 학생들의 객관적 능력을 시험으로 구분하여 학력(學歷)에 대한 사회 신뢰를 높일 수 있었다. 과학적이고 객관적이라는 시험의 마술로 인해 학력(學歷)＝능력(能力)이라는 학력주의 인식이 사회에 확산됐다.

근대교육의 산물인 학적부(學籍簿)에서 소견서(所見書)란 이름으로 내신제(內申制)가 등장하여 학생들의 능력을 가늠하게 했다. 1920년대 중반부터 출신 초등학교 교장의 소견서가 중등학교의 자율 선택에 따라 입학생 선발에 활용되었다. 내신제 도입은 중등학교가 입시기관으로 전락한 초등학교 교육의 정상화를 위한 제도적 선택이었다(손준종, 2006: 141-145). 당시 소견표라는 내신제는 주관적 평가의 한계로 인해 많은 불신을 받기도 했다. 내신제의 공정성 시비는 오늘날과 큰 차이가 없었다.

1920년대에 들어 취학 욕구가 급격하게 나타나면서, 학력 경쟁은 본격적으로 점화되었다. 세계에서 유례없는 보통(초등)학교 입학 시험이 있었으며, 그 경쟁 또한 매우 심했다. 일제강점기에 이념적으로 신분 구별 없이 교육기회를 개방했지만, 실제적으로 적은 학교 설립으로 인한 교육기회를 제한한 '교육기회의 모순적 이중구조'로 인한 학교 입학난이 가중됐었다. 아울러 학력과 직업이 연계됨에 따라 상급학교의 진학이 중요하여 그에 따른 진학 경쟁률이 높게 나타났다.

이경숙(2005: 43)에 의하면 1927년에 초등학교 합격률은 85%, 중등학교 합격률은 31%, 전문·대학교 합격률은 23%며, 1930년에는 각각 78%, 33%, 25%며, 1937년에는 각각 52%, 23%, 18%로 나타났다. 전봉관(2009)에 의하면 1937년 중등학교 지원자 중에 합격자는 평균 6 : 1을 넘었다. 제일고보는 10 대 1, 양정은 11 대 1, 배재는 13 대 1, 보선은 12 대 1 등 서울 시내 학교는 대부분 10 대 1을 상회했다. 겨우 12~13세된 학생들이 적어도 4~5 : 1, 많으면 14~15 : 1의 살인적 입시경쟁에 내몰렸던 것이다. 1920~30년대는 평균 입학 경쟁률이 초등학교는 2 대 1, 중등학교는 10 대 1, 전문학교와 대학은 학교에 따라 3 대 1에서 20 대 1의 경쟁률을 보였다. 당시의 빈곤한 경제 여건으로 인해 진학 학생 수가 많지 않다는 것을 고려하면, 매우 높은 입학 경쟁률이었다. 일제강점기의 학력 경쟁은 오늘날의 예상과 달리 치열하게 전개됐다.

1920년부터 학교 졸업장을 중심으로 동창회와 학회가 결성되어 사회 영향력을 행사하는 학벌(學閥)이 대두됐다. 학교 선택은 입신 출세와 관련을 맺고, 출세는 실력보다는 학교 졸업장에 의해 결정되었다. 한 언론은 금벌(金閥)과 학벌(學閥)이 단단히 악수하고 있으며, 심지어 해외 유학파도 일본과 구미 유학생으로 구분했으며, 교수 채용과정에서도 학교벌주의(學校閥主義)가 작용했다고 한다(손준종, 2003: 101-111). 당시 사회는 우리의 예상을 넘어 학력주의가 많이 성행되어 있었다. 실제 산업합리국위원회는 인력 수급의 불합리를 해결하기 위해 「학벌타파안」을 제안하기도 했다(동아일보, 1930. 9. 13.).

일제강점기의 학력주의 꽃은 단연 경성제국대학이다. 경성제국대학의 입학시험은 최고 수재의 징표였으며, 영어 과목은 런던 타임지에서 출제할 정도로 수준이 높았다. 경성제국 입학은 최고 수재로서 높은 사회 지위에 오를 수 있는 보증서였다. 법대생은 최고 관리직인 군수 자리를 입학과 동시에 절반쯤 보장받았을 정도였다. 예과생의 망토는 모든 사람의 선망의 대상이었다. 경성제국대학은 학력주의의 정점에 있었다. 학생에게 경성제국대학 입학은 최고 과제였으며 치열한 시험 경쟁을 피할 수 없었다.

학력주의 사회에서 학교 공부는 상급학교의 입학시험에 집중됐다. 1920년~1930년대 고보(高普)에서는 1910년대와 달리 상급학교 진학 경쟁이 치열하게 전개됐다. 학교는 입시과목에 중점을 두었으며, 입시과목이라도 배점이 높은 과목에 더욱 치중하였다. 당시 학교는 입시 교육을 위해 지식의 기계적 학습이란 암기 교육에 편중했으며 인격의 덕성 교육은 주의를 기울이지 않았다(박철희, 73-82). 일제강점기에도 오늘날과 같은 치열한 학력 경쟁으로 인해 입시 준비를 위한 성적 위주의 비인간적인 암기식 교육이 성행했다. 직업과 연계된 학력이 개인의 인생에 중요한 영향을 미치는 사회 자격증이 됐기 때문이다.

나. 일제강점기의 입시문화

일제강점기 학력 경쟁의 부작용은 생각보다 심했다. 당시의 학력 경쟁은 시험지옥과 다름없으며, 비인간적인 입시 스트레스를 이기지 못해 자살하는 학생이 속출했다. 이경숙(2005: 39-41)에 의하면 1927년에 '시험 지옥'이란 용어가 언론에 본격적으로 등장했었다. 당시 언론은 치열한 입시 경쟁을 빗대어 '소가 바늘구멍 나가는 듯한 입학시험'이라고 표현했으며, 아울러 최고 38 대 1의 입학 경쟁률은 시험지옥의 절정이라면서 이런 상황을 참담(慘憺), 백열화(白熱化), 혈전(血戰), 쇄도(殺到), 홍수지원, 패닉 등으로 묘사했다.

일제강점기의 초등학교는 교실이 매우 부족하여 아동들은 학교에 가기 위해 입학시험을 치러야 했다. 세계 유일의 초등학교 입학시험은 생각보다 매우 치열했다. 한 언론은 이런 상황을 두고 조선과 같이 입학난이

심한 곳은 세계 각국을 돌아보아도 없을 것이라고 했다.

실제 1922년 해주공립보통학교의 입학 지원자는 180명이었는데 3명 중 2명이 탈락해야 했다. 합격자 발표 날에 7세~8세 코흘리개 수험생이 손을 잡고 운동장에 모였다. 떨어진 아동의 학부모는 '금년에 입학하지 못하면 학령 초과로 내년에 입학이 불가능한 아동은 전부 입학시키고, 선발 방법과 채점을 공개하라'고 강하게 항의했다(동아일보, 1922. 3. 31.).

광주공립보통학교 운동장에서는 예닐곱 살 가량 된 어린아이 400여 명의 울음소리가 낭자했다. 학교의 수용력의 부족으로 입학 허가를 얻지 못하고 돌아가는 아이들의 울음소리였다(동아일보, 1922. 4. 2.). 이런 상황은 전국에 걸쳐 일어났다. 지방에서 온 아동은 교통 통신이 불편하여 입학시험을 치르고 학교 기숙사에 머물렀다. 그중 불합격 통보를 받은 아동은 운동장에 모여 하염없이 눈물을 흘렸다. 이런 슬픈 상황은 입학난의 가중으로 인해 매년 되풀이됐다.

학력 경쟁은 초등학교 입학시험에서만 일어나지 않았다. 일제강점기의 입학시험의 꽃은 중등학교였다. 중등학교 입학 경쟁은 치열하다 못해 서슬이 퍼럴 지경이었다. 당시 중등학교 입학난은 심각한 사회문제를 초래했다.

전봉관(2009)에 의하면 해마다 4월이면 수십 명의 청소년들이 자살하거나 범죄자로 전락했다. 1934년 대전에서는 입학시험에 낙제한 19세 소년이 할복자살했다고 한다. 1937년 청진상업고등학교에 입학시험을 치르는 14세 수험생이 예상 성적이 좋지 않자, 연필로 깎는 칼을 꺼내 왼편 손등을 갈라서 흐르는 피를 펜촉에 찍어 답지에 "낙제한다면 자살하고 말겠다"고 썼다. 이 학생이 불합격되자 교장은 직접 찾아가 여러 차례 위로했고, 경찰은 혹시 모를 불상사를 막기 위해 힘써 경계했다(조선일보, 1937. 5. 12.).

오늘날같은 치열한 학력 경쟁으로 파생한 죽음의 트라이앵글은 일제강점기에도 심각한 사회 문제였다. 낙제로 자살한 한 학생은 '나는 재주가 없어 공부를 계속할 수 없으며 부모님을 뵐 낯이 없어서 차라리 죽어버리겠다'는 유서를 남겼다. 이 학생은 양잿물을 마시고 이틀 동안 신음하다가 세상을 떠났다(조선일보, 1923. 10. 18.).

입시 스트레스를 이기지 못한 학생 자살은 이 시기에 연이어 발생했다. 전봉관(2009)에 의하면 1938년 15세의 학생은 제일고보, 보성, 휘문 세 학교에 지원했지만, 모조리 낙제하고 심리적 공황에 빠져 삶을 포기했다. 음독한 그는 입원 사흘만에 죽었다고 한다. 한 학생은 자신의 재주를 비관하면서 입학시험에 합격할 자신이 없어 달리는 열차에 뛰어들었다. 시체를 찾으러 온 유족들이 비통해하는 모습은 차마 눈 뜨고 볼 수 없었다고 한다 (동아일보, 1928. 3. 25.).

이 시기의 특이한 점은 자녀 입시에 비관하여 부모가 자살하는 경우다. 한 기사는 100명을 모집하는데 응시자가 542명인 고등보통학교 시험에 떨어진 것을 극도로 비관한 아버지가 아들과 함께 투신자살한 내용을 전했다. 시험지옥이 빚어낸 비극적인 사건이었다. 한 어머니는 사랑하는 아들이 절실히 원했던 학교에 입학하지 못하자, 이를 비관하고 집을 나가는 씁쓸한 일이 있었다. 부산상업학교에 입학한 아들이 장래에 조선은행에 들어 갈 수 있다며 아버지와 어머니는 모든 사람에게 자랑할 정도였다(이혜영 외, 1997: 110-112). 학교교육을 사회 지위의 획득 수단으로 여겼기 때문에 벌어진 현상이었다. 전봉관(조선일보, 2005. 10. 22.)은 당시의 교육열을 다음과 같이 논의했다.

> 식민지 조선의 교육열은 남달랐다. 부모들은 땅을 팔아가면서, 밥을 주려가면서 자식을 학교에 보냈다. 자식만큼은 자신처럼 살지 않기를 바랐던 것이다. 그러나 정작 조선의 청년들은 살인적인 입시경쟁을 뚫고, 전문학교, 대학교를 졸업해봐야 취직할 곳이 없었다. 1년에 고작 400명~500명 나오는 전문학교 출신 이상 지식계층이었지만, 가난한 식민지 조국은 그나마도 먹여 살리기 힘들었다. 의학, 치의학, 약학, 공학 등을 전공한 이과 출신은 사정이 좀 나았지만, 문과 출신은 말 그대로 '취업난 지옥'을 경험해야 했다.

일제강점기에는 취업난 지옥에서도 학력을 취득하려는 교육열은 대단했다. 지금과 차이가 없을 정도였다. 일제강점기에는 초등학교와 중등학교만 입학 경쟁이 치열한 것이 아니라, 고등교육에 대한 국민의 요구도 높았다. 일제의 식민지 정책으로 인해 고등교육 기회는 매우 적었다. 특히 대학교는 경성제국대학교 하나여서 고등교육을 받고 싶어도 받을 수 없었다. 한국에서 고등교육 기회가 제한되자, 일본 유학을 통해 고등교육 욕구를 충족시킬 수밖에 없었다.

당시 유학생의 상황을 보면 1912년에 일본 유학생이 279명이던 것이 1925년 예과가 개교한 해에는 2,504명이었으며, 1927년 학부가 개교하던 해는 3,275명이었다. 그 중에 대학 재학생이 1925년에 82명이었고 1927년에는 241명이었다. 당시에 중국 북경, 상해, 남경, 청진, 청도 제남, 봉천, 여순 및 구미 등의 각 대학의 유학생을 합하면 무려 700명이나 되었다(이만규, 1988: 187). 그리고 1935년 10월의 일본 유학생이 2,856명으로 집계되었다. 1936년 관사립 전문학교 학생이 4,247명이라는 사실과 비교하면, 상대적으로 많은 유학생이 외국에 수학하고 있었다(김재우, 1987: 111).

당시 중등학교와 전문대학 학생 수와 어려운 경제 여건을 고려하면 일본 유학생의 비율은 높다고 할 수 있다. 학력 욕망을 충족하기 위해 외국 유학을 선택하는 오늘날의 현상과 비슷했다. 일제강점기의 학력주의 사회는 우리의 예상을 뛰어넘어, 지금과 비교해도 큰 차이가 없었다. 이런 현상은 지속적으로 나타나서 해방 이후의 대학입시문화 형성에 큰 영향을 미쳤다.

대학별 단독시험기(1945년~1968년)와 입시문화

CHAPTER 3

대학별 단독시험기(1945년~1968년)와
입시문화

1 대학별 단독고사제(1945년~1953년)와 입시문화

가. 교육의 사회적 배경

해방 이후 우리의 경제는 극심할 정도로 피폐했다. 인구의 약 90%가 농업에 종사했으며, 농업 인구의 70%가 영세농으로서 1정보(町步: 3천 평)가 안 되는 농토를 경작하고 있었다. 해방 당시 한국인 기업주는 2%에 불과했으며, 건설업과 제조업은 1943년~1947년 사이에 업체 수는 56%, 노동력의 고용량은 41%나 감소했다. 1948년도 공업생산량은 21.2%였으며 1948년~1953년의 도매물가지수가 508배나 증가하는 하이퍼인플이션이 발생했다(구본호·이규억, 1991: 131-132). 인구의 대다수가 영세농에 머물고 있었다는 것은 우리 경제의 혹독한 현실을 보여주고 있다.

남한은 북한보다 경제 사정이 더욱 열악했다. 해방 전의 국내 산업자급률은 약 73%였지만, 해방으로 인해 그 시설의 50%가 파괴되어 해방 직후의 자급률은 36.5%로 감소했다. 남북 분단으로 인해 그 시설의 약 21% 정도만이 남한에 있게 되어 남한의 자급률은 7.7%로 감소하여 생산은 크게 후퇴했다(안태호, 1987: 249). 해방 이후의 우리 경제는 매우 열악했지만, 남한 경제는 회복하기 어려울 정도의 처참한 수준이었다. 대부분 기간 산업이 북한에 있어서 남한의 경제는 더욱 비관적이었다.

해방 이후 혹독한 경제 여건에도 불구하고 일제강점기에 억눌렸던 교육 열망1이 분출하여 중등학교를 포함하여 고등교육 팽창에 직접적인 영향을 주었다. 1946년에 고려대, 연세대, 이화여대의 3개 대학이 미군정에 의해 최초로 종합대학이 됐으며, 그 이후 많은 대학이 설립 인가를 받아서 고등교육은 빠른 속도로 팽창했다. 구체적으로 1945년 고등교육 기관 수는 19개이고 학생 수는 7,819명이던 것이 1961년에는 고등교육 기관 수가 80개교에서 101,041명으로 13배의 현격한 증가를 보였다.

고등교육의 확대는 정부의 대학설립기준령(1946년), 농지개혁법(1949년), 대학징집연기잠정령(1950년) 정책들의 영향을 받았다. 특히 대지주들은 농지개혁법으로 인해 자신의 토지가 싼값에 매수당하기 전에 사학재단을 설립하는 것이 유리하다는 판단을 했다. 처음 문교부는 대학설립 신청이 적을 것이라고 예상했다. 그런데 역사적으로 강화된 전통적인 교육의 긍정적 믿음과 사회 혜택을 주는 대학 정책으로 인해 대학 설립 신청이 쇄도했다. 문교부(1988: 76)의 학무국장인 유억겸은 이런 상황을 감격스럽게 회고했다.

---

1 일본은 1911년에 적령 아동의 98.1%가 초등교육을 받았다. 전 세계 최상위 수준이었다. … 이때 한국은 1.7%에 불과했다. 1919년 3·1 운동 때도 배워야 한다는 열화와 같은 민족적 교육열이 있었는데도 3.9%에 불과했다. 1929년에는 적령 아동의 18.6%로 늘었다. … 일제가 새로운 전쟁을 일으키고 한국인을 거기에 대거 끌어들일 필요가 생긴 1930년 후반에 그 비율이 늘어난다. 교육을 못 받은 사람이 어떻게 징용, 징병할 수 있겠냐는 것이다. 그런데 일제강점기 전체에 걸쳐 중등교육은 너무나 낮은 수준에 있었다. 일본인 학교는 중학교인데 한국인이 다니는 학교는 이름도 고등보통학교라고 깎아내렸다. … 고등교육은 더 심했다. 1920년대 전반기에 민립대학 기성회도 만들고 하면서 싸웠는데, 일제강점기 내내 한국에 단 하나의 대학(경성제국대학)밖에 없었다. 일본도 중국도 그때 많은 대학이 있었다. 경성제국대학조차 뽑는 수가 불과 몇백 명이었으며, 그중에 조선인은 20% 수준이었다(서중석, 2015: 229). 이 시기에 일제는 한국인의 교육열을 철저히 억압하였다. 많은 한국인들은 교육에 대해 심한 갈증을 느끼고, 해방 이후에 그동안 억눌렸던 교육열을 일시에 분출했다.

광복이 되자 우후죽순과 같이 대학 설립 기성회를 각 시·도에서 조직하여 그 설립 인가서가 문교부에 쇄도하였다. 이러한 현상은 오늘날에는 무감정적일지 모르나 당시에는 매우 감격스러웠다. … 일본 강점하에서 온갖 압박과 착취를 당하면서 푼푼이 축재한 존귀한 현금과 토지를 광복된 조국의 민족 교육을 위해 투척하는 그 성스러운 심정에 대한 감격이었다.

어려운 경제난으로 문교부 입장에서는 대학 설립 인가가 줄을 잇는 것은 좋은 일이었다. 농지개혁법으로 토지를 지키기 위한 대학 설립 신청으로 인해 사립대학의 부실은 피할 수 없었다. 부실 재정의 사립대학은 토지만 있었지 건물과 시설은 민망할 정도의 형편 없는 수준이고 운영 재원은 수업료에만 의존했다. 사립대학은 부실 재정을 메우기 위해 정원외의 부정 입학을 허용하여 대학 정원을 증가시키는 부작용을 낳았다. 부실 재정에서 출발한 사학재단은 오늘날까지 재정에 예민하게 반응하며 무거운 짐으로 작용하고 있다. 대학 재정은 부실했지만, [표 3-1]에서 제시된 것처럼 고등교육은 빠른 속도로 팽창됐다.

표 3-1_____1945년~1953년 고등교육 정원의 실태 현황

연도별	고등교육	학생수	교원수
1945년	19	7,819	1,490
1946년	·	10,315	1,170
1947년	·	25,813	2,775
1948년	31	24,000	1,265
1949년	42	28,000	1,800
1950년	55	11,358	1,100
1951년	49	20,000	1,300
1952년	54	31,342	1,823
1953년	57	38,411	1,900

출처: 1) 김형관 외(1990). 71쪽. 재구성.
　　　2) 이광호(1990). 69쪽. 재구성.
주: 1) 고등교육기관은 대학교, 전문대학, 초급대학 등의 각종 학교를 포함하였음.

해방 이후 어려운 경제 상황임에도 설상가상으로 6·25 전쟁은 회복이 불가능할 정도로 전 국토를 폭풍처럼 덮쳤다. 당시의 상황은 끔찍하다 못

해 지옥의 늪에 빠진 것처럼 절망적이었다. 이런 상황에서도 고등교육 학생 수가 증가하는 기이한 현상이 나타났다. 전쟁 중에도 교육의 끈을 놓을 수 없다는 지극히 한국적인 창의적 발상으로 전 세계에서 유례가 없는 「전시연합대학」을 설치 운영했다.

한참 전쟁 중인 1951년 5월 4일에 공포된 "대학 교육에 관한 특별 조치령"에 의해 전시연합대학이 설립됐다. 전시연합대학은 부산에서 발족하여 광주, 전주 및 대전에도 설립됐다. 그 당시 개설된 4개의 전시연합대학에서 수용한 학생 수는 6,455명이며 교수는 444명이었다. 전란 중에도 피난 학교의 운영은 계속되어, 노천 수업, 천막 교실, 생벽돌의 가교사(假校舍)에서 한국인의 불타는 향학심을 부분적으로 충족시킬 수 있었다(문교부. 1988: 139–140).

6·25 전쟁 중의 전시연합대학의 설치는 지방 국립대학교 설립에 직접 영향을 주었다. 6·25 전쟁 전의 전체 50개교 고등교육 기관 중에 30개교가 서울에 집중되어 있어서 지역 불균형이 심하였다. 그러던 중 전시연합대 설립 계기로 1952년에는 경북대학교, 전북대학교, 전남대학교 등이 설치됐으며, 1953년에는 부산대학교, 충남대학교, 충북대학교 등이 발족하였고, 그 후 제주대학이 창설됐다(김종철, 1989: 180). 지방 국립대학이 확대되자 사립대학의 설립이 촉진되어 이른바 「대학의 붐」이 조성되었다.

나. 대학입시문화의 전개

일제강점기에는 경성제국대학교와 소수의 전문대학만이 존재했고, 이로 인해 사회 출세를 보장한다는 고등교육 기회는 억눌려 있었다. 새로운 시대에서 고등교육 욕망이 분출하여, 교육을 통해 누구나 원하는 사회 지위에 도달할 수 있다는 희망을 품었다. 고등교육 확대는 그런 믿음을 부채질했다. 오천석(1969: 285)은 당시 상황을 다음과 같이 회고했다.

누구나 다 새로 수립될 나라에서 좋은 생을 살아 보고 싶은 욕망에 불탔다. 그렇게 하기 위해 성인은 모든 것을 희생해 가며 자녀를 학교로 보냈고 청소년은 거부당하였던 교육의 권리를 주장하며 대학의 문을 두드리게 된 것이다. 그들은 마치 그들의 장래 문제를 해결하여 주는 패느시아(panacea)가 교육에 있는 양 대학으로, 대학으로 몰려든 것이다.

새 나라에 대한 고등교육 열망은 미래를 보장하는 사회 희망으로 가득 차 있었다. 교육을 통해 사회 이해관계를 구현하는 전통적인 교육 믿음 때문에 가능했다. 해방 이후에도 우리의 교육열은 믿을 수 없을 정도로 지속했다. 당시 한국의 교육열에 대해 에버셜(Eversull)에 의하면, 나는 내 생애 한국인들보다 더 교육에 관심이 있고, 그것을 더 절실히 원하는 사람을 만나 본 적이 없다. 가산을 쏟아붓고, 밥을 굶으면서 자녀를 도회지의 상급 학교에 진학시키는 예는 다른 나라에서 찾기 어려울 것이라고 했다(김동춘, 1999: 59).

미국의 트루먼 대통령의 특사로 온 제섭(Jessup)이 작성한 1950년 1월 11일부터 14일까지의 당시 교육상황에 대한 보고서에 의하면, 전국 국민학교 중 17,561개는 지붕이 없는 노천교실에서 학생들이 공부했으며, 여기서 수업을 받는 학생 수는 무려 1,229,270명이었다고 한다. 또한 학교는 부유한 학부모들의 영향력으로 좌지우지되는 치맛바람으로 인해 적지 않은 비리가 있었다고 한다(한국일보. 2009. 6. 24.). 6·25 전쟁 직전에도 노천 교실에서 공부하고, 학부모의 치맛바람이 성행할 정도로 당시의 교육 열망은 높았다.

6·25 전쟁 중에는 가혹할 만큼 대부분의 학교 시설과 교실이 파괴되었다. 이런 폐허 속에도 정부의 교육 의지는 꺾이지 않았다. 1951년 2월 26일의 '전시하교육특별배치요강'에서 ① 피난 학생의 독려, ② 가교실, 피난 특설 학교 설치, ③ 북학 피난 학생 수용, ④ 도시 피난 학교 설치, ⑤ 전시연합대 실시, ⑥ 생벽돌 교사(校舍)의 건축, ⑦ 임시교사 1,000개교의 교실 건축계획, ⑧ 전시 교재의 발행 및 교과서 발간과 배부에 대한 조치를 발표했다.

당시의 전시 상황은 한 치 앞을 내다볼 수 없었으며, 굶주림이 일상일
정도였다. 이런 절망적인 상태에서도 '전시하교육특별배치요강'에서 보듯이
정부는 미래의 희망으로서 끈질긴 의지를 갖추고 교육의 끈을 놓지 않았
다. 오랫동안 우리 사회를 지배한 교육에 대한 긍정적인 인식이 교육을 포
기할 수 없게 한 것이다.

당시 학교 시설의 폐허는 매우 심했다. 남은 교실 수는 30%에 지나지
않아서, 문교부 시책에 호응하기 위해 학부모들은 자진해 가교실 건축에
일손을 멈추지 않았다. 그 결과 노천 수업은 점차 가교실에서 수업할 수
있었다(문교부. 1988: 138). 노천 수업을 할 정도로 어려운 상황이었지만 우리
의 교육 집념은 약화될 기미가 없었다. 당시 뉴욕 타임스지는 전쟁 중에도
멈추지 않는 우리의 교육 열정을 다음(오천석, 19785: 73-74)과 같이 전했다.

> 어떤 국민학교는 개천 자리에서, 어떤 남자 중학교는 산 밑 골짜기에서 각
> 각 수업을 받고 있다. 남한은 어디를 가든지 정거장에서, 약탈당한 건물
> 안에서, 천막 속에서 그리고 묘지 위에서 수업하고 있다. 교과서 없는 학
> 생은 교과서 없는 대로, 교과서 있는 학생은 교과서를 가지고, 책 없는 학
> 생은 책 없는 대로 지리·수학·영어·과학·미술, 그리고 공민 교실로
> 다시 몰려들고 있다. 여학생들은 닭을 치고 달걀을 팔아서 학교를 돕는다.
> 안동에서는 학생들이 흙벽돌로 교사 세 채를 이미 건축하였다. … 교과서
> 의 부족은 중대한 문제다. 그러나 어느 시골에 가도 나무 밑에 학생들이
> 모여 앉아 나뭇가지에 흑판을 걸고 떨어져 가는 책을 나눠 보고 있다. 누
> 더기를 입은 선생이 머리 위에 나뭇가지를 꺾어 만든 교편으로 가르칠 때,
> 6명 내지 8명의 학생이 책 한 권을 나눠 보며 암송하기 위해 그 책을 이리
> 저리 돌리고 있는 광경을 많이 볼 수 있다.

전쟁 중에도 교육에 대한 열정은 식을 줄 몰랐다. 교육에 대한 긍정적
인 믿음이 있었기 때문이다. 반상 간에도 신분 차별 의식이 사라짐에 따라
개인의 능력에 따라 새로운 계층 구조에 편입할 수 있는 교육적 능력주의
인식이 강화되었다. 전통적 교육문화는 교육을 통해 원하는 사회 지위를

획득할 수 있다는 믿음을 주었다. 교육은 신분 출세를 보장하는 미래의 사회 자원인 것이다.

해방 직후와 6·25 전쟁은 우리 사회를 경제적으로 빈사 상태로 몰아넣었지만, 초·중등교육의 열정은 지나칠 정도로 대단했다. 경제적으로 어려운 상황에도 교육은 포기할 대상이 아니었다. 이 시기의 교육에 대한 열정은 주로 초·중등교육에 맞추어져 있었다.

초·중등교육의 열정은 고등교육과 매우 달랐다. 고등교육은 현실적인 경제 문제와 연결되기 때문이다. 극심한 상황에서 고등교육의 등록금은 농업으로 생계를 이어가고 있는 국민에게 엄청난 부담을 주었다. 대학 진학은 대다수 국민에게 매우 어려운 상황이었다. 고등교육은 확대됐지만, 해방 이후라는 특수한 상황과 비교하여 상대적으로 팽창된 것에 불과했다. 일제강점기의 고등교육은 워낙 미미한 수준에 있었기 때문이다.

당시에 취업난이 가중되어서 고등교육 진학보다 취업이 우선이었다. 해방 직후 취업이 가능했던 몇몇 부분, 즉 행정 관리 등의 정부 부문이나 은행과 금융기관에 실업학교 졸업자 중 우수한 소수만이 취업하고, 대부분은 고등교육에 진학하는 기현상이 있었다. 극심한 취업난 속에 실업학교 졸업생들은 상급 학교를 진학하는 것 외에는 다른 어떤 선택의 여지가 없었다(이광호, 1990: 149).

당시는 기본적인 의식주를 해결하기도 어려운 정도로 혹독한 상황이었다. 먹고 사는 것이 어려워 취업이 우선이었다. 우수한 학생은 바늘구멍 같은 취업을 선택할 수밖에 없었다. 취업이 어려운 학생들은 진학했다. 오늘날과 다른 대학 진학 상황이었다. 일제강점기보다 대학의 문이 넓어졌지만, 어려운 경제 상황으로 인해 특별한 계층을 제외하고 국민 전체가 대학교육에 집착할 수가 없었다. 빈곤한 경제 사정으로 인해 일반 국민의 입장에서 대학의 문턱은 여전히 높았다.

이 시기는 고등교육의 확대로 대학의 수용 능력이 향상됐지만, 아직도 대학 입시가 가열되지 않았다. 당시의 열악한 상황은 고등학교 진학을 어렵게 만들어서 대학교에 진학 자격을 갖춘 학생 수가 부족하였다. 대부분

농업에 종사하는 학부모에게 대학 등록금은 당시의 여건을 고려하면 엄청나게 부담되는 금액이었다. 해방 직후의 극심한 취업난은 대학보다 먼저 취업에 관심을 두게 했고, 6·25 전쟁의 현실 상황도 대학 진학을 어렵게 만들었다. 이 시기의 초·중등교육에 대한 특별한 열정은 대학입시문화의 잠재적 기반이 되었다.

다. 대학입시체제의 특징

해방 이후 정부가 수립될 때까지 미군정이 우리 사회를 지배했다. 미군정에서 한국 교육의 기초를 닦은 책임자는 어처구니없게도 미육군 대위인 락카드(Lockard)였다. 그가 중심이 된 미군정은 한국의 고등교육을 총괄했으며, 자연히 고등교육 정책은 미국의 모델을 따르게 됐다. 미국의 고등교육 정책은 자유방임형에 가까우며 대학의 자율성을 최대한 존중했다.

미국의 고등교육 모델에 따라 한국의 대학입시정책은 미국처럼 대학 선발권을 우선시했다. 미국식의 대학 자율성을 보장하는 대학별 단독 시험제는 1968년 대학입학 예비고사가 정착되기 전까지 거의 20년 동안 실시되었다. 이 시기는 대학 주도의 자율적인 입시정책의 장·단점이 교차했기 때문에 세심한 역사적인 고려가 필요하다.

대학별 단독 시험제의 입시 관리는 형식적으로 국가가 관장했다. 입시 주체는 정부의 별다른 규제 없이 각 대학에서 자율적으로 실시할 수 있도록 대학에 위임됐다. 총·학장은 대학 자율성 보장 아래에 대학의 정원 정책 규모에 대한 결정권이 있었으며, 대학 입시에서 신입생 선발과 관리 운영 전반에 대한 권한이 있었다. 이 시기에 도입된 6−3−3−4 기간 학제는 대입입시제도와 연계되면서 점차 정착되어 갔다.

대학의 입학 사정은 주 전형 자료로 필기시험의 총점을 우선으로 했다. 대학별 필기시험은 오늘날과 같이 고교교육에 직접적인 영향을 주기 때문에, 고교 교육과정이 중심이었으며 고등학교 측의 입장을 최대한 반영하려고 노력했다. 대학 간의 협정에 의해 대학입학시험은 전기와 후기로 나누어 실시됐다. 대학별 필수 과목은 국어, 영어, 수학, 사회, 과학이었다. 선택 과목은 실업 교과에서 1개 이상의 과목을 부과했다.

대학입학 자격은 해방 이후와 6·25 전쟁 중이라는 특수 상황 속에서 특별하게 주어졌다. 대학입학 자격은 중학교 6년 과정을 이수한 자에게 주어지는 것을 원칙으로 했다. 실업계 출신자에게는 일정한 비율의 동일계 진학 혜택을 부여했다. 중학교에 진학하지 못한 독학자는 봄과 가을의 2회에 걸쳐 실시된 대학입학 자격 검정고시에서 기회를 주었다. 대학에 입학할 고등학교(당시는 6년제 중학교) 졸업생 수가 적어서, 입학 자격이 인정되지 않은 구 5년제 중학교 졸업자에게도 조건부 입학을 시켜서 검정고시에 합격하면 정규 학생으로 편입했다. 구 5년제 졸업자의 검정고시는 국어, 외국어, 국사만 시행했고 기타 과목은 면제해 주었다(한국학중앙연구원, 1990). 피난 중인 38선 이북의 학교 출신자에게 기회를 주기 위해 이북5도지사의 증명을 받아 대학에 입학하는 제도를 시행했다.

당시의 대학입학 지원자는 매년 증가했는데 국방부 당국은 입학생 수를 제한한다는 원칙을 고집했지만, 자연과학계 정원은 줄이지 않았다. 이외 인문학계는 75%를, 사회과학계는 50%(1953년도는 75%)를 제한 모집했다. 의학계 정원은 50%를 증원했다(한국학중앙연구원, 1990). 이 시기에 대학입학 지원자 수는 늘고 있었지만, 전체적으로 보면 대학정원은 미달 상태였다.

당시의 어수선한 정세와 허술한 입시 관리로 인해 대학입시제도는 많은 문제가 있었다. '농지개혁법'에 의해 건립된 사학 재단은 대학 입시의 자율성을 악용하여 정원외 입학을 허용했다. 부실한 사학재단은 고교 졸업생이 적은 현실 상황을 타개하고 재정 부족을 메우기 위해 무자격자의 부정 입학을 성행하게 했다. 한 예로 서울대학교를 포함하여 세칭 일류대학에서도 청강생(정식으로 수강 신청하지 않고 강의만 듣는 학생) 제도2를 채택하여 무

---

2 당시 서울대의 청강생 제도 운영은 의미있는 시사를 준다. 청강생 지원자는 실력고사를 통해 선발했으며, 청강료는 매학기 5천 원이었다. 청강생이 매학기 이수할 학과목은 학장 및 교무처장의 승인을 거쳐야 가능했으며, 소정의 시험을 통과해야만 수료 증서를 주었다. 북한출신 학생들을 청강생으로 받아들인 것은 1951년부터였다. 이는 북한출신 학생들의 학업

자격 학생을 입학시켰는데 이들이 후일 검정고시에 합격하면 정규 학생으로 편입시켜 주는 일이 많았다(한국학중앙연구원, 1991). 6·25 전쟁 중의 대학생 병역 특전인 '대학생 징집 연기령'은 대학의 정원외 초과 현상을 초래했다.

초기에는 고등학교 졸업생 수가 적어서 대학 정원 미달이 속출했지만, 사학 재단의 무리한 재정 확보로 인해 부정 입학이 갈수록 증가해서 나중에는 정원을 초과하는 현상이 나타났다. 부정 입학은 정도의 차이가 있지만, 지속적인 문제로 나타났으며, 고등교육 질을 저하하는 원인으로 작용했다. 이 시기의 대학입시체제 특징은 [표 3-2]와 같다.

표 3-2 _____대학별 단독고사제의 입시 특징

구분	입시 특징
실시 시기	· 1945년~1953년
시대 상황	· 미군정, 6·25 전쟁(1950년)
고등교육정책	· 대학설립기준령(1946년) · 농지개혁법(1949년) · 전시연합대설치(1951년) · 국립학교설치령(1952년~1955년)
입시 관리	· 대학(총장과 학장)
전형 자료	· 필기 시험
응시 자격	· 중학교 6년 과정을 이수한 자 · 대학입학자격 검정고시 합격자
입시 과목	· 필수 과목: 국어, 영어, 수학, 사회, 과학 · 선택 과목: 실업과목에서 1개 이상 부과
특별 전형	· 실업계 학교 출신자에게 동일계 대학 진학시 특혜 부여 · 구 5년제 중학교 졸업자에게 조건부(검정고시 합격) 입학 · 이북 학교 출신자는 이북 5도지사의 증명으로 입학 허가
입시 문제	· 대학진학자의 정원 미달 · 대학입학의 정원 초과 모집 · 무자격자의 입학 허가 · 각종 부정입학의 성행

을 계속시키기 위한 조치로서 일정 기간이 지난 후에 정규 학생으로 편입을 허락했다. 1951년 9월 30일의 북한출신 학생 청강생 수는 모두 100명이었고, 그 후에도 1953년까지 매년 상당수의 북한출신 학생들이 청강생으로 편입되었다(서울대학교 40년사 편찬위원회, 1986: 77).

해방 이후, 미군정에 의해 대학의 자율권을 보장하면서 마련된 대학별 단독고사제는 빈약한 경제 토대와 혼란한 사회 정세로 인한 무분별한 고등교육의 팽창 등으로 많은 문제점을 파생했다. 이 시기의 대학들은 학력 무자격자와 정원외 부정 입학 등을 통해 대학의 자율성을 악용했다. 이를 계기로 대학의 자율성에 대해 심각한 의문이 제기됐으며, 사회적으로 새로운 대학입시제도를 요구하게 되었다. 소수의 대학이 악용한 대학 입시 자율성에 대한 부작용을 개선하기 위해 정부 주도의 국가연합고사제로 전환했다. 미군정을 거치면서 대학의 자율성을 보장하는 대학별 단독고사제를 실시했지만, 당시의 상황이 따라주지 못해 다음과 같은 문제점을 드러냈다.

첫째, 해방 이후의 고등교육은 급속히 팽창했지만, 진학 자격이 있는 6년제 중학생의 정원이 부족하여 구조적으로 대학 정원의 미달 사태를 초래했다.

둘째, 사학재단의 무분별한 설립으로 인해 재정이 부실해지자 고등교육의 무자격자와 정원외 학생을 입학하게 하여 고등교육의 질을 떨어뜨렸다.

셋째, 대학입학고사는 6·25 전쟁의 특별한 상황으로 인해 대학생의 징집을 연기하는 혜택을 부여하자 징집을 회피하는 수단으로 전락했으며, 상이군인에게 진학 혜택을 부여하자 부정 입학이 성행했다.

넷째, 사학 재단의 부실한 재정으로 인한 대학의 부정 입학은 사회 공정성을 훼손하여 대학의 선발 자율성에 대한 근본적인 의심을 하게 했다.

가. 교육의 사회적 배경

6·25 전쟁의 후유증으로 우리의 경제 사정은 매우 악화했으며 전 국 토는 회복하기 어려울 정도로 폐허가 됐다. 전쟁이 지나간 자리는 우리에 게 가혹한 상처를 남겼다. 전쟁 피해를 살펴보면 민간주택 부분은 전체의 39.1%, 민간산업 부분은 전체의 20.2%, 사회간접자본이 전체의 9.6% 그리 고 건물피해가 전체의 44.3%로 압도적으로 나타났다(이대근, 1987: 111-112). 1954년의 농업 실태를 보면 1정보(町步) 미만의 농부가 78.9%며, 1정보~2 정보는 16.8%로 대부분이 영세농이었다(한국역사연구회현대사연구반, 1991a: 171). 당시의 1인당 소득은 67달러로서 절대 빈곤 상태에 있었다. 우리 경제는 가난하다 못해 세계에서도 끝자락에 있는 최빈국이었다.

1954년은 전쟁 직후여서 정치사회적 상황은 매우 어수선했다. 이승만 대통령은 독재 정치를 연장하기 위해 3선 제한 철폐를 위해 억지스러운 사 사오입(四捨五入) 개헌을 추진하여 정치 상황은 혼란스러웠다. 당시의 정치사 회적 현실은 침몰하는 배와 같이 안타까운 상황이었다. 이런 현실에도 초· 중등교육과 고등교육은 불안한 것이 아니라 태연하게 증가하고 있었다.

우리의 초·중등학생을 살펴보면, 1945년의 국민학생은 1백 36만 6천 명, 6년제 중학생은 8만 1천 명이었다. 1950년의 국민학생은 2백 65만 8천 명, 6년제 중학생은 38만 2천 명이었다. 전쟁 중에는 다소 감소했지만, 1954년의 국민학생은 2백 67만 9천 명, 중학생은 42만 명, 인문고생은 11 만 3천 명, 실업고생은 11만 1천 명(6년제 중학생은 64만 4천 명)이었다(김영봉 외, 1984: 143). 전쟁 중에도 한국교육은 매우 탄력적인 증가세를 보였다. 회복하 기 어려울 정도의 전쟁 폐허에도 불구하고 우리의 교육은 전쟁 전의 상황 으로 돌아가고 있었다. 당시의 경제 여건을 고려하면 정상적으로 이해하기 어려운 회복력을 보여주었다.

더욱 이해하기 어려운 점은 고등교육의 증가세였다. 전쟁 중 고등교육

환경은 초·중등교육보다 심각한 피해가 있었다. 고등교육은 전쟁 전의 회복 속도라기보다는 자체의 내적 확장을 보여주는 것과 같았다. 당시 교육부문의 피해 상황은 약 50%의 교실이 파괴되었고 85% 가까운 직업교육 및 고등교육 시설을 잃었다(문교부, 1980: 18). 고등교육의 피해는 심각한 수준이었다. 이런 피폐한 상황에서도 고등교육이 팽창한 것은 우리 국민의 강한 교육 열망을 반영했기 때문에 가능했다.

표 3-3_____1952년~1954년 고등교육 정원의 실태 현황

구분	고등교육 기관 수					학생 수	교원 수
	대학교	대학	초급대	각종학교	계		
1952년	8	27	9	10	54	31,342명	1.823명
1953년	13	27	4	13	57	38,411명	1,922명
1954년	13	31	7	15	66	62,663명	2,400명

출처: 김종철(1989). 181쪽.

[표 3-3]을 보면, 전쟁 중에도 대학 수는 증가했으며, 전쟁 직후는 더욱더 높은 성장세를 보이고, 학생 수는 급속히 증가했다. 놀랍게도 6·25 전쟁이 대학의 붐을 조성한 계기가 된 것이다. 전쟁 중에 고등교육이 마비되자 이를 보완하기 위해 전시연합대학이 설립되었다. 전시 상황이 좋아지자 서울 소재의 전시연합대학들이 원래의 대학으로 돌아가면서 전시연합대학은 해체되었다. 전시연합대학3이 서울로 돌아가자 예전과 같이 지방은 다시 고등교육의 황무지가 되었다.

6·25 전쟁 직전의 전체 50개교의 고등교육기관 중에 서울에만 30개교가 편중되어 있어 지역 불균형이 심했다. 그동안 서울에 집중된 고등교육으로 인해 지방은 많은 불편함이 있었다. 전시연합대학 설치를 계기로

---

3 전시연합대 학생 수를 보면 부산 전시연합대는 4,268명, 대전 전시연합대는 377명, 전북 전시연합대는 1,283명, 광주 전시연합대는 527명으로 총 6,455명이었다. 당시 단독으로 수업을 계속한 학생 수는 모두 7,000명 정도였다고 한다. 전세가 안정되고 각 대학이 독자적으로 수업을 시작함에 따라, 전시연합대학은 약 1년간 계속되다가 1952년 5월 말에 폐지되었다(이종제 외, 1990: 34-35).

지방의 고등교육 분산화를 기반으로 국토의 균형 발전을 도모하기 위해 국립대학이 신설되었다. 국립대학 증설은 사립대학의 신설에 영향을 주었으며 '대학의 붐'을 조성하는 원인이 되었다.

당시의 고등교육은 내일이 없을 정도로 무리한 팽창을 하고 있었다. 전쟁 직후 학생들에게 취업은 매우 중요했다. 대부분의 학생이 취업난을 이기지 못하여 인생 유예 기간으로, 대책 없이 대학 진학에 매달렸다. 무분별한 대학의 확대·팽창은 심각하게 고등교육의 질을 떨어뜨렸으며, '고등교육은 절름발이 교육'이라는 오명을 듣게 했다. 낮아진 고등교육의 질은 사회의 구조적인 문제로 인해 오랫동안 지속하였다.

대학의 부실한 상황은 이런 현상을 더욱 부추겼다. 대학은 부족한 재정을 충당하기 위해 무분별하게 학생을 받았다. 심지어 국민학교도 제대로 졸업하지 못한 학생도 있어서, '뒷문으로 들어가서 뒷문으로 나온다'는 말이 있을 정도였다. 그만큼 부정 입학이 심했다. 야간대학, 청강생, 별과생 제도의 무분별한 운영 그리고 일반 군인과 상이 군인에게 일정한 인원의 입학 혜택으로 인해 고등교육의 팽창을 가속화했다. 열악한 경제 기반으로 취업난과 대학의 부실한 재정이라는 구조적 한계는 고등교육을 팽창시켜 자연히 질적 저하로 이어지게 했다.

나. 대학입시문화의 전개

6·25 전쟁은 세계 전쟁사에서 찾아보기 어려운 단일 국지전으로 가장 피해가 많은 끔찍한 전쟁이었다. 혹독한 전쟁으로 인한 일상화된 굶주림 속에서도 대학만을 설립하겠다는 의지는 정상적 수준에서 이해하기는 어려웠다. 이 점은 전통적으로 숭문주의와 입신양명이란 교육의 긍정적 가치 인식이 역사적으로 축적되어서 가능할 수 있었다. 전쟁 상황에서도 이런 인식은 우리 민족의 교육에 대한 간절한 애착을 보는 것과 같다. 모든 것이 파괴되는 전쟁에서 교육은 어떤 물리적 재산보다 안전하다는 것을 체험적으로 경험했다.

전쟁을 겪는 과정에서 가물이나 재물은 손쉽게 파괴되고 손실되지만, 교육의 성과는 그 어떤 경우에도 가장 안전한 필생의 보고가 된다는 사실을 6·25전쟁을 통해 경험하게 되었다. 즉, 가옥이나 재화를 자녀에게 유산으로 남기는 것보다는 가장 확실한 유산은 교육이며, 교육의 성과는 그 어떤 천재지변에도 변함이 없다는 사실을 체험케 된 것이다(김대환, 1990: 77).

교육의 긍정적 가치에 대한 역사적 인식은 갑자기 형성된 것은 아니지만, 6·25 전쟁을 통해 더욱더 강화될 수 있었다. 6·25 전쟁은 또 다른 사회적인 의미가 있었다. 전통적으로 뿌리 깊게 내려오던 반상 간의 차별 의식은 일제강점기를 통해 많이 희석됐지만, 완전히 해소되지는 못했다. 6·25 전쟁은 반상 간의 계층 구조를 완전히 뒤집을 정도의 혁명적 변화를 수반했다.

일제강점기와 6·25 전쟁이란 연이은 역사적 사건은 근대적 계층 구조의 형성 기반이 되었다. 반상 간에 차별이 없어짐에 따라 능력에 의해 새로운 계층 구조에 편입할 수 있는 기반이 마련되어, '교육적 능력주의' 인식이 강화될 수 있었다. 누구나 노력하면 원하는 사회 지위를 성취할 수 있다는 것이다. 6·25 전쟁 중에도 비정상적으로 교육열이 강했던 것은 교육은 지위의 사다리라는 교육적 능력주의라는 믿음이 있어서 가능했다. 교육적 능력주의는 지금까지도 우리의 무의식에 깊게 새겨져 있을 정도다.

당시의 교육열은 대학보다 중·고등학교가 입시의 중심에 있었으며, 입시 열기는 매우 높았다. 이 시기의 중·고등학교 졸업은 높은 학력(學歷)에 속했다. 일반 사람에게 대학 진학은 경제적으로 매우 어려운 일이었다. 자연히 중·고등학교가 일반 사람의 현실적인 관심의 대상이 되었다. 일류 중·고등학교에 진학하기 위한 입학 경쟁은 가혹할 정도였다. 그래서 한 언론(경향신문, 1954. 10. 1.)은 입학시험 폐지를 제안하면서, 입학시험제도의 폐해에서 가장 중대한 해독은 국민학교 교육이 상급학교 입학시험의 노예가 된다고 하였다. 중·고등학교 입시경쟁은 예상보다 심각하여 어린 학생들은 입시 지옥에서 벗어나지 못하고 있었다.

중학생들은 고등학교 입학 준비로 시간외 수업을 받고 있다. 12~13세와 15~16세의 한창 발육기에 있는 소년과 소녀들은 시험 지옥의 희생이 되고 있다. 해가 짧은 겨울철에 새벽 5~6시에 기상하여 조반도 제대로 먹지 못하고 등교하였다가 저녁 7~8시경에 집으로 돌아오고 어떤 반 아이들은 저녁 후에 다시 선생 사택으로 밤 공부를 하게 된다(경향신문, 1954. 12. 18.).

초등학교부터 계속된 입시 경쟁에 지친 어린 학생들의 중·고등학교 졸업은 사회의 생존경쟁에서 살아남은 첫걸음이어서 대견할 수밖에 없었다. 그때의 사회 분위기에서 중·고등학교 졸업도 상대적으로 높은 학력이었다. 그래서 일반 사람에게도 중·고등학교의 졸업식은 중요한 의미가 있었다.

강준만(2009: 84-85)은 당시의 졸업식 열기를 보고, 교육열과 연관시키는 흥미로운 해석을 한다. 1954년에 중·고등학교 졸업식에서 갑자기 유행한 꽃다발 사태에 일반인은 아연실색했다고 한다. 일회용 꽃다발이 당시 쌀 한 가마 값인데 이런 꽃다발을 아낌없이 산다는 것이다. 먹고 살기도 힘든 현실에서 쌀 한 가마는 현실적으로도 부담하기 어려운 가격이었다. 그는 이런 현상에 대해 그는 졸업식 꽃다발 세례는 일반적인 의미로 납득하기 어려우며, 뜨거운 교육열과 관련을 지었다. 덧붙이면 당시의 초·중등 교육은 비교적 높은 학력 수준에 속했으며, 어려운 여건에서의 졸업은 인생에서 특별한 사건이 된다. 역사적으로 축적된 교육의 긍정적 가치가 졸업식을 의미 있게 하는 인식의 기반이 될 수 있었다.

이 시기의 대학 진학은 무모한 점이 있으나, 대학 졸업이 미래의 상징적 자본이 될 수 있다는 희망으로 인해 대학 진학열4은 그치질 않았다. 이

---

4 특수한 상황임에도 서울대의 진학 경쟁은 비교적 높았다. 서울대 신입생은 문교부의 전시정원제에 의한 제한과 전시임에도 불구하고 입학 경쟁률은 매우 높았으며 특히 과학 계통에 지원자가 쇄도했다. 1952년도 최고 경쟁률은 의예과로 7.4 대 1이었다. 1954년도에는 전체 경쟁률이 4.9 대 1이었는데 그중 의예과 경쟁률이 7.4 대 1로 최고의 경쟁률을 보였다(서울대학교 40년사 편찬위원회, 1986: 78).

광호(1990: 167, 재인용)에 의하면 당시 경기상고의 졸업생 중 소수의 우수한 학생만 취업하고, 대부분 학생은 진학했다고 한다.

> 제00 졸업생은 1954년 3월에 졸업했다. 당시는 전란의 상처를 회복하는 단계라 기업이 활발하지 못했던 것은 말할 것도 없지만, 대학에 가면 징집이 연기가 되었다. 그러므로 전원이 진학을 희망하였다. 교과과정 운영은 인문계와 똑같이 하였다. … 농촌 출신으로 학비 부담이 어려운 학생도 전원이 진학하였다. 사람들은 소를 팔아 진학하여 방대해져 가는 사립대학을 보고, 소 우는 소리가 들린다고 말했다(경기상업고등학교동창회, 1973: 73).

6·25 전쟁 직후의 대학의 부정 입학은 매우 심했다. 청강생, 별과생 등과 같은 무자격자의 부정 입학으로 인해 고등교육 질의 저하로 이어졌다. 취업난이 매우 심하여 고등교육을 졸업해도 갈 곳이 없었으며, 이들 대다수는 고등교육 실업 상태를 벗어날 수 없었다. 이런 상황은 사회적으로 매우 심각하게 받아들여졌다. 부정 입학과 고등교육 실업자 같은 부정적 인식이 만연하는 데도 고등교육 입학은 약화하지 않았다. 오히려 대학입학 연합고사의 선발 과정에서 권력층 자녀가 부정 합격하여 사회적으로 큰 주목을 받기도 하였다. 특별한 사회 혜택이 없어도 권력층 자녀는 고등교육을 포기하지 않은 것이다. 이런 현상은 고등교육이 취업 같은 직접적인 혜택을 주지 못하지만, 보이지 않는 사회의 인정 자본의 역할을 하고 미래의 자산이 될 수 있다는 교육적 믿음이 있어서 가능했다.

부정 입학을 한다고 해도 일반 사람에게는 여전히 학자금의 부담금이 클 수밖에 없었다. 당시 우리 국민의 대다수는 농업에 의존하였다. 가난한 농부가 자녀의 대학교 학자금을 마련하기 위해서는 소와 밭을 파는 방법뿐이 없었다. 농부에게 소와 밭은 가장 큰 자산이며, 생계를 이어주는 생명줄이었다. 농부는 자녀의 대학 교육을 위해 과감하게 자신의 모든 것을 포기한 것이다.

안타까운 이런 상황을 빗대어 대학의 상아탑을 가난한 농부 학부모가 소를 팔아 댄 등록금으로 세운 건물이란 뜻에서 우골탑(牛骨塔)이라고 했다. 우골탑은 교육이 지긋지긋한 가난을 벗어나게 해줄 수 있다는 미래에 대한 맹목적인 희망을 담고 있었다. 우골탑에는 우리 민족의 애환과 농부의 피와 땀이 서려 있었다.

우골탑으로 메워진 상아탑은 우리 경제의 근간을 흔들었다. 당시 우리 경제의 기반은 농업이었다. 농업이 중심인 우리 사회에서, 소와 밭으로 학자금을 충당한 것은 가난한 농가의 농촌 경제를 붕괴시키는 것과 같았다. 농촌 경제가 무너지는 것은 빈약한 한국 경제의 기초 기반을 흔드는 것이다. 소와 밭을 팔아 학자금을 충당한 것은 예상치 못하게 한국 경제에 타격을 줄 정도로 문제가 심각해지자 '대학망국론'이라는 표현이 등장했다. 농부의 순수하고 애끓는 교육열을 상징하는 우골탑은 아이러니하게 한국 경제를 망치는 '대학망국론'의 대명사가 되었다.

다. 대학입시체제의 특징

6·25 전쟁 직후는 정치사회적으로 매우 혼란하여, 정상적인 사회 안정을 기대하기 어려웠다. 고등교육도 예외는 아니었다. 농지개혁법에 의해 설립된 부실대학은 매우 부족한 교원과 시설로 출발하였다. 그나마 6·25 전쟁으로 건물과 시설이 파괴되어 대학 경영은 궁지에 몰렸다. 대학들은 심각한 경영난을 타개하기 위해 무분별하게 부정 입학을 받아들였다. 대학들은 학교 운영 재정을 충당하기 위해 무자격자 입학과 학생 정원을 초과 모집하는 부조리를 서슴없이 저질렀다. 6·25 전쟁으로 인한 대학생 징집유보 특혜는 부정 입학을 가속화했다.

무자격자의 부정 입학의 성행은 고등교육의 질을 떨어지게 하였기 때문에 사회 여론은 매우 좋지 않았다. 자연히 부정 입학과 무자격자를 선별하여 고등교육의 질적 수준을 높이는 대학입학 자격고사의 필요성이 제기됐다. 대학입학 자격고사는 대학에서 정상적으로 수학할 수 있는 능력을 알아보기 위한 예비고사였다. 대학 간의 협의를 통해 국가연합고사와 대학별 본고사를 병행하여 실시했다.

대학입학 국가연합고사는 일종의 예비시험으로서 대학수학능력의 자격고사 형태를 띠고 있었다. 대학입학 국가연합고사는 대학입학선발위원회가 주관하고, 이 시험의 합격자만이 본고사에 응시할 수 있는 자격이 주어졌다. 국가연합고사는 필기시험으로 이루어졌으며 대학 정원의 140%를 선발하게 했다. 이런 규정에 의해서 당시 실시한 국가연합고사 응시자는 총 29,562명이었으며, 그중 17,000명을 합격시킬 예정이었으나, 실제로는 약 4,000여 명만이 불합격됐다. 그나마 권력층 자녀의 다수가 불합격하자 1954년 3월 '각급 학교의 입학은 일절 자유경쟁에 맡기라'라는 대통령의 지시로 국가연합고사는 1년도 못 되어 폐지되었다(김영철 외, 1980: 192). 지배층에 의해 국가관리 시험체제가 휘둘렸다면 얼마나 많은 권력 부정이 개입됐는지를 짐작하게 한다. 당시는 지배층의 권력 횡포를 자연스럽게 받아들일 정도로 편법이 난무한 사회였다.

대학입학 전형은 국가와 대학이 공동 관리했으며 국가연합고사와 대학별 본고사를 병행했다. 대학별 본고사 2개월 전에 국가연합고사를 실시하고 성적은 비공개를 원칙으로 했다. 합격자에게는 합격 증명서를 수여하여 각종 대학 입시에 지원하게 했다.

국가연합고사 응시 자격은 고등학교와 사범학교의 졸업자 및 예정자 그리고 대학입학자격고사인 검정고시 모든 과목 합격자를 대상으로 했다. 여자와 제대 군인에는 국가연합고사 무시험 특혜를 주었다. 입학 사정은 정원의 140%에 선발된 국가연합고사 합격자들이 대학별 본고사에 응시하여 총점수에 의해 당락을 결정했다.

대학별 본고사의 응시 자격은 국가연합고사 합격자, 그리고 국가연합고사 면제자인 여자와 제대 군인이 대상이었다. 특별 전형은 여자와 국가연합고사 면제자와 실업계 동일계 진학 시 정원을 추가 선발할 수 있도록 했다. 입시 과목에서 필수 과목은 국어, 영어, 수학이 해당됐으며, 선택 과목은 사회, 과학, 실업 중에서 한 과목을 선택하여 주로 필기시험을 보았다. 이외에도 면접과 신체검사를 함께 실시했다. 시험 시기는 국가연합고사는 전기, 대학별 본고사는 전기와 후기로 나누고 추가 모집을 하였다. 이 시기의 대학입시체제 특징은 [표 3-4]와 같다.

표 3-4 _____국가연합고사와 대학별 본고사 병행제의 입시 특징

구분	입시 특징
실시 시기	· 1954년
시대 상황	· 6·25 전쟁 직후
고등교육정책	· 국립학교설치령(1952년~1955년)
입시 관리	· 국가와 대학
전형 자료	· 국가연합고사(예비시험)와 대학별 본고사

응시 자격	· 국가연합고사(정원의 140% 선발 원칙)
	  – 고등학교와 사범학교의 졸업자 및 예정자
	  – 검정고시 전 과목 합격자
	  – 여자와 제대군인은 무시험 혜택
	· 대학별 본고사
	  – 국가연합고사 합격자

입시 과목	· 국가연합고사(필기시험 위주)
	  – 필수 과목: 국어, 영어, 수학, 사회생활
	  – 선택 과목: 과학과 실업과목에서 하나 선택
	· 대학별 본고사(필기시험 위주)
	  – 필수 과목: 국어, 영어, 수학
	  – 선택 과목: 사회, 과목, 실업 중에서 한 과목 선택
	  – 학교 면접과 신체 검사

입시 시기	· 국가연합고사(전기): 대학별 본고사의 2개월 전에 실시 · 대학별 본고사(후기): 추가 모집도 가능

특별 전형	· 국가연합고사
	  – 여자와 제대군인은 면제
	· 대학별 본고사
	  – 여자와 제대군인
	  – 실업계 학생이 동일계 진학시 추가 선발

입시 문제	· 두 개의 대학 입시로 수험생의 입시 부담 · 권력층 자녀의 부정입학 · 입시 부정으로 사회 여론의 악화 · 여성과 제대군인의 면제 혜택으로 인한 위화감 조성

예비시험인 국가연합고사와 대학별 본고사는 사회의 지지를 받으면서 의욕적으로 출발했으나, 예상치 않은 권력 부정으로 인한 입시 파행이 일어나자 1년 만에 좌초되는 실패를 감수했다. 이 제도는 비교적 합리적이었으나, 혼란한 사회로 인해 다음과 같은 부작용이 발생했다.

첫째, 국가연합고사와 대학별 본고사의 두 번의 시험은 수험생의 대학입시 부담을 높였다.

둘째, 시험 문제가 사전에 유출되는 입시 부정과 탈락자의 항의 등은 사회적으로 심각한 문제로 받아들였다.

셋째, 대학입학고사에 대한 일부 권력층의 횡포로 그들의 자녀가 부정시험에 연루되자 사회 여론이 악화하였다.

넷째, 여자와 제대 군인에 국가연합고사의 면제 특혜를 부여하여 사회적으로 공정하지 못한 위화감을 조성했다.

다섯째, 국가연합고사의 불합격자에게 대학별 본고사에 응시할 기회를 박탈하여 국민이 평등하게 교육받을 기회를 침해했다.

대학별 단독시험(본고사)과 무시험(내신제) 병행제(1955년~1961년) 와 입시문화

가. 교육의 사회적 배경

이 시기에도 6·25 전쟁의 후유증에 벗어나지 못하고, 미국의 경제 원조로 간신히 생명을 유지할 정도였다. 우리 경제는 전쟁 직후와 별반 다르지 않았다. 1961년에 1인당 국민소득이 83달러에 불과해 절대 빈곤에서 벗어나지 못하고 있었다. 우리 경제의 근간인 농촌 경제는 여전히 영세했다. 1955년~1969년에 전체 농가 호수에서 1정보 미만이 73%로 압도적인 비중을 차지하고 있었다. 해방 이후에서 이 시기까지 경제적으로 획기적인 변화는 없었다.

정치 상황도 여의치 않았다. 이승만 정권의 연이은 부정 선거와 고령이 된 이승만을 대신하여 자유당의 실권을 잡은 이기붕의 부패 정치 그리고 야당의 분열 등은 어지러운 후진 정치를 그대로 보여주었다. 1960년에 정치사회적으로 혼란한 상황에 분노한 시민들과 학생이 중심이 된 4·19 의거가 일어났다. 4·19 의거로 장면 정권이 들어섰지만, 정치 혼란을 수습하기에는 많은 한계가 있었다.

그동안 누적된 혼란과 도처에 나타난 부정과 부패를 타개하고자 박정희 장군은 1961년에 5·16 군사정변을 일으켰다. 이 시기는 출구가 보이지 않은 터널 속에 갇힌 것처럼 내일을 기약하기 어려웠다. 그래도 희미한 희망의 불빛이 비치고 있었는데 그것은 교육이었다. 구체적으로 1950년의 교육예산은 정부예산의 5.7%였지만, 1955년은 9.4%이고 1960년은 15.2%의 증가세를 보였다(강성국 외, 2005: 78).

빈약한 경제 토대와 혼란스러운 정치 상황에도 불구하고 교육은 급속하게 증가하고 있었다. 1945년의 국민학교와 중학교 그리고 고등학교(인문계와 실업계 포함) 학생 수를 각각 100으로 보았을 때, 1955년은 각각 216%, 896%, 946%이다. 1959년은 각각 261%, 890%, 968%였다. 1961년은 각각

282%, 1171%, 1007%가 증가하였다. 사실상 전 국토를 폐허로 만든 6·25 전쟁을 겪으면서도, 학생 수는 감소하지 않았으며 오히려 정상적으로 이해하기 어려운 증가세를 보이고 있었다. [표 3-5]는 당시 학생 수의 증가 추세를 구체적으로 보여주고 있다.

표 3-5_____1955년~1960년 고등교육 정원의 실태 현황

구분	고등교육 기관 수					학생 수	교원 수
	대학교	대학	초급대	각종학교	계		
1955년	15	30	6	20	71	78,649명	2,564명
1956년	15	30	8	21	74	84,996명	2,626명
1957년	15	32	9	23	79	80,142명	3,055명
1958년	51		10	19	80	79,665명	·
1959년	18	33	10	19	80	81,641명	3,356명
1960년	53		10	22	85	101,041명	·

출처: 1) 김종철(1989). 185쪽.
     2) 박희찬(1983). 23쪽.

1954년에도 고등교육 정원은 증가했지만, 1955년부터는 가파르게 증가했다. 이 시기의 교육 특징은 학생 수의 증가에서 찾을 수 있었다. 1960년부터는 고등교육 학생 수가 10만 명을 넘으면서 의미 있는 증가세가 나타났다. 그동안 고등교육이 급속한 증가세가 있었지만, 해방 직후의 미미한 기준에서 출발했기 때문에 절대적으로 고등교육이 원만히 충원됐다고 보기 어려웠다. 이 시기는 6·25 전쟁 효과로 설립된 국·공립대의 기반으로 고등교육 학생 수가 서서히 충원되기 시작했다.

이 시기 대학 정원의 증가 추세를 보면, '대학의 봄'을 조성하고 있었다. 대학 정원의 급속한 증가는 부실한 재정으로 출발한 사학재단으로 인해 많은 문제점을 낳았다. 무분별한 대학 팽창은 부실한 재정을 메우기 위해 정원외 학생과 대학입학 무자격자를 받아들여 고등교육을 절름발이 교육으로 만들었다. 고등교육의 부정 입학의 성행은 사회적으로 심각한 문제가 되었다. 당시 대학교육연감의 사립대학 정원 초과 현황을 살펴보면 [표 3-6]과 같다.

표 3-6 _____ 사립대학의 정원 초과 현황(1960, 8)

구분	정원(A)	등록 학생 수(B)	60학년도 모집 정원	초과모집 학생 수	정원초과(부족) 학생 수(A-B)
총계	53,921	77,726	15,868	11,850	23,805
서울	42,811	68,251	13,008	11,424	25,440
지방	11,110	9,475	2,860	426	-1,635

출처: 이혜영(1992). 48쪽. 재구성.

[표 3-6]을 보면 사립대학의 정원 53,921(100%)명인데 재학생 수는 77,726(144.1%)명으로 정원 초과 학생 수는 23,805명이다. 초과 학생 수가 정원의 50%에 육박하고 있어서 고등교육의 부정 입학은 매우 심각한 상황이었다. 사회의 부정부패가 교육의 부정부패로 확산한 것이다. 학생의 정원 초과 입학은 단순히 고등교육의 문제가 아니라 사회에 영향을 줄 만큼 국가 차원의 문제로 부각됐다.

고등교육에 대한 사회 우려를 불식시키고 고교교육의 정상화를 위해 1955년 8월 대통령령으로 '대학설치기준령'이 공시되면서 대학정비가 이루어졌다. 1956년 12월에 1차 대학정비가 단행되어 설치 기준령을 위반한 전체 대학의 58%에 해당하는 32개교에 대해 폐교 또는 학생 모집을 중지하는 조치가 등장했다. 학생 수에 있어서도 정원의 약 8%에 달하는 6,710명이 감축됐다(손준종, 1994: 64). 그리고 1958년 1월에는 대학정비 2차년 계획에 의거하여 1,060명의 정원 감축과 서울대학교 공과대학의 통신학과와 사범대학의 교육심리학과 및 교육행정학과의 1학년 학생 모집이 정지되는 등 부분적으로 대학 인구의 양적 팽창을 억제하고 질적 향상을 기하려는 시도가 있었다(이혜영, 1992: 49).

현대사에서 엄청난 역사적 파장을 가져온 1960년의 4·19 의거와 1961년의 5·16 군사정변은 교육의 시대적 흐름을 급격하게 바꿀 정도로 많은 영향을 미쳤다. 현대사에서 교육 변화는 정치 변화와 함께 시작한다. 한국에서 교육은 모든 국민의 관심사이기 때문에 정치가들은 적은 예산으로 교육개혁을 시도할 수 있다는 유혹을 느낀다. 당시 고등교육은 절름발이 교육이라고 사회적으로 조롱당할 정도로 심각하게 훼손되어 있었다. 자연히 박정희 정권도 손쉽게 국민에게 다가가기 위해 고등교육 개혁을 추구하였다. 어떤 정권도 교육문제를 쉽게 해결할 수 있는 자신감을 가지고 출발하지만, 얼마 지나지 않아 우리의 교육은 깊은 늪과 같은 것이라고 느낀다. 그만큼 오랫동안 누적된 우리의 교육문제는 누구에게도 한 치의 틈을 주지 않은 굳은 성벽과 같기 때문이다.

나. 대학입시문화의 전개

우리 사회의 교육열은 시기와 구분 없이 지속해서 나타났다. 이 시기도 예외는 아니었다. 중등학교뿐만 아니라 국민학교도 일류, 이류, 삼류로 구분되면서 각급 학교의 입시경쟁은 치열하게 전개됐다. 학부모들은 일류 고등학교에 입학시키려는 노력을 집중했다. 1955년에 서울 시내의 고등학교 입시 경쟁에서 일류 고등학교를 제외하고 다른 일반 학교 경쟁은 거의 없을 정도였다(동아일보, 1955. 2. 5.). 과장하면 우리 사회는 일류 학교에만 관심을 두고 있었다. 일류 학교는 학력 출세주의를 구현하는 확실한 사회의 보증서였기 때문이다.

자연히 우리 사회는 개인의 인생에 직접적인 영향을 미치는 일류 고등학교에 과도하게 집중되는 일류병 현상이 나타났다. 일류병은 교육정책에도 큰 영향을 미쳤다. 1957년 서울시 교육위원회는 이류, 삼류 고등학교에는 지원 학생이 없어 교실이 비는데도, 서울고, 경복고, 용산고, 경동고 등 세칭 일류 학교의 학급 증설을 허용했다. 특권층에 영합해 동일계 중학교 졸업생을 전원 입학시키기 위해서였다. 당시 특권층은 청탁 등의 수단으로 자기 자식들을 일류 학교에 보낼 수 있었다(강준만, 2009: 91). 1960년대 말까지 일류 중등학교 입학 경쟁의 사회 부작용이 심각하게 나타났다. 당시의 일류 고등학교는 신분 출세주의를 실현하는 학벌(學閥)의 중심을 이루고 있었다.

1958년에 문교부는 고교교육의 정상화와 일류 고등학교의 집중을 방지하기 위해 새로운 입시 제도를 내놓았다. 당시 고등학교들은 거의 입시 학원처럼 운영되어 교육의 정상화를 위해 문교부는 정원의 10%를 내신 성적으로만 선발하게 했다. 의도와 달리 내신 성적의 허위 기재에 대한 우려가 제기되었다. 실제 1960년 12월 6일에는 서울 시내 중등학교의 교장 회의에서 부정 입학을 막기 위해 모든 찬조금을 받지 않는다는 「결의문」을 발표할 정도였다. 이 점은 대다수 학교에서 부정 입학이 얼마나 성행했는지를 알 수 있게 한다.

당시의 일류 중학교와 일류 고등학교의 입학 경쟁은 우리 사회 교육열의 중심을 이루고 있었다. 물론 대학의 교육열이 약화된 것은 아니었다. 초·중등교육에서 분류된 일류와 이류 학력에 따라 대학도 비슷하게 정해졌지만, 대학의 입학 경쟁도 여전히 치열했다. 당시는 학력주의 사회로 뚜렷하게 진행되고 있었다. 구체적인 예로 1945년~1960년 지도자의 전문대학과 대학 이상의 학력 구성을 보면, 제헌 국회의원에서 4대 국회의원의 학력은 67.7%, 장관은 86.1%, 재벌은 32.3%로 나타났다(장하진, 1985: 138). 이처럼 우리의 지도자는 학력이 중요하기에 학력은 신분 출세의 사회 지표가 될 수 있었다. 현대 사회에 들면서 교육 출세주의가 학력 출세주의로 확실히 전환하고 있었다.

대학은 학력 출세주의의 대표적인 상징으로 우리 사회에 자연스럽게 정착했다. 당시는 국민학교, 중학교, 고등학교가 일류, 이류, 삼류로 구분되어 있어서 일류 중학교에서 일류 고등학교를 졸업하면 자연히 일류 대학교를 진학할 수 있다는 교육적 믿음이 있었다. 이에 따라 일류 중등학교 입시 경쟁이 사회적인 화두가 됐다. 중학교 입시도 전쟁 그 자체였다. 당시의 학부모와 중학생은 입시 경쟁을 위해 절실하게 준비하고 있었다.

> 얼굴이 창백해서 하루의 피곤을 안고 돌아온 자녀에게 대뜸 '오늘 몇 점 맞았니'라고 묻는다면 어린 마음에 강한 압박감을 느낄지 모른다. … 하루 저녁에도 몇 번씩 세수를 시키고 매를 때리고 '커피'를 몇 잔씩 들이키우면서 밤이 이슥하도록 교과서를 외워 내려가는 꼴이란 참으로 측은하다. 단잠을 붙였다가 말고 또 책과 씨름해야 하는 판이니, 그것이 하나의 학습이라기보다는 몸부림의 그것에 그친다(경향신문, 1961. 11. 21.).

앞서 내용은 고3 수험생을 둔 학부모의 오늘날 모습과 차이를 느끼지 못하게 한다. 당시 중등학교 입시가 치열하게 이루어져도 대학 입시 경쟁이 약화한 것은 아니었다. 대학은 학력 출세주의를 구현하는 최종 관문으로서 사회 관심의 대상이 됐다. 1955학년도에 2,720명 모집에 14,616명이 지원하여 평균 경쟁률이 5.4 대 1을 기록하자, 한 대학신문은 이를 '천당 가기보다 좁은 대학 진학의 문'이라고 보도했다. 1956년도에 한 언론은 대학 입시의 시작을 알리면서 '높고 좁은 등용문'이란 제목으로 치열한 생존 경쟁을 알리고 있었다(동아일보, 1956. 3. 3.).

1957년에는 전국 25개의 후기 대학 입학 경쟁률은 최고 17 대 1에 달했을 정도로 경쟁이 치열했다. 한 언론은 1960년에는 대학 입시를 지옥으로 표현하면서, 대학 경쟁이 예전과 차이가 없고 대학의 문은 좁지 않지만, 특정 대학에 가려는 입시 풍토를 개탄했다(동아일보, 1960. 12. 16.). 이때에도 일류 대학 입시 경쟁이 만만치 않았다. 이런 입시 경쟁의 양상은 오랜 시간이 지나도 변하지 않았다. 일류 대학과 신분 출세주의라는 사회 이해관계가 맞물려 있었기 때문이다.

이 시기에도 경제적으로 매우 가난했으며 정치사회적으로 극심한 혼란 상태에 있어서 모든 제도가 안정적으로 정착되지 못하고 있었다. 대학 입시에서도 부정 입학이 심하였다. 부실한 대학 재정으로 인한 정원외 초과 모집은 심각한 수준이었다. 대학의 부정 입학 성행은 대학의 사회 가치가 높았기 때문에 가능한 것이다. 1957년에는 대학입학의 내신 성적을 조작한 13개교의 해당 교장은 책임을 물어 좌천되었다. 1960년 12월 16일에는 서울의 중·고교 교장들은 정실에 의한 부정 입학을 위한 찬조금을 받지 않는다는 결의문을 발표했다.

지금 상황에서는 이해하기 어려운 일이지만, 당시의 입시 부정이 얼마나 심했는지를 가늠하게 한다. 물론 정치사회적 혼란도 큰 몫을 했지만, 학력 출세주의 욕망이 없으면 가능하지 않은 일이었다. 부실한 대학 재정으로 인해 생긴 부정 입학은 고등교육의 질적 저하를 초래했지만, 중요한 것은 실질적인 능력이 아니라 대학 졸업장이었다. 능력(能力)과 학력(學力)이 아니라 학력(學歷)이 중요한 것이다. 학력(學歷)이 개인의 사회 얼굴을 대신하고 있었기 때문이다.

이 시기에도 사회의 신분 출세를 보장하는 대학 졸업장을 위해 전 국민 누구나 매진할 수밖에 없었다. 경제적으로 엄청난 부담이 있어도 출세를 위해 자식을 대학에 보낸다는 농부의 집념은 자신의 생명줄인 소와 밭을 파는 것으로 대신했다. 가난한 농부는 거칠게 요동치는 교육열의 한가운데에 있었으며, 전 국민의 교육에 대한 관심은 예측하기 어려울 정도였다. 가난한 농부의 마음이 서린 우골탑은 슬픈 애환을 가질 수밖에 없었다.

우골탑은 한국 교육열의 역사적 상징이었다. 안타깝게도 이 시기의 대학들은 우골탑으로 명맥을 유지하고 있었다. 1950년대에도 「학원 기업」이란 용어가 있었으며 악덕 학원 기업이 성행했다. 당시 각 대학은 재정이 부족하여 등록금으로 세운 대학 건물을 「우각관(牛角館)」으로 불렀다. 대학 망국론을 상징한 우골탑은 단순히 농민의 절박한 교육열만을 나타낸 것은 아니다. 그 속에는 굴곡진 현대사의 깊은 아픔도 간직하고 있었다.

다. 대학입시체제의 특징

이 시기의 우리나라는 농촌 경제가 차지하는 비중이 매우 컸었다. 고등교육에 대한 과잉 투자는 직접적으로 농촌 경제의 기반을 무너뜨려서 한국 경제에 심각한 타격을 주었다. 우골탑으로 상징되는 고등교육의 과잉 투자는 대학망국론이란 표현을 등장하게 했다. 1950년대는 고등교육이 급속히 팽창하여 '대학의 붐'이라고 불렸던 시대다. 고등교육의 열악한 구조적 환경은 무자격자의 부정 입학과 정원외 초과 모집 등이 이루어져 고등교육의 심각한 질적 저하를 초래했다. 이로 인해 고등교육 실업자가 대량으로 양산되어 사회적으로 많은 문제가 됐다. 부실한 경제 기반으로 인해, 구조적으로 실업자가 될 수밖에 없는데도 대학에 진학하는 것은 미래에 대한 은근한 기대 때문이었다. 이만갑(1961: 51)은 이런 상황을 안타깝게 전하고 있다.

한국 대학생의 대량 실업으로 말미암아 야기되는 또 하나의 가장 심각한 문제는 그것이 중대한 사회 불안을 조성하는 요소이며, 그것이 일일 확대되어 가고 있다는 것이다. 그들은 부모와 사회에 의하여 지도적 인물이 되고 귀한 몸이 되리라는 기대를 받아왔고, 또 자기 자신은 그렇게 될 것을 은근히 기대하여 왔다. 그러나 막상 졸업을 하고 보니 자기를 반갑게 맞이하여 주고 자리는 내주는 사람은 없다는 것을 알게 될 때 그들은 우선 한없이 실망하게 될 것이다.

고등교육의 질적 저하와 고등교육 유민을 막기 위해, 1955년 8월 4일에 문교부는 '대학설치기준령'을 공포하여 고등교육을 제한했다. 전국 55개 교 495학과 학생 정원 총 83,580명 중 32개 교에 대하여 28개 학과의 6,710명의 감축 조치를 단행하였다. 1957년에는 전국 55개 대학 학생 정원 연 77,170명 중 10개 대학에 연 1060명을 감축했다(교육신문사 편찬위원, 1999: 329).

문교부는 고등교육의 사회 문제가 심각해지자 그 정원을 제한하여 고등교육의 새로운 질적 도약의 기반을 마련해야 했다. 대학설치기준령은 고등교육의 양적 팽창을 억제하고 내실화에 기여하겠다는 정책 의지로서 역사상 처음 있는 일이었으나, 40년 동안 유지하다가 1996년에 폐지되었다. 이 점에서 보면 고등교육을 정리하여 질적 수준을 높이겠다는 정부의 의지는 확고했다.

문교부는 '대학설치기준령'을 발표하면서, 대학입시제도도 함께 변화시켰다. 특히 국가연합고사에서 예정 정원보다 많은 합격자가 배출되었고 권력층 자녀의 부정 합격이 사회 문제가 되자 대학별 본고사 형태로 환원되었다. 이 시기에 주목할 점은 고교교육의 정상화를 위해 고교내신제에 의한 무시험 전형제가 처음 도입되었다는 것이다. 입학 정원의 일부 또는 전부를 내신 성적으로 선발하거나 내신 성적과 대학별 본고사와 합산하여 선발했다.

무시험은 보통 고등학교 성적과 구두시험으로 이루어졌다. 1958년 문교부는 국·공립대의 총·학장의 결정에 따라, 무시험 입학정원의 10%를 선발하고, 나머지 90%인 유시험은 고교 3년간의 성적을 30%로 하고 입학 시험 성적을 70%로 합산하여 합격자를 결정하도록 했다. 일부 사립대학은 입학 정원의 10%~50%를 무시험으로 전형하기도 했다(이종승, 2005: 47). 1956 년부터는 정원외 10% 내에서 여자와 제대 군인에 초과 모집을 허용했다.

이 시기의 전형 형태는 대학별 본고사, 고교 내신성적, 신체검사, 면접, 대학진학적성검사에 의존했다. 특히 고교 내신성적이 직접 반영되면서, 중등학교의 학적부를 생활기록부로 변경했다. 생활기록부는 전인적 발달의 관점에서 개인 지도에 도움이 되도록 지적 발달 상황과 행동 발달 상황 그리고 특별 활동 상황을 3~5단계로 평정하여 기록하고, 신체 발달 상황과 표준화 검사 결과 등을 기재하도록 했다. 아울러 각 단계의 평정 기록에 따른 결점을 보완하기 위해 '종합란'을 두어 내신을 반영하게 했다(이종승, 2005: 47).

입시 과목은 대체로 국어, 영어, 수학, 사회, 과학 중 4과목 이상을 필수 과목으로 했다. 시험 시기는 전기와 후기 그리고 추가 모집으로 구분했다. 대학별 필기시험은 대체로 필수 4과목과 선택 1과목 이상을 부과했다. 각 대학에서 지정한 필수와 선택 과목에 따라 고등학교의 입시 교육이 이루어졌다. 이 시기의 대학입시체제 특징은 [표 3-7]과 같다.

표 3-7_____대학별 단독시험과 무시험 병행제의 입시 특징

구분	입시 특징
실시 시기	· 1955년~1961년
시대 상황	· 4·19 의거와 5·16 군사정변
고등교육정책	· 대학설치기준령(1955년)　　　· 대학생징집연기잠정령(1956년) · 학사학위국가고시제(1961년)　· 대학정비기준령(1961년) · 교육에 관한 임시특례법(1961년)
입시 관리	· 대학
전형 자료	· 대학별 단독시험(본고사)과 무시험(내신 성적)
입학 사정	· 국·공립대학 입학 사정 　- 무시험은 입학 정원의 10%

	– 유시험은 입학 정원의 90% – 고교 내신성적 30%와 대학별 본고사 70%의 합산 · 사립대학 입학 사정 – 무시험과 유시험
입시 과목	· 1955학년~1957학년 – 필수 과목: 국어, 영어, 수학, 사회, 과학 중 4과목 이상 – 선택 과목: 1과목 · 1958학년~1961학년 – 필수 과목: 국어, 영어, 수학, 사회, 과학 중 4과목 이상
입시 시기	· 전기와 후기 그리고 추가 모집
특별 전형	· 여자와 제대군인에 한하여 10% 추가 모집
입시 문제	· 특정 과목의 비정상적인 입시 위주 교육 · 무시험 전형제로 인한 대학 간의 학력 격차 유발 · 실업계 학생의 대학 진학 혜택으로 선발의 공정성 문제 초래 · 특별 전형으로 고등교육의 질적 저하 초래

이 시기의 대학입시제도는 무시험 전형에서 고교 내신성적을 처음 도입하여 고교교육의 정상화를 위한 전인 평가를 도모했다. 무시험과 유시험 제도를 통해 대학들이 신축성있고 자유롭게 시행하여 역사적으로는 의미있는 입시 체제였다. 이러한 입시 체제는 전인 교육이라는 긍정적인 기여에도 시대의 한계를 넘지 못하고 다음과 같은 입시 부작용을 초래했다.

첫째, 국어, 영어, 수학, 사회, 과학의 특정 과목에 치우쳐 입시 위주의 비정상적인 교육이 성행했다.

둘째, 대학 입시에서 무시험 전형제를 채택하여 대학 간의 학력 격차를 유발했다.

셋째, 실업계 고등학생의 동일계 대학진학의 혜택으로 인한 선발의 공정성 문제가 지적됐다.

넷째, 문교부는 각 대학에 정원외 학생을 초과 모집하게 하여, 합법적으로 고등교육의 질적 저하를 초래했다.

4　대학입학자격 국가고시제(1962년~1963년)와 입시문화

가. 교육의 사회적 배경

이 시기도 역사의 흐름을 벗어나지 못하여 경제적으로 극심한 빈곤 상태에 있었다. 1인당 국민 소득이 1962년은 87달러, 1963년은 102달러에 불과했다. 이 시기는 열악한 경제 기반으로 인해 정치적 소용돌이가 일어난 역사의 격변기였다. 이승만 대통령의 혼탁한 정치와 3·15 부정선거로 인해 4·19 의거와 연이어 5·16 군사정변이 일어났다. 5·16 군사정변은 한국 현대사의 변곡점이었다. 군부 통치가 시작된 것이다.

고등교육의 상황 또한 매우 불안했다. 무자격자의 입학, 정원외 초과모집, 그리고 대량 고등실업자의 양성으로 인해 고등교육은 심각할 정도로 질적으로 저하됐다. 일부 대학생은 학적에 올리고 등록금만 납부시켜도 대학을 졸업할 수가 있었다. 특히 대학 실업자의 대량 양성은 사회를 불안하게 했다. 이런 부작용으로 인해 고등교육을 새롭게 정비할 필요성이 대두됐다.

1955년에 「대학설치기준령」을 통해 대학 정비를 단행했지만, 여전히 고등교육의 부정 입학이 성행하여 고등교육의 질을 떨어뜨리고 있었다. 5·16 군사정부는 국민의 신뢰를 받기 위해 대학부터 정비했다. 군사정부는 대학 정비의 필요성에 대해 첫째, 대학교육이 무계획적인 방임 정책으로 국민소득에 비해 지나치게 팽창됐으며 둘째, 고등교육의 양적 불균형과 질적 저하 및 부정부패를 수반했고 셋째, 이런 폐단을 시정하기 위해 국가적인 통제가 강화되어야 한다고 했다(김종철 외, 1974: 381). 군사정부의 대학정비 단행은 고등교육의 질을 높이라는 시대 요구에서 비롯됐다.

군사정부는 대학정비를 단행하기 위해 1961년 9월에 '교육에 관한 임시특례법'과 「국공립대학 정비안」을 공포했다. 동년 11월에는 '사립대학정비안'을 발표했다. 이때의 대학정비안은 부정 입학 방지, 대학의 지역 분산, 인문계 감축 및 실업계의 증설을 원칙으로 하고, 전국의 대학 정원인 10만 명선에서 7만 명 정도로 감축 조정했다(김종철, 1989: 90).

1963년 6월에는 「사학정비법」을 공포하여 교육에 대한 국가의 통제를 강화했다. '교육에 관한 임시특례법'은 교육의 정상화를 위해 국민학교에서 대학교까지 학교의 통폐합과 학급 정원의 조정 등을 광범위하게 규정했다. 특히 5·16 군사정부는 문교 정책의 최우선 정책 과제의 하나로서 대학정비를 단행했다. 1961년~1962년에 걸쳐 실시된 대학 정비는 대학 정원의 감축, 대학 및 학과의 통폐합, 교원양성대학과 신학대학의 개편 등 일련의 정책을 신속히 실행했다. 이러한 정책과 더불어 대학 입시 국가고사자격고시제의 실시, 졸업생에 대한 학사고시, 대학 교원에 대한 질적 심사제 등을 실시했다(이종재, 1990: 39). 당시 대학 정비 후 고등교육 기관의 현황은 [표 3-8]과 같다.

표 3-8_____1961년~1964년 고등교육 정원의 실태 현황

구분	고등교육 기관 수					학생 수
	대학교	대학	초급대	각종학교	계	
1961년	50		37	41	128	131,739명
1962년	48		28	41	117	134,480명
1963년	47		56	37	140	131,777명
1964년	66		57	34	157	142,629명

출처: 1) 박희찬(1987). 24쪽~26쪽.
　　　2) 김종철 외(1989). 256쪽.

군사정부는 1961년 12월에 '학교정비기준령'을 발표하고, 국·공립대학과 사립대학을 대대적으로 정비했다. 국·공립대학교에서 같은 지역에서 비슷한 단과대학은 폐지하거나 흡수하며, 비슷한 지역에 동일 단과대학이 2개 이상 중복되면 그중의 하나는 폐지해야 한다고 규정했다. 사립대학교의 경우는 서울은 700명, 지방은 600명 이하일 경우 폐지한다고 했다. 대학 정원을 줄이기 위한 군사정부의 강한 의지를 엿볼 수 있다. [표 3-9]는 대학 정원의 증감을 구체적으로 보여주고 있다.

[표 3-9]는 대학정비 전후의 차이를 보여주고 있다. 1961년을 기준으로 1962년의 국·공립대학과 사립대학 정원은 각각 -41.1%, -18.5%로 전체적으로는 -27.5%의 급속한 감소를 보이고 있다. 1961년을 기준으로

표 3-9_____대학정비 전후의 대학생 정원 변동

(단위: 명, %)

구분	1961년 (정비전 A)	1962년 (정비후 B)	1963년 (정비후 C)	증감 (A/B)	증감 (B/C)
국·공립대학	34,680	20,080	22,820	-42.1	+13.6
사립대학	54,860	46,330	56,692	-18.5	+22.4
총 계	91,540	66,410	79,512	-27.5	+19.7

출처: 손준종(1994). 69쪽.

1963년의 국·공립대학과 사립대학 정원은 각각 -35%, +3%로 전체적으로는 -14.0%의 큰 감소가 있었다. 1962년보다 1963년에 대학생 정원이 증가한 것은 사립대학 운영자들의 요구가 많았기 때문이다.

1963년에 전국의 대학생 수가 20,128명이 늘었는데 이 숫자는 5·16 군사정변 이전보다 7,200명이 더 많았다. 이 점에 대해 사립대학 운영자들은 배움의 문을 넓힌 것은 좋은 일이라고 찬성했으며, 다른 교육계의 일부는 고등교육 실업자를 양성한다는 만만치 않은 반대를 했다(동아일보, 1963. 12. 21.). 군사정부도 사립대학의 학생 증원 요구를 무시하지 못했던 것 같다. 전체적으로 보면 대학정원은 감소한 것으로 나타났다. 군사정부는 고등교육 팽창에서 오는 사회의 부작용을 심각하게 인식하고 있었기 때문이다.

군사정부는 고등교육의 질적 수준을 높이기 위해 다양한 조치를 강구했다. '교육에 관한 임시특례법'에 따라 '교수 연구실적 규정'을 공포했으며, 교수의 신규채용과 승진에 논문과 저서를 제출하게 했다. 또한 '학사자격 고시령'을 발표하여 학사자격 국가고시를 실시했으며 1962년 1월에 합격자를 발표했다. 총 응시자 중에서 합격자가 1만 5천 288명으로 합격률은 84.7%였고 합격선은 100점 만점에 50점이었으며 유달리 각계의 주목을 끌었다. 학사자격 국가고시제는 2회만 시행하고 1963년 4월에 폐지되었다(손인수, 1998: 454).

이 시기의 군사정부는 고등교육의 팽창으로 인한 부작용을 막고 질적 수준을 높이기 위해 고등교육을 통제하고 대학 정원을 제한했다. 무분별한 고등교육의 팽창을 억제하기 위해 대학생 정원 감축, 대학과 학과의 통폐합을 했다. 군사정부는 고등고육의 질적 수준을 높이기 위해 중학교와 고등학교 입시 그리고 대학교 입시에 국가고사제를 채택했으며, 학사자격 국가고시제를 시행했다. 이 시기는 대학의 자율 선발에서 서서히 국가의 간섭이 시작했다.

나. 대학입시문화의 전개

이 시기에도 중학교와 고등학교의 교실 부족으로 인해 중·고등학교의 입시 경쟁이 치열했다. 고등교육의 팽창으로 인해 나타난 부작용인 고등교육의 질적 저하와 대량 실업자를 양성했지만, 고등교육의 입시 열기는 식지가 않았다. 이 시기의 입시 문화는 지속해서 반복하고 있었다. 시대를 넘어 교육열은 한국인에게 특별하기 때문이다.

과거의 가난한 시절에 한국인은 돈이 없어 공부를 못 하면 가슴에 깊은 한을 두고 살았다. 어린 나이에 배우지 못한 한을 풀기 위해 인생의 황혼기인 연로한 나이에도 중·고등학교를 마치거나 대학을 졸업하는 의지의 한국인에 관한 소식을 종종 언론에서 보도했다. 한국인에게 교육열은 자신의 생명처럼 귀중했기 때문이다. 구체적으로 한 홀어머니가 딸의 중학교 등록금을 못 낸 것을 슬퍼하고 비관한 끝에 자살하는 불행한 일이 있었다. 당시 이런 사건이 심심치 않게 있었다고 한다(동아일보, 1962. 3. 6.). 우리 사회에서 교육에 대한 집착이 얼마나 강한지를 보여주고 있다. 교육이 삶을 위해 존재하는 것이 아니라 삶이 교육을 위해 존재하는 것처럼 씁쓸한 역설적인 단면을 보는 것과 같다.

우리의 학부모들은 인생의 사명과 같이 자녀의 입시를 위해 사는 것처럼 보였다. 교육이 중요한 것이 아니라 입시가 중요한 것이다. 학부모는 자신의 자녀가 오로지 합격만 하면 된다는 결과주의 인식을 하게 된다. 결과가 과정을 정당화한 것이다. 모든 입시 공부는 일류 학교 합격이라는 결과를 위해 존재한다. 당시 언론은 교육의 결과주의 인식에 대한 학부모의 극성을 알리고 있었다.

중학교 필답고사 출제가 너무 쉬웠다는 평이 돌자 소위 일류학교를 지원한 응시자들과 학부모들의 안타까움은 체능 검사로 몰려 여기에서 한 점이라도 더 따려는 경쟁의 분위기가 시험장 안팎을 뒤덮었다(경향신문, 1963. 2. 5.).

입시 방법을 어떻게 바꾸든 간에 학부모들의 극성이 없어지지 않는 한, 교사는 입시에 관심을 집중하지 않을 수 없고 교장은 감독 기관의 눈을 속이기 위해 잔꾀를 부리지 않을 수 없다. 따라서 정상 교육이란 바랄 수 없다. … 치맛바람이 무슨 조화를 부릴지 예측하기 어렵다(경향신문, 1963. 6. 11.).

위의 기사를 보면 학부모에게 중요한 것은 교육이 아니라 입시의 결과다. 학부모에게 학교는 교육보다 입시를 준비하는 곳이다. 학부모들은 자녀의 입시에서 과목 점수의 전략 편성에도 관여하고 있었다. 오늘날 대치동 학원에서 나타나는 학부모의 입시 열기와 차이가 없었다. 학부모들은 교사와 교장에게 교육보다 입시에 모든 공부의 초점을 둘 것을 강하게 요구했다. 교사와 교장에게 입시 공부에만 치중할 것을 강조하는 오늘날의 세태와 비슷하다.

우리의 교육열을 기획하는 사람은 학생이 아니라 학부모며, 교육열의 중심에는 사회의 신분 출세주의를 구현하는 학부모의 학력 욕망이 숨어 있다. 교육은 입시가 되어 학생을 생존경쟁의 사지에 몰아넣게 된다. 시험이 있는 교육은 지옥이 될 수밖에 없었다. 다음 기사는 당시의 생생한 입시 지옥을 보여주고 있다.

태풍 입시호가 찬바람과 함께 수십만 학생과 학부모의 조바심치는 가슴에 불어닥치기 시작했다. 내년 2월까지 험상궂게 불어닥칠 계절적인 태풍인 '입시'호는 지나가는 자국마다 '시험지옥'이란 살얼음 지대를 만들며 수많은 어린 가슴에 눈물과 웃음을 함께 자아낸다(경향신문, 1962. 10. 16.).

오늘처럼 입시 지옥에서 … 해마다 이맘때가 되면 입학시험을 치르다가 떨어진 아동과 어버이들 가운데엔 가지각색의 슬픈 이야기를 전하는 것이

상례다. 비관 끝에 집을 뛰쳐나갔다느니, 음독했다느니, 실진(失眞)이 됐다는 등 우리 백성만이 가진 단장(斷腸)의 애화(哀話)다. … 가르치는 문제는 먹는 문제와 함께 목숨을 걸고 생존경쟁을 하는 가장 큰 일이다(동아일보, 1963. 2. 5.).

당시는 하루의 끼니를 걱정할 정도로 매우 궁핍했다. 가르치는 문제를 먹는 문제와 동일시할 정도라면 우리의 교육열을 지탱하는 입시 공부에 대한 집착은 비정상적일 정도로 과도했다. 오늘날같이 학원에서 입시 공부에만 매몰됐으며 오로지 일류 학교에 가기 위해 필사적으로 노력을 했다. 1962년 입시지원은 서울대, 연세대, 고려대인 세칭 일류 대학에 거의 집중됐다. 다른 남자 대학의 경우는 각 학과에 걸쳐 모집 정원이 미달했으며 지방대학은 지원자가 없는 학과가 속출했다(경향신문, 1962. 2. 18.). 학원의 존재 이유는 일류대학에 보내는 것이다. 학원은 일류 대학 합격이라는 결과 위주의 입시 기술을 전수하는 곳이 되었다.

여름방학은 초·중·고교를 졸업반 학생들에겐 여가 없는 휴일이다. 해마다 격심해지는 입시경쟁은 이들을 한가롭게 놓아두지 않는다. 학생들은 입시 실력을 쌓기 위해 이른바 단기완성을 위해 영수 학관에 나간다. … 서울에 222개의 사설 강습소가 잡다한 간판을 걸고 입시 실력을 공급하고 기술을 습득시켜준다. … 아침반은 6시부터 시작하고 저녁반은 5시 이후부터 시작한다(경향신문, 1963. 7. 9.).

한국의 대학 입시는 수단과 방법을 가리지 않는 야수의 세계처럼 치열하게 전개됐다. 학부모에게 중요한 것은 인성 교육이 아니라 일류 학교에 합격하는 것이다. 교장과 교사는 입시 교육을 강조하는 학부모의 강한 요구를 따를 수밖에 없었다. 그렇지 않으면 학부모의 거센 비판과 저항에 직면하기 때문이다. 좋은 학교의 기준은 입시 결과와 일류대 합격자의 숫자다. 학교교육은 비인간적인 입시 교육이 만든 악순환의 틀을 벗어날 수 없었다. 겉으로는 인격 교육을 강조하지만, 학부모가 진정으로 원하는 것은 일류대 합격이었다. 우리 사회에서 대학의 입시 결과는 사회 지위에 직접적인 영향을 미쳤다. 일류 대학은 학력 출세주의를 구현하는 제도 장치로 기능했기 때문이다. 당시 세속적인 학력 출세주의라는 세태에 대해 유진오 (1962: 88)의 입장은 단호했다.

> 대학교육의 목적이 입신출세를 위한 것으로 말할 수 있지만, … 대학교육을 받는 직접적인 목적은 아니다. … 대학에 들어가는 사람 중에 '훌륭한 사람'이라는 중간역은 안중에 주지 않고 '입신출세'라는 종착역만을 염원에 두는 사람이 많았던 것은 부인할 수 없다. 이런 향학열은 건전한 향학열이라고 할 수 없다. … 자신의 입신출세를 꾀하려는 무서운 미래의 이리떼를 길러내는 기관이 되고 말 것이다.

유진오의 신랄한 비판은 교육열의 본질과 입시 경쟁 실체의 맨살을 보여준다. 우리 사회는 교육에 대해 좋은 말로 화려한 치장을 하지만, 교육은 학력 출세주의를 통해 사회 경쟁에 이기기 위한 수단에 불과했다. 교육열은 일류 학교에 진학하기 위한 입시 경쟁열이며, 입시 경쟁에 이기기 위해서 수단과 방법을 가리지 않았다. 학교는 인간이 없는 삭막한 입시경쟁의 학원에 불과했다. 일류 대학은 사회의 신분 출세의 등용문이기 때문에 고등학교의 입시 열기는 과도하게 높았다.

다. 대학입시체제의 특징

이 시기는 고등교육의 과도한 팽창과 정원외 부정 입학 그리고 무자격자 입학 등이 성행하여, 대학교육에 대한 사회 신뢰는 끝없이 추락하고 있었다. 과거에도 고등교육의 질을 높이기 위해 지속해서 대학정비를 했지만, 그 실효는 여의치 않았다. 군사정부는 고등교육의 질적 하락을 심각하게 인식하여 교육의 정상화를 위해 1961년에 '교육에 관한 임시특례법'과 1963년에 사립학교법을 공표하여 고등교육에 대한 대대적인 정비를 단행했다.

군사정부는 고등교육의 질을 높이기 위해 대학입학자격 국가고사제를 도입했다. 군사정부는 대학의 정원 정비와 대학수학능력시험의 적격자를 선별하기 위해 자격시험인 동시에 선발시험인 대학입학자격 국가고시제를 실시했다. 국가고사제는 문교부에서 주관하고 합격 효력은 당해 연도로 한정하였다. 이를 위해 문교부 산하에는 입학고사 중앙위원회와 시·도에는 입학고사 지역위원회를 두었다. 대학입학자격 국가고사제는 국가가 관리했으며 대학 정원의 110%만 선발했다. 1962년도의 합격 현황을 살펴보면 [표 3-10]과 같다.

표 3-10_____1962년 국가자격고사 구성 및 합격 현황

(단위: 명)

계열별	지원자 수	전체 정원	서류전형 합격자 수	필답 전형 합격자 수
인문계	23,892	6,256	460	5,796
교육대학계	6,738	1,960	·	1,960
자연계	27,899	7,415	880	6,535
음악계	740	370	3	367
미술계	727	320	1	319
체육계	1,223	330	·	330
연극영화계	242	40	·	40
계	61,461	16,691	1,344	15,347

출처: 이진재 외(1986). 214쪽.

전형 방법을 보면, 학과별, 과목별의 국가고사 성적과 대학별 실기검사, 신체검사, 면접검사를 합산한 성적으로 최종 합격자를 선발했다. 필답고사는 필수 과목 6과목과 선택 과목 1과목을 부과했다. 구체적으로 입시 과목에서 필수 과목은 국어Ⅰ, 수학Ⅰ, 영어, 사회(일반사회, 도덕, 국사), 과학(물리, 화학, 생물, 지학 중 1과목 선택), 실업·가정(농업, 공업, 상업, 수산, 가사 중 1과목 선택)으로 6개 과목으로 구성됐다. 선택 과목은 인문·사회계는 6과목(국어Ⅱ, 세계사, 지리, 독일어, 불어, 중어) 중에서 1과목을 선택, 자연·이공계는 6과목(해석, 기하, 물리, 화학, 생물, 지학) 중에서 1과목을 선택, 예체능계는 3과목(음악, 미술, 체육) 중에서 1과목을 선택하게 했다. 1963년에는 선택 과목을 제외하고, 필수

6과목만 인정했다. 입시 시기는 전기와 후기 그리고 추가 모집으로 나누어 실시했다.

특별 전형은 학교장의 추천을 받은 실업계 출신이 동일계 대학을 진학하면 서류심사와 대학적성검사에 의해 정원의 30%를 별도 선발할 수 있었다. 사범학교 출신 여자는 사범대학에 진학하면 혜택을 부여했다. 특별시 및 각 도별로 학과별 정원의 20%를 별도로 선정하여, 해당 지역에만 허용되는 국가고사 합격증을 부여했다. 이 시기의 대학입시체제 특징은 [표 3-11]과 같다.

군사정부는 고등교육의 질적 수준을 높이기 위해 국가고사제를 실시했지만, 대학 정원을 110%로 제한하여 대학입학 미달 사태를 초래했다. 문제가 심각해지자 문교부는 긴급회의를 열어 150점 이상 취득한 자를 전원 합격시키는 조치를 취했다. 2차 전형이 끝난 후에도 일부 대학은 정원이 미달하여 3차 전형에서 대학입학자격 국가고시의 합격 여부와 관계없이 지원할 수 있도록 해달라는 진정서를 문교부에 내기도 했다(박철희: 2005: 31-32). 대학입학자격 국가고시제는 기대와 달리 대학정원 미달 사태가 속출하여 일부 사립대학의 운영 자체를 어렵게 만드는 부작용을 초래했다.

표 3-11_____대학입학자격 국가고사제의 입시 특징

구분	입시 특징
실시 시기	· 1962년~1963년
시대 상황	· 5·16 군사정변
고등교육정책	· 교육에 관한 임시특례법(1961년) · 사학정비법(1963년)
입시 관리	· 국가
전형 자료	· 국가 주도의 대학입학 자격고사
입학 사정	· 1962학년 입학 사정 　- 대학입학 자격고사는 선발 정원의 110% 합격 　- 학과별·과목별·국가고사의 성적과 대학별 실기검사, 신체검사, 면접검사를 합산한 성적 　- 필기시험은 1962년 한해만 인정함 　- 예체능계는 무시험 서류 전형 　- 체력점수는 고사점수의 1/8을 만점으로 반영

	· 1963학년 입학 사정 　– 자격고사는 대학입학자격만을 인정하고 대학사정에 반영하지 않음 　– 대학별 선발고사 실시
입시 과목	· 1962학년의 입시 과목 　– 총 6과목과 선택 과목 1과목 　– 필수 과목: 국어Ⅰ, 수학Ⅰ, 영어, 사회(일반사회, 도덕, 국사), 　　　　　　　 과학(물리, 화학, 생물, 지학 중 1과목 선택), 　　　　　　　 실업·가정(농업, 공업, 상업, 수산, 가사 중 1과목 선택) 　– 선택 과목: 인문·사회계, 자연·이공계, 예체능계에 따라 다름 · 1963학년의 입시 과목 　– 필수 6개 과목만 채택
입시 시기	· 전기와 후기 그리고 추가 모집
특별 전형	· 학교장의 추천을 받은 실업계 출신의 동일계 대학 진학시 서류심사와 　대학적성검사에 의한 정원의 30%를 별도 전형 · 사범학교 출신 여자는 사범 대학 진학시 혜택 부여 · 특별시 및 각 도별로 학과별 정원의 20%를 별도로 선정하여, 해당 지역에 　허용되는 합격증을 부여
입시 문제	· 정원 110% 선발로 대학 정원 미달 사태를 초래함. · 일류 대학에 집중하여 대학 정원 미달 사태를 가중시킴. · 국가고사의 성적으로 대학입학이 결정되기 때문에, 대학의 선발 자율권을 　침해함. · 인문계, 실업계, 지역 간의 합격률 차이가 심하게 나타났음 · 실업계의 서류전형 특전은 대학수학능력 부족을 초래하여 실업계 교육을 　진흥시키지 못함. · 공정성을 위해 객관식 문제를 출제하여 암기위주의 입시 교육에 치중하게 됨.

　군사정부는 대학입학자격 국가고시제를 의욕적으로 추진했으나, 다음과 같은 예상치 못한 문제점에 봉착했다.

　첫째, 대학 입시가 일류 대학에 집중하여 대학 간 격차가 심화했으며 동시에 대학 정원 미달 사태가 일어났다.

　둘째, 1962학년의 학과별로 선발했지만, 학과 간에 극심한 성적 차이로 인해 성적이 나쁜 학생이 합격하고 성적이 좋은 학생이 떨어지는 기현상이 있었다.

셋째, 국가위주의 자격고사로 인해 대학의 선발 자율권을 침해했다.

넷째, 인문계와 실업계 고교 그리고 지역간 합격률 차이가 심하게 나타났다.

다섯째, 실업계의 동일계 대학 진학 혜택인 서류전형 특전은 대학수학 능력 부족을 초래하여 실업계 교육을 진흥시키지 못했다

여섯째, 공정성을 높이기 위해 객관식 위주의 시험문제를 출제했지만 암기 위주의 입시 교육에 치중하게 했다.

5 대학별 단독시험제(1964년~1968년)와 입시문화

가. 교육의 사회적 배경

5·16 군사정부에 대한 국민의 시선은 곱지 않았다. 군사정부에 대한 국민의 저항이 거셌으며 사회 혼란이 거듭했다. 경제적으로도 빈곤 상태에서 벗어나지 못하였다. 1인당 국민소득은 1964년은 102달러, 1965년은 106달러, 1966년은 126달러, 1967년은 143달러, 1968년은 168달러였다. 전쟁 직후보다 다소 호조를 보였지만, 물가의 자연 상승 가치를 볼 때 큰 차이가 없었다. 여전히 경제적으로 어려운 상태였다.

정치적으로는 1964년에 대학생이 중심이 되어 한일회담에 대한 반대 투쟁인 6·3사태가 있었다. 4·19 의거 이후 최대 시위여서 군사정부는 비상계엄을 선포했었다. 1965년에는 한일협정 비준 반대 데모가 극렬했다. 학생들의 극렬한 반발과 전국적인 확산을 차단하기 위해 군사정부는 위수령을 발동하기에 이르렀다.

1967년에는 부산의 고등학생과 대학생 그리고 야당은 6·8 국회의원 부정선거에 대한 맹렬한 규탄과 함께 거의 6개월 동안 선거 무효화 투쟁을 벌였다. 1968년에는 대통령의 연임 금지 조항을 삭제하고 3선 연임의 허용을 무리하게 추진한 3선 개헌 파동이 일어났다. 자연히 3선 개헌에 대한 거센 반대 시위가 있었다. 이 시기도 정치적으로 바람 잘 날이 없었으며 국민의 피로감은 매우 높았다.

고등교육의 상황도 여전히 개선되지 않았다. 사학재단의 부실 재정은 무자격자의 부정 입학을 성행하게 하여 고등교육의 질을 떨어뜨리고 사회 문제로 확대됐다. 이 모든 부작용의 원인은 고등교육의 양적 팽창과 밀접한 관련이 있었다. 대다수 사람은 고등교육의 양적 팽창에 대해 부정적 입장이었다. 고등교육 확대는 사회적으로 예민한 상태였다.

대학의 양적 팽창은 우선 국민소득의 막대한 부분을 비생산적인 면에 소비하여 국민 생활의 실속있는 향상을 저해했을 뿐만 아니라 많은 경우에 이를 후퇴시키는 결과를 초래했다. 농어촌의 피폐와 도시 주변의 빈민촌 형성에 대학이 얼마나 큰 구실을 했는가는 누구의 눈에도 요연한 사실이다. … 이와 같은 희생으로 얻은 것은 소수의 인재와 다수의 쓸모없는 고등유민이다. 어처구니없는 낭비가 아닐 수 없다. 한 걸음 나아가 대학의 과다는 하급교육기관들의 존재 이유를 실질적으로 말살하였다(동아일보, 1965. 10. 15.).

고등교육의 양적 팽창에서 파생되는 부작용은 예상보다 심각하고 컸었다. 고등교육의 학생 정원 감소는 시대의 과제로 대두됐다. 그래서 1965년에 '대학 학생 정원령'을 공포하여 본령이 규정한 학생들을 제외하고는 정원을 초과할 수 없도록 했다. 대학 정원이 제정된 근본 배경은 수용 능력을 무시한 학생 수의 증가, 간판 위주와 영리주의 사립대학 운영, 이에 따른 졸업생의 실업률 증가(1965년 취업률은 37.6%) 등을 들 수 있다(김종철, 1989: 276). 이런 상황에서 고등교육은 제한될 수밖에 없었다.

표 3-12_____1964년~1968년 고등교육 정원의 실태 현황

구분	고등교육 기관 수					학생 수	교원 수
	대학교	대학	초급대	각종학교	계		
1964년	66	57	34	157		142,629명	.
1965년	70	47	45	162		137,794명	6,801명
1966년	69	43	48	160		170,649명	7,544명
1967년	68	37	40	145		165,835명	7,695명
1968년	67	36	63	166		166,393명	8,706명

출처: 1) 박희찬(1987). 26쪽.
　　　2) 문교부 · 중앙교육평가원(1965~1968). 교육통계연보.
주: 1) 1965년부터 초급대학에 교육대학(당시 2년제)을 포함
　　2) 1965년부터 각종학교에 실업고등전문학교와 간호학교를 포함

[표 3-12]를 보면 정부의 강력한 대학 정원 제한 정책으로 고등교육 정원은 1965년에 잠깐 감소하다가 둔화된 증가세를 보인다. 그러나 고등교육의 중심에 있는 대학(교)의 기관 수는 답보 상태에 있었으며, 교육통계연

감의 대학(교) 학생 정원은 1965년에 105,643명, 1966년에 131,354명, 1967년에 124,029명, 1968년에 123,659명으로 사실상 감소하였다. 당시 고등교육은 많은 문제를 양산하고 있어서, 군사정부에 고등교육 정원의 제한 조치는 시대 과제였다.

군사정부는 부정 입학과 부정 졸업을 방지하고 고등교육의 질을 높이기 위해 1967년에 '학위등록제'를 공포하여 소정의 과정을 이수한 사람과 일정한 시험에 합격한 사람에게만 학위를 수여하도록 했다. 당시의 부정 입학과 부정 졸업은 매우 심각했다. 사립대학은 열악한 재정 구조로 청강생이나 정원외 학생을 입학시키면서 재정적인 도움을 받았다.

그러나 1966년에는 '학생정원령'의 개정을 통해 대학 신입생의 명단을 관보에 공고하고 학위등록제를 교부했다. 대학 정원의 엄격한 실시를 위해 문교부 장관에게 정원 초과에 대한 취소권을 부여하고 대학입학 자격자의 입학 허가 통지 제도 등을 제정했다. 이 제도는 정원 모집을 어렵게 하는 조치로 재정이 어려운 사립대학은 수차례 반발하였다(손준종, 1994: 83).

정원 제한 등의 엄격한 정책에도 사립대학의 부정은 심각한 수준이었다. 윤용남(1969: 124 – 129)에 의하면 대학 특별감사에서 한결같이 사립대학들은 수많은 정원외 학생인 청강생을 뽑았고, 시험 성적과는 관계없이 기부금을 많이 내는 학생을 부정 입학시키고 부정 졸업을 남발했다. 어느 대학은 유령 원서를 접수하여 유령 지원자를 합격시켜 놓고 그 자리에 막대한 돈을 낸 사람이 입학한 사실도 있었다. 그러나 대학과 교수 처우에 대한 투자는 한 푼도 사용하지 않았으며 불과 5년 또는 10년 만에 사립대학 재단의 재산은 1백 배, 1천 배로 기하급수적으로 늘어났다.

당시 전국 73개의 사립대학의 정원은 101,455명이지만, 특감위의 조사 결과에 의하면 정원외 학생인 청강생이 4만 명 내지 5만 명으로 추산된다고 하였다. 과거 문교부 장관은 20~30%의 정원외 학생을 모집해도 좋다고 묵인했으며 1965년 권오병 장관은 정원외 학생을 신고하면 양성화하여 인정해 준 적이 있다고 했다. 이 점은 부정 입학 관습이 얼마나 뿌리 깊게 이어졌는지를 보여준다.

사립대학의 정원외 입학 부정은 그치질 않았다. 급기야 문교부 장관(동아일보, 1968. 1. 20)은 대학 정원제의 엄수를 위해 필요하면 검찰과 경찰까지 동원한 합동수사반을 편성, 수사하겠다는 발언을 하여 큰 풍파를 불러일으켰다. … 법정 외의 부정 입학이 발견되면 해당 대학의 정원 감축, 학과 폐지, 총·학장의 승인 취소 등의 행정 조치를 취하겠다고 했다. 얼마나 대학의 부정 입학이 심했으면 문교부 장관이 직접 나서, 합동 수사를 거론하고 강력한 행정 조치를 취할 생각까지 할 정도였다.

이 시기는 정치 혼란이 있었지만, 무소불위의 군사정부도 교육 문제만은 버거워했다. 군사정부는 고등교육의 질을 높이는 조치로 부정 입학을 방지하여 대학 정원을 강력하게 제한했다. 그러나 사립대학의 열악한 재정은 군사정부의 대학 정원 정책의 발목을 잡았다. 사립대학은 부족한 재정을 충당하기 위해 거의 양성적으로 무자격의 대학 졸업자를 양산했다. 당시 사립대학의 부정 입학은 충격적일 정도로 많았다. 이 시기의 고등교육은 정원 외의 부정 입학이 많아서 해방 직후의 상황과 차이가 없었다.

나. 대학입시문화의 전개

정치적으로 혼탁하고 경제적으로 어려워도 우리의 교육열은 여전히 변함이 없었다. 일류 학교에 가기 위해서는 입시 전쟁을 겪어야만 했다. 이 시기의 대학입시문화를 알기 위해서는 중학교와 고등학교의 입시문화를 먼저 이해해야 한다. 중학교와 고등학교의 입시문화는 대학입시문화의 전초전이며, 사실상 일란성 쌍둥이와 같다. 이 시기의 중학교와 고등학교의 입시는 상대적으로 대학 입시보다 많은 주목을 받았다. 학부모들은 자녀가 일류 중학교와 일류 고등학교를 졸업하면 자연스럽게 일류 대학교를 입학할 수 있다는 믿음이 있었다.

일류 중학교에 입학하기 위해 어린 국민학생도 입시 지옥의 굴레에 벗어날 수 없었다. 국민학교에 입학하는 그 순간부터 입시 공부를 시작했다. 중학교도 일류, 이류, 삼류 같은 계급 등급이 있었기 때문이다. 국민학생의 입시 경쟁은 일류 중학교에 입학하기 위한 것으로 어린 학생의 심신 발달의 저해는 물론 교육을 황폐화하고 있었다. 당시 국민학생의 비인간적인 입시 경쟁 상황에 대해 다음과 같은 진술에서 생생하게 엿볼 수 있다.

> 학교에서 무엇을 배우는지, 어떤 인간이 길러져 나오는지에 대한 관심보다 세칭 일류 학교의 입학이 대부분 학부모나 일부 교육자에겐 절실한 관심사요, 실제 목표였다. 따라서 어린이의 심신 발달을 저해하고 사회 문제를 야기시킬 정도로 입시 지옥의 치열한 경쟁의 장으로 학교를 몰아넣었다(문교부, 1988: 220).

> 꼭 일류 중학교에 넣겠다는 자모들의 허영심은 피곤해 죽을 지경인 어린이들을 못살게 한다. J 초등학교 6학년 박 모 군은 각성제인 '카페나'를 복용한다. … 노이로제 증세를 보여 … 하루 5시간 수면하고 … (경향신문, 1964. 11. 6.).

> 서울의 남산 국민학교를 졸업하고 경복 중학교에 입학하지 못해 학관을 다니며 재수하던 황 모 군(당시 14세)이 동네 만화 가게에서 피를 토하고 숨졌으며, 황 군은 스트레스를 호소하며 친구로부터 빌린 약을 대량으로 복용하였다고 한다(경향신문, 1965. 7. 9.).

당시 중학교 입시 경쟁은 어린 학생들에게 너무 가혹했다. 연일 언론에서는 학부모들의 치맛바람 문제를 지적했으며, 입시 지옥이란 단어로 중학교 입시의 심각성을 알리고 있었다. 심지어 일류 중학교에 가기 위해 유치원부터 준비했으며, 국민학생은 과외에 철저히 짓눌려 있었다. 다음 기사는 중학교 입시 준비를 위한 유치원과 국민학생의 과외 실태를 고발하고 있다.

> 일류 중학교에 합격자를 많이 내는 모 사립 국민학교에 합격시키기 위해 젖 떨어진 꼬마에게 입시 준비를 시키는 유치원까지 생겨났다. 치맛바람

에 일그러지고 과중한 공부와 과외 공부에 휘말려 입시 공포에 협심증이
된 새싹들이 장차 나라의 올바른 기둥이 될 것인가(경향신문, 1967. 10. 16.).

서울 시내의 현재 62만 명의 국민학생 가운데 50%에 해당하는 30만 명
이상이 과외 수업을 받고 있다는 것으로 관계 당국이 추산하고 있다. 사립
국민학교와 공립 특A 교 6학년 어린이들은 거의 100%, 5학년 어린이들은
90% 이상이 과외 수업을 하고 있다(경향신문, 1967. 11. 4.).

　유치원 시절의 입시 준비는 중학교 입시의 폐해를 적나라하게 보여주
고 있다. 유치원을 넘어 유아부터 대학 입시를 준비하는 오늘날 모습과 너
무 유사하다. 국민학생 대부분이 과외 수업을 받는 것은 입시 경쟁에 매몰
된 억압적인 상황을 알게 한다. 유치원생과 국민학생은 탈출이 어려운 강
압적인 입시 감옥에 갇힌 상태여서, 일반인의 안타까움을 자아내었다.
1960년대에는 중학교의 입시 폐해를 상징하는 사건인 무즙 파동과 창칼
파동이 일어났다.

　「무즙 파동」은 1964년 경기중학교 입학시험의 자연 과목에서 '엿을 만
드는 과정에서 당화 작용을 할 수 있는 것은?'이라는 문항에서 정답은 다이
스타아제였으나, 낙방한 학생의 학부모들은 무즙도 정답이 된다고 하여 법
정에 소송을 제기했다. 학부모들은 서울시 교육위원회 앞에서 무즙으로 만
든 엿을 먹어 보라며 솥째 들고 항의 시위를 했다. 이때 언론에서 대서특
필하면서 「엿 먹어라」의 어원이 생겼다. 6개월 후, 무즙이 정답으로 인정
되어 낙방한 학생 38명이 정원외 입학을 허가받았다. 이 사건은 1~2점이
입학시험의 당락뿐만 아니라 인생의 항로를 결정지을 수 있다는 학부모의
절박한 심정에서 비롯됐다. 무즙 파동은 서울시 교육감과 문교부 차관 그
리고 청와대 비서관 2명이 물러나고서야 수습됐다.

　「창칼 파동」은 1968년 경기 중학교 입학시험의 미술 과목에서 목판화
를 새길 때 창칼을 바로 쓰는 법을 물었지만, 모호한 점이 많아 복수 정답
을 인정했다. 낙방한 학생들의 학부모들은 학교 측이 서울시 교육위원회의

채점 기준을 따르지 않는다며 시위를 벌이고 교장과 교감을 연금하는 초유의 사태가 일어났다. 이 문제에 대해 법원이 학교 측의 손을 들어주면서 마무리되었다.

문항 오류에 대해 학부모들이 적극적으로 문제를 제기한 것은 중학교 입학시험이 인생을 결정하는 매우 중요한 시험이었기 때문이다. 학부모들은 자녀를 일류 중학교에 입학시키기 위해 필사적으로 시험공부에 매달렸다. 이 시기에 대한민국의 교육 틀을 바꾸는 충격적인 사건이 일어났다.

1967년 10월 17일 부산에서 국민학교 5학년 학생이 0시에 통행 금지가 적용되던 당시, 깊은 밤에 속하는 오후 10시 무렵에 과외 공부를 받고 돌아오다가 납치되어 피살되는 불행한 사건이 일어났다. 이 사건을 계기로 언론들은 중학교 입시개혁을 강하게 주장했으며, 교장단과 어머니회 등 각계에서는 과외 금지를 촉구했다. 1967년 10월 26일은 서울에서 국민학교 6학년 학생 4명이 과외를 받기 싫다며 가출하는 특이한 사건이 있었다. 1968년에는 대한교련과 여러 사회단체에서 '600만 어린이를 입시 지옥에서 구출하자'라는 운동을 전개하기도 했다.

이런 일련의 사건이 계기가 되어 1968년에 중학교 입학시험을 폐지하는 소위 7·15 교육혁명이라고 불리는 「중학교 무시험제」를 전격적으로 단행하여 중학교 평준화를 도모하였고, 이때부터 학군별 추첨제를 실시했다. 교육부에서 발표한 중학교 무시험제의 실시 이유는 ① 아동의 정상적 발달 촉진, ② 국민학교의 정상화, ③ 과열된 과외공부의 지양, ④ 극단적인 학교 차의 해소, ⑤ 가정의 교육비 부담 감소 등이다. 여기서 보듯이 정부는 국민학생의 중학교 입시 경쟁을 매우 심각하게 인식하고 있었다. 중학교 입시 경쟁은 지옥의 레이스라고 할 수 있을 정도로 사회적으로 큰 문제였다.

대학 입시는 중학교 입시보다 수면 아래에 묻혀 있었지만, 그 속에는 활화산이 숨어 있었다. 일류 대학은 학력의 최종 관문이다. 일류 중학교에 가는 것은 일류 대학의 전초전이었다. 중학교 입시와 대학 입시는 비슷한 양상을 보였다. 중학교 입시 경쟁이 치열한 것은 최종 관문인 일류 대학에 가기 위한 것이다. 일류 대학에 용이하게 입학하기 위해 중학교 입시 경쟁을 반드시 통과해야 했고, 이를 위해 치맛바람의 열기는 더욱 뜨거웠다. 일류 대학을 나오기 위해서 일류 고등학교와 일류 중학교에서 공부해야 했다. 이처럼 상급 학교의 진학을 위해 하급 학교에도 영향을 미친 것이다. 당시 언론은 입시 열기로 가득한 시험장 전경과 대학을 중심으로 하급 학교로 파급되는 입시 경쟁에 대한 현실을 다음과 같이 지적했다.

> 어제부터 전기 중학교와 대학 입시의 막이 열렸다. 해마다 시험지옥이라 불리는 이 입학시험을 둘러싸고 일어나는 가지가지의 비극은 너무나 참혹하다. 치열한 경쟁 속에 붙느냐 떨어지느냐의 운명을 걸고 시험장에 들어가는 당사자들도, 그들의 어버이 되는 이들의 애태우는 정경이란 실로 보기에는 민망스럽다(동아일보, 1964. 2. 4.).

> 비정상적인 교육열로 인해 하급학교는 상급학교의 입학시험을 위한 준비교육으로 타락했고 상급학교의 입시 출제 경향이 하급학교의 교육내용을 결정하는 폐단을 초래했다(동아일보, 1965. 6. 1.).

이때도 초·중등교육은 오늘날과 같이 대학을 위해 준비하는 입시 교육에 치중하고 있었다. 지금은 영유아까지 입시를 준비하고 있지만, 일류병에 멍든 왜곡된 교육열이 파생한 비정상적인 입시 교육이 초·중등학교의 중심을 이루고 있었다. 일류 대학을 졸업해야만, 신분 출세를 보장할 수 있다는 학력주의(學歷主義)가 당시 사회를 지배하고 있었다. 학력 출세주의라는 우리 교육의 독특한 인식도 한몫을 했다. 당시에도 교육은 인격도야의 수단보다 가문을 일으키는 효율적인 유산이라 생각했다. 교육의 유산적인 인식은 우리 사회에서 학력주의를 빠르게 정착시켰으며, 중학교 입시부터 비정상적인 치맛바람을 초래하는 원인이 되었다. 당시 교육의 유산적인 인식과 학력주의 세태는 지금과 차이가 없었다.

> 우리나라 사람들은 교육을 유산으로 알고 있어요. 언젠가 우리 학교에서 농촌 여론 조사를 했더니 … 우리는 못 쓸 고생을 하며 살았소이다. 후세

들까지 그러면 어떻게 하겠소? 무슨 수라도 내서 가르쳐 주어야 … 곧 교육은 인고(忍苦)의 멍에를 벗기는 작업, 숙명의 과제로 알고 있었다(경향신문, 1965. 3. 15.).

일류 대학이 아니면 다닐 맛이 안 난다는 사람이 대부분일 것이다. 일류 대학을 나와야 일류 직장에 갈 수 있으니 무리도 아니다. 국민학교부터 쭉 일류만 거쳐온 사람은 대학도 일류여야 하겠고, 이제까지 일류의 문 앞에 가보지 못한 사람은 대학만은 어떻게든 일류를 나와야 하겠다고 재수하는 것이다. 유치원부터 대학까지를 일류로 일관하면 천하의 수재요, 세상 사람이 우러러보는 행복 자가 되는 것이다. … 일류의 행복 자는 일류의 노예이기도 하다(동아일보, 1967. 2. 11.).

위의 기사는 가난을 벗어나기 위해 교육을 선택한 절박한 인식과 학력 출세주의 세태를 극명하게 보여주고 있다. 특히 어렸을 때부터 일류 학교에 가지 못한 학생이 대학만은 꼭 일류 학교에 가기 위해 재수를 선택할 수밖에 없는 씁쓸한 입시 열기를 생생하게 나타내고 있다. 당시는 일류 중학교와 일류 고등학교가 일류 대학보다 학연(學緣)의 중심에 있었다. 중학교와 고등학교에서 맺은 관계는 대학의 느슨한 관계보다 생명력이 있고 오래 가기 때문이다. 일류 중학교와 일류 고등학교 출신이 일류 대학을 많이 나오고 아울러 사회의 핵심 인사가 된다. 동일한 일류 대학 졸업자 중에서도 일류 중학교와 일류 고등학교를 나온 사람과 그렇지 않은 사람을 학연으로 차별했다. 일류 중학교와 일류 고등학교는 학연의 핵심 기반이었다.

그래서 국민학교부터 치맛바람의 광풍이 있었으며, 중학교 입시 열기는 시험지옥이라고 대변됐다. 첫 입시 단추를 잘 꿰어야 나머지 입시 단추를 용이하게 꿸 수 있으며, 긴 인생의 항해를 순조롭게 나갈 수 있다는 것이다. 우리 사회의 치열한 학력 경쟁은 살기 위한 생존 경쟁 이상의 사회 게임이라고 할 수 있다.

그렇다고 대학 입시경쟁이 덜 치열한 것은 아니었다. 학력 경쟁의 최종 관문인 일류 대학에 들어가기 위한 입시 열기도 만만치 않았다. 대학

입시 열기의 바로미터인 재수생과 학원 실태를 분석한 언론 기사에서 대학 입시문화를 짐작하게 한다. 당시 일류 대학에 진학하기 위해 재수, 삼수를 마다하지 않았다. 재수생 합격자는 지원자의 40~50%를 차지하고 … 합격한 재수생의 80%는 1년, 16%는 2년, 4%는 3~4년간 재수하였다. … 학원은 영어, 수학, 국어, 선택 과목 등 입시 과목을 1년 동안 단기 속성하는 종합반과 1개월간 영어나 수학만 배우는 단과반이 있었다(경향신문, 1967. 2. 11.). 대다수 학원은 일류 대학에 입학하기 위해 일류 대학의 문제집을 풀고, 일본의 대학 입시 문제집까지 해설하였다. 학원의 강의는 사실상 대학입시 준비기관에 불과했다. 당시 학원의 종합반과 단과반 모습은 오늘날 학원과 차이가 없었다.

1960년대 들어 입시 열풍과 과외 등으로 오늘날과 같은 한국교육의 병폐가 싹트기 시작했고, 학생들은 명문대에 진학하기 위한 입시 지옥에 시달렸다. 학부모들은 자녀를 좋은 대학에 보내야겠다는 일념으로 과외비를 대느라 허리가 휠 정도였다. 심지어 내신 성적을 봐달라고 촌지가 성행하여 신성한 배움의 장을 오염시키기도 하였다(교육신문사 편찬위원, 1999: 466~467). 1960년대의 대학 입시 열풍과 내신 성적을 잘 보아달라는 학부모의 극성은 2019년에 방영한 「SKY 캐슬」의 모습과 내신 성적을 올리기 위한 강남 S 여고의 쌍둥이 자매 등의 사건들과 매우 닮았다.

다. 대학입시체제의 특징

군사정부는 대학의 부정 입학을 막고 고등교육의 질을 높이기 위해 대학정비를 단행하면서 국가고사제를 실시했지만, 기대와 달리 많은 문제점이 나타났다. 대학 정원의 110%의 선발은 대학입학 미달 사태와 추가 합격자가 발생했으며, 대학의 선발 자율권을 침해했다는 비판이 강하게 일어났다. 국가고사제로 인해 정원 외의 부정 입학도 줄어든 것은 아니었다. 국가고사제의 불신과 함께 사립대학에서 대학의 선발 자율권을 돌려 달라는 요구가 강하였다. 군사정부의 의욕과 달리 국가고사제는 2년만에 폐지되고, 1964년에 대학별 단독시험제를 실시하게 되었다. 대학별 단독시험제의 전형 형태는 각 대학의 총·학장의 책임으로 다음과 같은 문교부의 지침에서 이루어졌다.

첫째, 각 대학의 총·학장은 필답고사의 필수 과목과 선택 과목을 결정하고, 실업계 대학은 선택 과목 중에 반드시 실과 과목을 넣어야 한다.

둘째, 체능 검사는 문교부 장관이 정하는 방법과 기준에 따라 실시하되, 기본 배점은 총점의 2/3로 한다.

셋째, 예·체능 특기자는 정원 내에서 총·학장이 정하는 기준에 의해 일정한 특혜를 줄 수 있으나, 일반 응시자와 함께 응시해야 한다.

넷째, 실업계 대학은 동일계 고등학생을 입학 성적에 의해 정원의 20%까지를 특별 전형할 수 있다.

다섯째, 대학입학고사는 총·학장의 재량에 따라 전기와 후기로 나누지만, 시행 시기는 1월 하순부터 2월 중순까지로 문교부가 정한다.

대학의 총·학장은 문교부의 지침에 따라 신입생을 선발했다. 각 대학의 총·학장은 신입생 모집 요강을 작성하여 공고 10일 전에 문교부 장관에게 보고했다. 모집요강에는 ① 모집정원 ② 시험과목 ③ 전형일시 ④ 제출서류 ⑤ 전형 방법 및 등록금 등을 명시했다. 모집 방법은 법령과 문교부의 지침 범위 안에서 대학의 총·학장의 재량에 의해 다소 차이가 있었다.

전형 방법은 필답고사를 중심으로 진학 적성검사, 신체검사, 면접검사 등을 전형 보조자료로 활용했다. 대부분의 대학에서는 주로 필답고사와 신체검사 그리고 면접 검사를 전형 자료로 이용했다. 일부 대학에서는 고교 내신성적과 진학 적성검사를 사용하기도 했다.

필답고사는 주관식과 객관식의 절충 형태였다. 입시 과목에서 필수 과목은 고등학교 교육과정 시간 배정 기준령에 의해 대학의 자율에 따랐다. 선택 과목에서 실업계 대학은 실과 과목을, 여자 대학은 가정 과목을 시험 과목으로 부과했다. 체력 과목은 문교부 장관이 관장하였다.

대학마다 입시 과목을 자주 변경하여 수험생의 입시 준비에 많은 부담을 주었다. 예컨대 어느 해 입학 고사에서 필수 과목으로 지정되었던 과목이 다음 해에는 선택 과목으로 바뀌는 등 고사 과목의 변화가 심하여 수험생들은 변경된 고사 과목에 따라 지원 대학을 달리하는 사례가 많았다. 또한 각 대학에서 입시 과목을 3~4개 과목으로 축소하여 고등학교 교육이 입시 과목으로 인해 파행 운영되는 경향이 심하였다(이종승, 2005: 50).

특별 전형에서 예·체능 특기자는 입학 정원 내에서 총·학장이 정한 기준에 따라 선발했다. 실업계 고교는 동일계 진학 시 입학 고사 성적에 따라 20% 더 선발될 수 있었으나, 일반 수험자와 함께 응시해야 했다. 체능 검사는 문교부 장관이 정하는 방법과 기준에 따라서 실시했다. 이 시기의 대학입시체제 특징은 [표 3-13]과 같다.

표 3-13_____대학별 단독시험제의 입시 특징

구분	입시 특징
실시 시기	· 1964년~1968년
시대 상황	· 6·3 사태와 6·8 국회의원 부정선거
고등교육정책	· 대학생정원령(1965년)　　· 학위등록제(1965년)
입시 관리	· 대학
전형 자료	· 대학별 단독시험(본고사)
입학 사정	· 주 자료: 필기시험(주관식과 객관식의 절충 형태) · 보조 자료: 진학 적성검사, 신체검사, 면접검사 · 중심 자료: 필답고사와 신체검사 그리고 적성검사를 활용 · 일부 대학: 고교 내신성적과 적성검사 활용
입시 과목	· 필수 과목: 고등학교 교육과정 시간 배정 기준령에 의해 대학의 자율 · 선택 과목: 실업계 대학은 실과, 여자 대학은 가정
입시 시기	· 전기와 후기(1월 하순에서 2월 중순)
특별 전형	· 예체능 특기자들은 입학 정원 내에서 총·학장의 재량에 따라 선발 · 실업계 대학은 동일계 진학시 입학고사 성적에 따라 20% 더 선발
입시 문제	· 입시 과목의 변경에 의해 입시 준비에 혼선을 초래함 · 입시 과목의 축소로 고교교육의 비정상화를 초래함 · 대학 입시로 인해 초·중등교육부터 입시 경쟁이 치열함 · 사립대학의 정원외 초과 모집으로 고등실업자를 양산함

군사정부는 고등교육의 고질적인 문제를 일시에 해결하기 위해 국가고사제를 실시했지만, 많은 부작용과 사립대학의 거센 비판에 직면했다. 군사정부는 사회 분위기를 일신하기 위해 대학의 선발 자율권을 존중하는 대학별 단독시험제로 돌아갔으나, 여전히 다음과 같은 문제점을 양산했다.

첫째, 대학마다 입시 과목과 입학 시험의 기준이 다르고, 해마다 입시 과목을 변경하여 고등학생의 입시 준비에 혼란을 초래했다.

둘째, 각 대학에서 입시 과목을 3~4개 과목으로 축소하여, 고등학교는 입시 과목 위주의 비정상적인 입시 교육이 성행했다.

셋째, 대학 입시경쟁이 가열되어 초·중등교육부터 입시 경쟁이 치열했다.

넷째, 대학별 입시의 다양성으로 인해 정원외의 부정 입학이 성행하여 고등교육 실업자를 양성했다.

대학입학 예비고사기
(1969년~1981년)와 입시문화

CHAPTER 4

대학입학 예비고사기(1969년~1981년)와 입시문화

6 예비고사와 대학별 본고사 병행제(1969년~1980년)와 입시문화

가. 교육의 사회적 배경

해방되고 1960년대까지 한국은 경제적으로 궁핍하다 못해 비참할 정도였다. 한국은 일제강점기와 6·25 전쟁의 깊은 상처가 남겨준 절망적인 경제 토대에서 겨우 생명을 연장하는 수준이었다. 박정희 정권이 들어서면서 경제 토대의 체질 개선을 통해 반전이 일어났다. 이 시기의 공업구조는 경공업에서 부가가치가 높은 중화학공업으로 전환했다. 1960년에 경공업은 78.2%, 중화학공업은 21.8%였다. 1970년에 경공업은 56.6%, 중화학공업은 43.4%, 1980년에 경공업은 44.1%, 중화학공업은 55.9%의 점유율을 보였다(박현채 외, 1988: 86). 1970년대의 연평균 성장률은 10%를 상회할 정도로 비약적인 경제 발전을 했다. 세계가 격찬한 '한강의 기적'이 일어났다.

이 시기는 경제적으로 엄청난 도약을 하고 있었지만, 정치적으로 독재 정권의 연장으로 매우 혼란한 역사의 격동기를 보내고 있었다. 1969년의 박정희 정권이 장기 집권을 위해 3선 개헌을 시도하자 전국 학생들의 격렬한 반대 시위에 직면했다. 1970년에는 전태일이 근로기준법을 준수하라며, 온몸에 휘발유를 끼얹으며 불을 질러 분신을 했다. 이 사건은 한국 현대사에 노동 운동을 촉발하는 계기가 됐다.

1972년에는 장기 독재 집권을 위해 대통령 선거를 직선에서 간선으로 바꾼 유신 헌법이 선포됐다. 박정희 대통령은 독재 정권을 유지하기 위해 철권 정치로 암흑의 시대를 초래했다. 이때부터 대학생들은 극렬한 반대 시위를 통해 조직적으로 저항했다. 반유신체제 운동이 끊임없었다. 1973년에는 김대중 납치 사건이 있었고, 1974년에는 반정부 조직으로 왜곡 날조하여 180명의 학생을 구속·기소한 민청학련 사건이 일어났다.

1979년 8월에 어린 여성 노동자들이 회사의 부당한 폐업에 맞서 신민당사를 점거하고 농성을 벌인 YH 무역 사건이 있었다. 1979년 10월 16일에는 부산과 마산 역에서 시민과 학생들이 유신 반대 투쟁이 전개된 부마민중항쟁이 일어났다. 이어서 중앙정보부 부장 김재규가 대통령 박정희를 시해한 사건인 10·26 사태가 터졌다. 1980년에는 신군부에 주도된 5·17 비상계엄확대와 전라남도 광주에서 일반 시민을 무차별 학살한 광주민주화운동이 일어났다. 이 사건의 잔인성은 우리 현대사에서 치유하기 어려운 깊은 상처를 주었다. 1970년대는 정치적으로 끔찍한 사건들이 숨 가쁘게 일어난 어둠의 시기였다.

1970년대는 정치적으로 격동의 시대를 보내고 있었으며 나는 새도 떨어뜨린다는 서슬퍼런 독재 정권도 교육 앞에서는 속수무책이었다. 전체적으로 입시 열풍은 끊이질 않았으며 오히려 심화·확대되고 있었다. 박정희 정권은 고등교육의 질을 높이기 위해서 예비고사를 도입했다. 예비고사는 발전하여 학력고사로 변했으며 오늘날의 대학수학능력시험이 탄생하는 기반이 됐다. '예비고사'는 대학입학 응시 자격 기준을, '학력고사'는 고등학교 학력(學力)을 중심으로 대학입학 자격 기준을, '대학수학능력시험'은 대학의 수학 능력을 중심으로 대학입학 자격 기준을 판정하기 위한 것이다.

대학입학 자격 여부를 가늠하는 예비고사 실시와 고등교육 통제는 궁극적으로 고등교육의 질을 높이기 위한 것이다. 1970년대는 고등교육 정원을 전반적으로 통제하던 시기였다. 무분별하게 급속히 팽창하던 과거와 달리 이 시기는 정부의 강력한 고등교육 정원 통제로 인해 완만한 증가세를 보였다. 1960년대 후반은 산업정책을 경공업에서 중화학공업으로 바꾸면서 이공계와 상과 계통의 학과가 증설됐다.

표 4-1_____1969년~1980년 고등교육 정원의 실태 현황

구분	고등교육기관 수						학생 수	교원 수
	대학교	대학	초급대	각종학교	전문대	계		
1969년	68	36	67	·		171	179,527	9,348
1970년	71	30	67	·		168	194,654	10,191
1971년	71	29	70	·		170	203,919	10,841
1972년	69	28	76	·		173	220,286	11,988
1973년	69	28	94	·		191	240,781	10,705
1974년	72	27	103	·		202	241,188	13,005
1975년	72	26	106	·		204	283,350	13,819
1976년	72	26	108	·		206	310,044	14,071
1977년	73	26	116	·		215	347,887	15,290
1978년	74	21	124	·		219	399,725	17,481
1979년	84	11+α	12		127	234+α	418,789	18,983
1980년	85	11+α	12		128	236+α	568,059	20,662

출처: 문교부 · 중앙교육평가원(1969~1980). 교육통계연보.
주: 1) 초급대학에 교육대학(당시 2년제)을 포함
   2) 각종학교에 실업고등전문학교와 간호학교(1978년까지 존재)를 포함
   3) 초급대학의 α는 학생 수가 미미하지만, 기관 수가 없음

[표 4-1]을 보면 고등교육의 학생 정원은 서서히 확대됐다. 이 시기는 전쟁 이후에 태어난 베이비붐 세대의 학령인구가 팽창하던 시대였다. 학령인구에 비해 여전히 고등교육의 학생 정원은 부족한 실정이었다. 1980년에는 갑작스러운 증가세를 보이는데, 신군부의 7·30 교육정책과 관련이 있었다. 고등교육 정원의 핵심인 대학(교) 정원은 전체적으로 더욱 완만한 증가세를 보였다. 교육통계연감의 대학(교) 학생 정원은 1969학년은 132,930명, 1970학년은 146,414명, 1971학년은 153,369명, 1972학년은 163,932명, 1973학년은 178,050명, 1974학년은 192,308명, 1975학년은 208,986명, 1976학년은 229,811명, 1977학년은 251,329명, 1978학년은 277,783명, 1979학년은 330,345명, 1980학년은 402,979명으로 나타났다.
이 시기에 획기적인 교육정책이 연이어 발표됐다. 1968년에 단행한

'중학교 무시험 제도'는 1969년부터 적용됐다. 중학교 무시험 제도는 1969년에는 서울에서, 1970년은 10개의 대도시를 중심으로, 1971년부터는 전국으로 확산했다. 1969년부터 중학교 무시험을 적용하기 위해서는 부족한 중학교 시설 확충이 우선이었다. 중학교 무시험은 중학교 입시 지옥을 초래한 소위 일류 중학교인 경기중, 경복중, 서울중, 경기여중, 이화여중을 폐쇄하게 했으며, 전국에 있는 일류 중학교는 폐교되거나 교명을 바꾸었다. 정부는 중학교의 확대를 위해 53억 원을 투자하여 377개교를 신설하고 8,579개 교실을 신축했다. 11,517명의 교원을 증원하는 등 중학교 확대에 138억 원을 투자했다(문교부, 1988: 391-392). 중학교 입시 지옥을 해소하기 위해 정부는 당시로서 엄청난 재정을 지출했다. 중학교 입시 경쟁은 사회적으로 절박한 문제였다.

중학교 무시험제를 통해 국6병은 해소됐지만, 증가한 중학생이 고등학교 입시에 몰리자 병목 현상이 일어났다. 고등학교 입시는 유례가 없을 정도로 치열하게 전개됐다. 중3병이 시작된 것이다. 중학교 무시험제로 인한 중3병의 입시 후유증을 해소하고자 1973년 2월에 문교부는 ① 중학교 교육의 정상화, ② 일류병의 과열 과외 해소, ③ 사교육비 경감, ④ 지역 간 균형 발전, ⑤ 학생, 교원, 시설 등에서 고등학교의 완전 평준화 실현 등을 주요 골자로, 기존의 시험에 의한 선발 방식을 추첨 배정 방식으로 전환한 「인문계 고교 학군별 추첨 입시 방안」을 발표했다. 당시 이 방안에 대해 언론들이 일반인의 이해를 돕기 위해 명칭을 「고교평준화」로 바꾼 것이 계기가 되어 지금까지 사용하고 있다.

1974년에 입시 경쟁이 치열했던 서울과 부산이 처음으로 고교평준화 지역으로 적용됐다. 1975년에는 대구, 인천, 광주 지역으로, 1979년에는 대전, 전주, 마산, 청주, 수원, 춘천 제주 등의 일곱 개 도청 소재지로 확대됐다. 고교평준화는 2000년대에 들어서야 완전히 정착할 수 있었다. 고교평준화는 고등학교 과열 입시 경쟁의 해소, 사교육비 부담 경감, 지방 학생의 대도시 집중 현상의 해결 등의 많은 성과가 있었다. 고교평준화는 고등학생의 확충으로 인해 대학 입학의 병목 현상을 초래했다. 중3병을 고3병으로 옮겨 놓은 것에 불과했다.

　중학교 무시험제와 고교평준화 정책은 국6병을 중3병으로, 중3병을 고3병으로 입시 열기를 유예시킨 것이다. 이때부터 실제적인 고3병이 나타났다. 1970년대는 과열 과외뿐만 아니라 재수생 문제가 본격적으로 대두된 시기다. 급속히 늘어나는 학령인구에 비해 대학 정원은 완만한 증가세를 보였기 때문이다. 구체적으로 1973년에 발표된 '대학생 조정안'으로 인해 고교평준화에 따른 교원 수급의 필요성으로 사범계 정원이 증가했고, 산업 수요로 인한 이공계 정원도 급속히 확대됐다. 1973년에서 1978년까지 대학 정원은 연평균 약 13.7%의 비교적 높은 증가세를 보였지만, 이 기간의 입학 정원은 2년제 대학에 집중됐다. 실제 4년제 대학의 입학 정원은 57.6% 증가한 데 비해서, 2년제 대학의 입학 정원은 25.2%가 증가했다(이혜영, 1992: 126-127). 따라서 대학 입시의 실질적인 중심인 4년제 대학 정원에 있어서 1960년대의 감소와 1970년의 완만한 증가세는 과열 과외와 재수생 문제를 가중하는 원인이 됐다. 이 시기는 과열 과외와 재수생 문제로 사회 몸살을 앓았다.

나. 대학입시문화의 전개

　1970년대는 정치적으로 격동의 시기였지만, 교육적으로도 국6병을 넘어 중3병이 고3병으로 변하는 질적 변화가 이루어졌다. 일류병, 입시 자살, 과열 과외, 재수생 문제 등의 극성스러운 입시 열기가 사회적으로 확대 재생산됐다. 중학교 무시험제의 기폭제가 된 1968년의 과외를 받고 돌아오다가 납치되어 살해된 부산의 국민학교 5학년 학생 사건의 상처가 아물기도 전에 1971년 2월에 충격적인 사건이 일어났다.

　원주에서 비상구도 제대로 갖추지 못한 무허가 학원의 목조 건물에서 석유 난로에 기름을 붓다 불이 나서, 국민학교 4학년 7명이 숨지는 사건이었다. 숨진 7명은 한쪽 구석에서 부둥켜안은 채 한 덩어리가 되어 시신을 알아볼 수 없을 정도였다. 일류병으로 인한 과열 과외가 빚은 참극이었다.

이런 비극적인 사건들을 연이어 경험해도 우리의 교육열은 용감하게도 물러서지 않았다.

> 부산의 근하 군은 과외 수업을 마치고 돌아가던 길에 밤길에 유괴되었다. 원주에서는 중학 영어와 수학을 배우던 국민학생들이 과외 공부방에서 떼죽음을 당했다. 유치원부터 고등학교까지 과외 공부를 하고도 일류대학 입시에서 떨어지자 스스로 목숨을 버린 재수생도 여럿이었다. 과외 공부에 지쳐 시험 때만 되면 환각제를 먹자 머리가 돈 여학생도 얼마든지 있다. 누구 겁주듯이 이렇게 늘어놓으면서 요즈음 학부모의 반응은 웃기지 말라다. 변소도 없는 변두리 중학교에 보내 애들 앞날을 망치는 것보다는 낫지 않으냐이다. 그래서 요즈음은 고교입시를 위한 중학교 과정의 안방 과외가 극성이다(동아일보, 1971. 4. 23.).

중학교 무시험제로 인해 국민학교가 비교적 정상화됐지만, 중산층 이상의 자녀들은 국민학생부터 과외를 통해 중학교 과정을 미리 익혀서 고등학교 입시를 준비하였다. 당시 국6병이 중3병으로 변하고 있는 과정에 대해서, 언론들은 고등학교 입시를 되살아난 좁은 문이라고 하며 일류 고등학교에 가기 위한 비정상적인 과외 열기를 전하고 있다.

> 일부 교육자들은 '중학교 무시험제는 입시 지옥을 3년간 연장해 놓은 것뿐'이라고 주장하는 것처럼 고교 진학의 관문을 뚫기 위한 과외 수업이란 열기는 더욱 오랜 시간 동안 타들었던 것이 숨길 수 없는 사실이고 보면 이런 결과에서 터질 그름들이 두렵기조차 하다. … 중학교마다 누가 더 많이 세칭 일류 고등학교를 보내느냐를 놓고, 그 다툼이 대단한 만큼 다른 학교의 눈치 보기에 여념이 없다(경향신문, 1972. 1. 11.).

중학교 입시가 많은 문제를 노출하자, 이 문제를 해결하기 위해 박정희 정권은 1974년에서 지금까지 논란이 된 고교평준화를 단행했다. 국6병을 해결하기 위해 중학교 무시험제를 단행하면서 중학생을 증원하자 자연히 고등학교 입시에서 병목 현상이 일어난 것이다. 중3병이 심화하자 고등학생을 증원하면서 지원자가 대학 입시에 몰리는 고3병이 생겼다. 박정희 정권이 늘어나는 대학 입시 재수생보다 대학생 정원을 통제하고, 고등학생 수를 증원하는 고교평준화를 단행하자 대학 입시가 모든 시험의 중심이 되었다. 고3병을 낳은 실제적인 대학 입시의 시대가 개막된 것이다.

> 대학 정원의 증원을 대폭 억제하는 당국의 방침에 따라 대학 입학의 문은 갈수록 좁아지게 됐다. 75학번의 대학정원 조정은 74학번보다 1,270명이 늘어나 작년의 3,270명 증원에 비하면 2천 명이 줄었다. 이에 비해 대학입학 수험생은 계속 늘어나 예비고사 응시자는 작년보다 280,243명이 늘었고, 특히 증원이 억제된 서울의 경우 제1 지원자 수가 137,012명인 데 비해 정원은 불과 660명이 늘어난 300,015명에 그쳐 가장 치열한 경쟁이 예상된다(경향신문, 1974. 12. 18.).

대학생 정원 통제와 고교평준화로 늘어나는 재수생 문제는 골치 아픈 사회 문제로 부각됐다. 1970년대의 재수생은 빠른 속도로 증가하고 있었다. 1970학년의 재수생을 100%로 보았을 때, 1973학년은 141.2%, 1974학년은 140.6%, 1975학년은 146.0%, 1976학년은 166.9%, 1977학년은 204.8%, 1978학년은 256.7%, 1979학년은 307.7%, 1980학년은 402.8%로 나타났다(강창동, 1993: 152). 재수생은 예비고사가 실시되면서 급속히 증가했다. 예비고사 실시로 재수생들은 해마다 늘어난 합격자 중 30%가량은 1년에서 4년까지 재수한 학생들이라고 한다(동아일보, 1970. 12. 26.). 재수생의 증가는 다양한 이유가 있지만, 근본 원인은 일류병과 관련이 있었다.

당시 미달하는 대학이 많았지만, 일류라는 대학 간판을 위해 무리하게 재수를 선택하는 경우도 많았다. 실제 대학에 불합격한 재수생 중의 57.6%가 후기 대학에 아예 응시조차 하지 않았다. 후기 대학에 합격해도 재수를 결정할 정도로 일류 대학에 강한 집착을 보였다(동아일보, 1977. 3. 10.). 일류병에 집착하는 재수생 병폐에도 불구하고 1977학년도 학생들의 90% 정도는 대학 진학을 희망하고 있었다. 이런 상황에서 대학 입시 실패는 인생을 크게 비관하게 하여 극단적인 선택을 하게 했다. 1970년대에도 대학 입시에 실패한 재수생이 음독자살하거나 분신자살을 기도했다.

> 그렇게도 바라던 대학진학이 좌절되자 수면제를 먹고 자살을 기도하는 청소년이 있는가 하면, 가출이나 폭음으로 자기 파괴의 길을 걷는 사람도 있다. 실패로 인한 좌절감과 모욕감이 현실을 벗어난 혼란을 일으켜 무모한 계획을 꾸미게 하여 제2의 실패를 맛보게 한다(경향신문, 1977. 2. 24.).

1970년대의 재수생 문제는 심각했다. 재수생의 높은 증가와 빠른 속도는 교육 문제를 넘어서 사회 문제로 변했다. 재수생 문제는 사회적으로 점차 악화하였다. 급기야 1976년 1월에 박정희 대통령은 문교부 순시에서 재수생 대책을 세우라고 지시했다. 1976년 6월의 한국교육개발원은 「재수생 문제 해소를 위한 종합정책시안」과 1977년 7월에 문교부는 재수생 종합대책을 확정 발표했다. 구체적으로 ① 대학입학예비고사를 고교학력 국가고사제 실시, ② 고교 내신성적 반영 의무화, ③ 3수자 이상의 감점제, ④ 대학 정원 연 10% 이상의 대폭 증원, ⑤ 일정 비율의 고졸자 채용 의무화 등을 제시했다.

1978년의 대학 입시 개선안에서 3수 이상은 3점을 감점하기로 확정했다. 3수 이상의 3점 감점은 지금 보기에는 황당하지만, 당시 재수생 문제의 심각성을 여실히 보여주었다. 1977년에 문교부의 재수생 종합대책(안)은 앞으로 전개될 학력고사와 졸업정원제의 역사적 씨앗이 숨어 있었다.

재수생과 학원은 동전의 양면과 같은 것이다. 재수생의 증가는 대학 입학경쟁이 치열해지며 과외 열기가 높아지는 것을 의미한다. 과외 열풍은 전국에서 일어났다. 당시 과외는 체계적인 학원으로 변해 기업이 될 정도로 엄청난 성장을 하고 있었다. 유명한 학원 강사는 그때도 엄청난 소득을 보장받았다.

당시 빗나간 교육 숭배로 인해 월급 6~7만 원의 5급 공무원은 국장이나 과장같이 월급 10만 원의 말단 사원은 사장이나 전무같이 월급의 절반을 과외비로 지출할 정도였다. 과외 강사료는 천차만별이었다. 당시 종합반 강사료는 월 20만 원이고 A급 강사료는 거의 천문학적 액수인 월 3백만 원이었다(홍성길, 1977: 257-260).

당시 학원의 성업은 활화산과 같았다. 중3병에서 고3병으로 옮겨가는 과정에서 일류병은 수그러들지 않았으며, 과외비는 한 과목당 수십만 원을 호가하고 초빙 과외도 있었다. 우리 경제를 힘들게 했던 석유 파동에도 과외는 요동도 하지 않았다. 원하는 학교의 진학을 위해 생활비를 줄여서라도 과외는 받게 했다. 한마디로 입시 전쟁이 과외 전쟁으로 변하고 있었다.

학원에도 일류가 있었다. 종로 학원과 대성 학원, 그리고 정일 학원이 유명했다. 그중에서도 종로 학원은 최고였다. 종로 학원은 서울대 입시에 최적화된 학원이었다. 대학입학 예비고사가 발표되면 비정상적인 학원 입시가 기다리고 있었다. 일류 학원에 들어가야만 일류 대학에 들어갈 수 있다는 믿음이 있었다. 학원 입시를 치르게 된 배경은 재수생을 수용할 공간이 부족했다.

해마다 찬 바람이 으스스하면 재수생과 재학생들이 구름처럼 학원가에 몰려든다. 그래서 총정리 반과 모의고사 반은 언제나 만원, 입시의 뜨거운 열기로 벌써부터 숨이 막힌다. … 이렇게 몰려드는 학생들을 모두 받아들일 수 없는 학원들이 궁리한 것이 수강생 선발 시험, 광화문에 있는 한 학원의 2부제 학급은 서울대 인문 반인 경우 무려 17 대 1의 치열한 경쟁이 있었다(경향신문, 1978. 11. 22.).

재학생과 재수생이 학교교육을 무시하고 학원에 구름처럼 몰려드는 것은 비교적 높은 합격률을 보장했기 때문이다. 1971학년 재수생의 예비고사 합격률은 26.5%였으며, 1972학년에는 32.0%였다. 1970학년대 중반에는 재수생의 합격률은 다소 떨어졌다. 1975학년 재수생의 서울대 합격률은

27.5%, 고려대는 25.5%, 연세대는 29.6%였다. 1976학년은 재수생의 서울대 합격률은 38.0%, 고려대는 33.8%, 연세대는 32%였다. 1980학년에 재수생의 예비고사 합격률은 40.5%였으며, 서울대 합격률은 31%를 차지했다.

1970학년대의 입시는 국6병에서 중3병으로, 중3병에서 고3병으로 변하는 교육의 격동기였다. 이 시기에 과열 과외와 재수생은 심각한 사회 문제로 부각됐다. 당시 언론들은 대학 입시에서 파생한 과열 과외와 재수생 문제로 연일 끊임없이 아우성치고 있었다. 일류 대학병으로 인해 고등학교는 비정상적인 입시 교육에 시달리게 했으며, 창의력을 고양하는 교육보다 시험을 위한 암기식 교육에 집중하게 했다. 1970년대의 대학 입시는 학력 출세주의라는 사회 욕망을 구현하기 위한 것이다. 대학 입시는 학력 욕망을 실현하는 사회의 전쟁터와 같았다.

다. 대학입시체제의 특징

5·16 군사정부는 출범 초기부터 각종 교육 문제를 해결하기 위해 노력했지만, 여의치 않았다. 사립대학의 정원외 입학 부정은 예상보다 규모가 컸으며, 이로 인한 고등교육의 질적 저하와 고등교육 실업자 문제는 사회적으로 심각하게 인식됐다. 중학교와 고등학교 입시 경쟁은 날로 격화됐으며 과열 과외는 박정희 정권에게도 큰 부담이었다. 당시 정부는 대학별 단독시험제를 실시했지만, 부정 입학과 부자격자의 입학이 성행하여 고등교육의 사회 신뢰는 한없이 추락했다.

국민학교와 중등학교의 학생들도 각박한 입시 교육에 매몰되어, 정상적인 발달을 기대하기 어려웠다. 한국 교육은 총체적으로 문제가 있었다. 문교부는 국민학교의 정상화를 위해 중학교 무시험제를 전격적으로 발표하고, 연이어 1968년 10월 13일에 「대학입학 예비고사령」을 공포했다. 문교부는 대학생 정원을 통제하여 고등교육의 질을 높이기 위해 대학입학 예비고사의 실시를 1969년부터 적용한다고 발표했다.

대학입학 예비고사는 1980년까지 12년간 지속했다. 대학입학 국가고사는 자격 고사와 선발 고사의 성격이 있지만, 대학입학 예비고사는 대학입학 정원을 기준으로 일정 수를 선발하여 그들에게 대학별 본고사에 응시 기회를 부여하는 자격시험이었다. 일차적으로 국가가 관리하는 대학입학 예비고사를 통과해야 하므로 대학수학능력이 부족한 학생은 자동으로 걸러질 수밖에 없었다. 대학입학 예비고사는 사회적으로 문제시된 부정 입학의 사전 방지와 고등교육의 질을 높일 수 있는 장치라는 생각에서 출발했다.

대학입학 예비고사는 객관식 문항이었으나, 대학별 본고사는 주관식 중심의 문항이었다. 입시 관리는 국가와 대학이 공동 관리하였다. 전형 방법은 ① 예비고사 성적, ② 예비고사 성적 + 대학별 본고사 성적 + 고교 내신성적, ③ 예비고사 성적 + 대학별 본고사 성적, ④ 예비고사 성적 + 고교 내신성적으로 이루어졌다.

전형 형태는 1969학년~1972학년의 대학입학 예비고사는 대학별 본고사에 응시할 수 있는 자격만을 부여했다. 1973학년~1978학년은 대학입학 전형에 예비고사 점수를 반영했다. 1979학년~1980학년은 대학입학 전형에 예비고사와 고교 내신성적도 반영했다.

예비고사 과목은 1969학년~1972학년은 국어, 국민윤리 및 사회, 수학, 과학, 영어, 실업의 6과목이 실시됐다. 1973학년부터는 필수 과목에서 국사 과목이, 선택 과목에서 제2 외국어 과목이 추가되었다. 1976학년부터는 일본어도 추가됐다.

특별 전형은 1969학년~1973학년은 교대, 사대, 농대에서 도시 지역 출신자의 근무 희망자를 정원의 10%에서 선발할 수 있었다. 1976학년은 예체능 학생, 기타 위탁학생, 외국인 학생, 교포 학생, 외국에서 고교 과정을 이수한 학생에게 예비고사 면제 혜택을 부여했다. 1977학년~1981학년은 농업, 공업, 상업, 해양 계열과 산업계 근무자 그리고 체육 고등학교 출신자에 대한 특별 전형이 이루어졌다. 동일계 대학의 유사 학과에만 진학할 수 있도록 학과군을 분류했다. 고교 내신성적이 상위권 50% 이내인 자와 공업계의 경우 2급 기사 자격 취득자에게 동일계 전문학교 진학에서 필기시험을 면제하고 서류 전형을 중심으로 입학 정원의 50% 이상을 동일계 출신자로 선발하게 했다.

　대학입학 예비고사 정원은 대학의 정원 미달 사태를 방지하기 위해 1969년~1972년까지 대학 모집 정원의 150%로, 1972년~1973년에는 180%로 조정하고, 후기는 200%로 제한했다. 1974년부터는 200%로 조정했다. 그래도 예비고사 합격률은 높지 않았다. 1969학년은 54.6%, 1970학년은 52.3%, 1971학년은 44.7%, 1972학년은 49.6%, 1973학년은 45.6%, 1974학년은 57.2%, 1975학년은 53.5%, 1976학년은 50.8%, 1977학년은 49.4%, 1978학년은 52.3%, 1979학년은 87.7%, 1970학년은 88.4%였다(김영철 외, 1981: 205). 1979학년과 1980학년을 제외하고 예비고사 합격률은 평균 50% 전후에 불과했다.

　1974학년부터 대학별 본고사에 예비고사를 반영했다. 문교부는 1976학년부터 예비고사 성적을 20% 이상을 의무적으로 반영하도록 했다. 1980학년은 75개 대학 중 31%~40%가 예비고사 성적을 반영한 대학이 8개교, 41%~50% 반영한 대학이 32개교, 51% 이상 반영한 대학이 35개교로 나타났다. 대다수 대학은 예비고사 성적을 반영했다.

　대학별 본고사의 시험 형태는 주관식 문항을 50% 이상을 출제했다. 필기 고사 과목으로 3과목 이하인 대학은 1976학년은 20.2%, 1977학년은 35.0%, 1980학년은 94.4%로 비약적으로 증가했다. 본고사 과목은 국어·영어·수학 과목이 중심이었다. 대부분 대학은 대학별 본고사에서 50% 이상을 주관식 문항으로 출제했다(김영철 외, 1981: 206-208).

　당시 대학별 본고사는 예비고사와 비교하여 지나치게 어려운 시험이었다. 서울대의 경우 합격자의 수학 평균 점수가 100점 만점에 30점을 넘기질 못했었다. 국어, 영어, 수학 중의 한 과목만 월등히 높은 점수를 받으면 합격이 보장될 정도였다. 예비고사와 본고사의 현격한 난이도 차이로 인해, 양 시험은 전혀 다르게 독립적으로 준비해야 했다. 본고사는 사교육비를 증가시키는 실질적인 원인이 되어 사회 불신이 높았다. 지나치게 어려웠던 본고사는 한국의 대학입시문화사에서 시험에 대한 트라우마를 생기게 하여, 지금도 논란이 되고 있다. 이 시기의 대학입시체제 특징은 [표 4-2]와 같다.

표 4-2_____예비고사와 대학별 고사 병행제의 입시 특징

구분	입시 특징
실시 시기	· 1969년~1980년
시대 상황	· 유신 헌법과 10 · 26 사태
고등교육정책	· 실험대학정책(1973년)　　　· 대학학생조정안(1973년)
입시 관리	· 국가와 대학
전형 자료	· 예비고사와 본고사 그리고 고교내신 성적
입학 사정	· 예비고사와 본고사의 관계 　－ 예비고사는 본고사 응시 자격만 부여(자격 고사) 　－ 예비고사 성적을 본고사에 반영함(선발 고사) 　－ 1976학년부터 예비고사 성적의 20% 이상을 의무적 반영 · 전형 유형 　－ 예비고사 성적 　－ 예비고사 성적 + 본고사 성적 　－ 예비고사 성적 + 고교내신 성적 　－ 예비고사 성적 + 본고사 성적 + 고교내신 성적
입시 과목	· 예비고사 과목 　－ 1969년~1972학년: 국어, 국민윤리 및 사회, 수학, 과학, 영어, 실업의 6개 과목 　－ 1973학년: 필수 과목은 국사 과목이 추가, 선택 과목은 제2 외국어 과목이 추가 　－ 1976학년: 선택 과목에서 일본어 과목이 추가 · 본고사 과목: 대학별로 다소 차이가 있지만, 주로 국어, 영어, 수학이 중심
입시 시기	· 전기와 후기 그리고 추가 모집
특별 전형	· 1969학년~1973학년: 교대, 사대, 농대에서 정원 10%를 선발 · 1976학년: 예체능 학생, 기타 위탁 학생, 외국인, 교포 학생, 외국의 고교과정의 이수 학생에게 예비고사 면제 · 1977학년~1981학년: 농업, 공업, 상업, 해양 계열과 산업체 근무자, 체고 출신자에게 혜택
입시 문제	· 입시 과목의 변경에 의해 입시 준비에 혼선 · 입시 과목의 축소로 고교교육의 비정상화 초래 · 사립대학의 정원외 초과 모집으로 고등실업자 양산

정부는 고등교육의 질을 높이고 부정 입학의 부적격자를 가려내기 위해 대학입학 예비고사를 도입했지만, 중학교 무시험제와 고교평준화 정책으로 '국6병→중3병→고3병'으로 이어지는 교육의 격동기를 초래했다. 대학입학 예비고사로 인해, 과외 열기가 가열됐으며 재수생이 급증하여 사회 문제로 부각됐다. 1970년대의 교육 문제는 오늘날 입시 문제의 근간으로 작용했다. 대학입학 예비고사제가 초래한 문제점은 다음과 같이 정리할 수 있다.

첫째, 대학입학 예비고사와 대학별 본고사로 인해 고3병이 초래됐으며, 입시 위주의 비인간적 교육이 성행했다.

둘째, 과열 과외로 인한 재수생 문제가 사회 문제가 될 정도로 심각했으며, 재수생은 10년 사이에 4배로 증가했다.

셋째, 예비고사와 본고사의 이중 시험으로 인해 고등학생의 입시 부담을 매우 커지게 했다.

넷째, 대학입학 예비고사의 객관식 출제는 암기식 교육을 조장했다.

다섯째, 대학별 본고사에서 국어, 영어, 수학 중심의 난해한 출제로 인해 과열 과외를 성행하게 하여 학부모의 사교육비 부담을 가중했다.

여섯째, 대학별 예비고사와 대학별 본고사의 성적 차별은 일류병과 간판 위주의 학력주의를 강화했다.

7 예비고사와 고교내신 병행제(1981년)와 입시문화

가. 교육의 사회적 배경

1970년대는 박정희 정권의 독재 정치로 인해 시대 분위기는 우울했지만, 경제는 고도성장을 거듭하고 있었다. 1973년~1974년 중동 전쟁(아랍·이스라엘 분쟁) 당시 아랍 산유국들의 석유 무기화 정책으로 인해 석유가격 폭등이 야기된 제1차 석유파동이 일어나면서 우리의 경제 성장은 잠시 주춤했지만, 고성장률을 유지하고 있었다. 1978년~1980년 이란 혁명으로 인한 석유 생산의 대폭 감축과 국제 석유 가격 급상승의 오일 쇼크가 발생한 제2차 석유파동은 국내 경제에 심각한 타격을 주었다. 1980년의 연 28.7%~38.9%의 광란적인 물가 폭등과 더불어 −5.2%의 GNP 성장이라는 한국 경제 사상 초유의 사태가 일어났다. 1981년에 들어서야 6.2%의 실질 성장률을 보였다(한국역사연구회 현대사연구반, 1991b: 71). 1970년대 후반기는 경제적으로 어려운 시기였지만, 1981년부터는 뚜렷한 회복세를 보였다.

정치적으로는 여전히 암울한 혼란의 격동기였다. 1970년대는 유신 독재 정치의 부작용으로 1979년에 박정희 대통령이 시해되는 10·26 사태가 일어났다. 독재 정권이 붕괴하자, 정치는 활기를 띠어 그동안 억압된 민주주의에 대한 훈풍이 불면서 소위 '서울의 봄'이 찾아왔다. 서울의 봄이 주는 새로운 정치적 엘도라도가 도래할 것이라는 우리의 황금빛 환상은 얼마 되지 않아 여지없이 무너졌다.

1980년 전두환 중심의 신군부는 정권을 장악하기 위해 5·17 비상계엄을 선포했다. 1980년에는 불법적인 신군부의 비상계엄에 저항하면서 5·18 광주민주화운동이란 기억하고 싶지 않은 현대사의 비극이 일어났다. 5·18 광주민주화운동은 신군부가 광주 시민을 학살한 끔찍한 사건으로 이로 인한 역사적 상처가 아직도 우리의 가슴 속을 깊게 패게 했다.

자연히 강압적으로 정권을 탈취한 신군부에 대한 저항은 거셀 수밖에 없었다. 조직적인 학원 운동을 통한 대학생들은 신군부에 극렬하게 맞섰다. 1980년 12월에 전두환 타도라는 구호와 반파쇼학우투쟁이란 유인물을 뿌린 100명 정도의 서울대 학생을 연행하여 무자비하게 고문하면서, 이들을 반국가단체로 억지로 조작한 '무림사건'과 1981년에는 신군부 세력이 학생운동 단체를 반국가 단체로 몰고 국가보안법 혐의로 적용하여 물고문과 전기 고문 등의 가혹한 고문을 한 '학림사건'이 연이어 일어났다. 일련의 사건들을 통해 대학생들은 매우 거칠고 거세게 신군부에 극렬하게 대항했다.

격렬한 시대 상황에서도 신군부는 국민의 분노를 잠재우고 다른 곳으로 눈을 돌리기 위한 우민화인 유화 정책을 폈다. 1980년 12월에는 흑백 TV에서 벗어나 당시에 획기적인 컬러 방송 시대를 개막하여 국민의 관심을 컬러 TV로 쏠리게 했다. 1981년 5월에 전통 민속인과 연예인 등이 중심이 된 '국풍 81'이란 문화 축제를 기획하여 천만 명이 참가하게 했다. 국풍 81은 국민의 환심을 사기 위해 예술을 정치 도구로 활용한 행사였다.

신군부는 그동안 국민에게 많은 불편을 준, 밤 12시 이후의 통행 금지를 37년 만인 1982년 1월에 과감하게 해제했다. 이로 인해 유흥업소가 늘어났으며 포르노 테이프가 성행했다. 1983년에는 중·고등학생의 교복과 두발의 자율화를 실시했다. 신군부는 국민의 정치 관심을 돌리기 위해 1981년에는 아시안게임(1986년)과 하계올림픽(1988년)을 유치했다. 연이어 프로야구(1982년), 프로축구(1983년), 프로씨름(1983년), 농구대잔치(1983년), 한국배구슈퍼리그(1984년)를 출범시켰다. 신군부는 3S(Sports, Sex, Screen) 정책을 통해 예민한 정치 사건에 대한 국민의 관심을 돌리고, 환심을 얻기 위해 지속적인 우민화 정책을 시도했다.

교육에 대한 신군부의 우민화 입장에도 차이가 없었다. 신군부는 전 국민이 교육에 관해 관심이 크기 때문에, 우리 사회의 고질적인 교육 문제를 해결하면 자연스럽게 국민의 지지 기반을 마련할 수 있다고 보았다. 그만큼 교육은 국민에게도 신군부에게도 절박한 문제였다.

신군부 세력은 그 당시 가장 큰 사회적 이슈의 하나였던 과외 수업을 눈에 보이게 해소함으로써 국민의 가계 상의 압박을 제거하고 국민 계층 간의 위화감을 완화할 정치적 필요성이 있었다(정태수, 1991: 41).

1970년 초반부터 크게 일기 시작한 과열 과외 현상은 과잉 교육열과 학벌 위주 일류 지향의 사회 풍토 속에서 독버섯처럼 자라 정상적인 공교육에 대한 불신을 심화시키고 사회계층 간의 위화감을 일으켜 급기야는 과외망국론까지 등장할 정도로 과열 과외의 교육적·사회적·국가적 피해가 막심했었다(경향신문, 1981. 7. 21).

당시의 분위기는 국민이 원하는 것이라면 무엇이든 다 다뤄 해결하겠다는 의욕이 팽배해 있었다. 당시 과열 과외의 문제는 심각한 사회 문제의 범위를 넘어 망국 과외로 불리고 있었고, '과외 때문에 못 살겠다', '과외를 없애주면 대통령 표도 찍어주겠다'는 말까지 나올 정도였다(중앙일보, 1988. 8. 29.).

1970년대에는 과외가 얼마나 심했으면 「과외 망국론」이라는 신조어가 생겼다. 당시 국민들은 과외에 대해 신경이 예민하다 못해 날카로운 상태에 있었다. 정태수(1991: 112-117)에 의하면 과외 금지 이전인 1979년 한 해 과외비 지출은 약 1조 원 규모였고, 1980년 1월 27일까지는 3,275억 원으로 당시 정부 예산의 6%, 문교 예산의 30%에 달했다. 정확한 통계는 밝혀지지 않았지만, 교육 전문가들은 2조 원 이상의 과외비가 지출됐을 것으로 추정하였다. 그리고 63%가 과외 경험이 있는 것으로 조사되었고, 200만 원이상의 고액 과외도 있었으며 75%의 가정이 가계 부담을 느끼고 있다고 했다. 재수생 경우도 큰 차이가 없었다. 재수생은 1970학년을 100%로 본다면, 1979학년은 307.7%, 1980학년은 402.8%, 1981학년은 476.0%로 급격한 증가세를 보였다.

과열 과외와 재수생 문제는 신군부에게도 무거운 짐이었다. 신군부는 국민의 신뢰를 얻기 위해 획기적인 조치를 취할 수밖에 없었다. 신군부는 1980년 「7·30 교육 정상화 및 과열 과외 해소 방안」이란 정책을 발표했다. 소위 7·30 교육개혁조치는 온 국민의 관심사였던 교육 문제를 해결하기 위해 발표된 것이지만, 실제는 제5공 정권의 정당성과 국민의 지지를 얻어내기 위한 정치 목적이 있었다.

7·30 교육개혁조치의 입안 당시에 실질적인 교육 전문가는 거의 참석하지 못하고 국가보위비상대책위원회(이하 국보위)에서 일방적으로 마련했다. 국보위에서 정치적 정당성을 확보하기 위해 마련한 7·30 교육개혁조치는 충분한 준비 기간을 둔 것이 아니라, 매우 졸속으로 입안되어 태생적인 한계를 가지고 출발했다.

7·30 교육정책은 본고사 폐지와 고교 내신성적 도입, 졸업정원제의 실시, 과외 금지, 교육전용방송의 실시 등의 굵직한 교육 현안을 제시했다. 고등교육에 큰 영향을 미친 것은 졸업정원제였다. 졸업정원제는 세계에서 유례가 없는 대학입학정원을 일시에 30%를 증가시켜 대학에서 연차적으로 탈락시킨다는 획기적인 제도였다. 의도는 좋았지만, 대학 시설과 교수진이 갖추어지지 않은 상태여서 많은 문제점을 노출했다.

국보위는 부족한 강의실을 메우기 위해 수업의 질적 효과를 무시하고, 한 명의 교수가 많은 학생이나 적은 학생을 대상으로 해도 가리키는 내용은 같다고 하여 500명 이상의 대규모 강의를 정당화했다. 갑작스럽게 대학 정원의 130%를 받아들인 졸업정원제는 부족한 대학 시설과 교수진을 충당하기 위해, 처음으로 자동차세와 휘발유세에 한시적으로 교육세를 포함한다는 것이 지금까지 이어지고 있다. 졸업정원제는 과도한 대학정원 증가로 인해 1980년대의 학력 인플레이션의 원인이 됐다.

졸업정원제로 인해 30%의 학생을 연차적으로 탈락시키기 위해 이때부터 처음으로 대학에서 상대평가를 강제로 도입했다. 학생들은 어렵게 들어온 대학에서 중도 강제 탈락을 면하기 위해, 고3보다 치열하게 공부했다. 대학 분위기는 동료 학생 간에 노트도 빌려주지 않는 적자생존의 살벌한 세계로 변했다. 1970년대의 낭만적인 대학 분위기와 달리, 졸업정원제 이후는 선배와 후배 그리고 동료도 없는 차가운 분위기가 캠퍼스 안에 편재해 있었다. 대학생들은 오로지 졸업정원제에서 살아남기 위해 공부에만 매진했다. 한 언론은 대학가의 졸업정원제 분위기를 다음과 같이 전했다.

삼복(三伏)의 대학가에 면학 열기가 넘치고 있다. 연일 30도를 넘는 혹서(酷暑)를 피해 해수욕장과 풀장을 찾는 인파가 그야말로 인산인해를 이루는 것과 대조적으로 시내 각 대학 도서관은 이른 아침부터 초만원이고 외국어 특강실은 몰려드는 수강생들로 어찌할 바를 모르고 있다(매일경제, 1981. 7. 22).

재수생을 감소하기 위한 졸업정원제는 대학생의 중도 탈락자가 5만 명 정도라는 신종 재수생을 파생시켰다. 학년에 따라 연차적으로 중도 탈락하는 대학 재수생은 예상보다 심각한 문제를 가지고 있었다. 언론에서는 연일 졸업정원제의 부작용을 알리고 있었다. 졸업정원제는 의도와 달리 부작용이 심하여 제대로 적용되지 못하고 1987년에 폐지되고 1988년에 입학정원제로 돌아갔다. 그러나 졸업정원제는 역사적으로 대학 정원을 증가시키는 기폭제가 됐으며, 사실 지금도 그 영향을 받고 있다고 할 수 있다.

표 4-3_____1979년~1982년 고등교육 정원의 실태 현황

구분	고등교육 기관 수							학생 수	교원 수
	대학교	대학	초급대	교육대	각종학교	전문대	계		
1979년	84	α	11	12	127	234+α	418,789	18,983
1980년	85	α	11	12	128	236+α	568,059	20,662
1981년	89	·	11	14	132	246	741,623	25,223
1982년	97	·	11	18	128	254	945,805	27,323

출처: 문교부 · 중앙교육평가원(1979~1982). 교육통계연보.
주: 1) 초급대학에 교육대학(당시 2년제)을 포함
   2) 각종학교에 실업고등전문학교와 간호학교(1978년까지 존재)를 포함
   3) 초급대학의 α는 학생 수가 미미하지만, 기관 수가 없음

[표 4-3]을 보면 1980년부터 고등교육의 학생 정원이 급속히 증가하고 있다. 7·30 교육개혁조치는 과열 과외와 재수생 문제를 해결하기 위해 고등교육의 학생 정원을 대폭 확대하는 양적 접근을 했다. 7·30 교육개혁조치의 졸속적인 고등교육 양적 팽창은 오히려 교육 문제를 가중시키는 무거운 짐으로 작용했다.

7·30 교육개혁조치는 과열 과외 해소를 위해 강압적인 과외 금지 조치를 했다. 구체적으로 국영 기업체 임직원을 포함한 모든 공직자와 기업인, 의사, 변호인 등 사회 지도급 인사들은 자녀를 위한 어떤 과외도 금지해야 하며, 그렇지 않으면 공직에서 물러나거나 상당한 불이익을 당해야 했다. 물론 대학교수와 중등학교 교사도 과외 행위가 일제히 금지됐다. 국보위는 과외 금지에 대해서는 서슬이 퍼럴 정도로 매우 엄격한 기준을 적용했다. 국보위는 사실상 과외와의 전쟁을 선포한 것이다.

과외 금지는 불가피하게 등록금을 마련하기 위한 대학생도 예외가 아니었다. 제5공 정권은 집안 형편이 어려운 대학생에게는 은행의 저금리 융자를 대출하는 제도를 처음으로 도입했다. 그것도 여의치 않은 남학생은 군에 입대하여 유예기간을 연장하기도 했다. 심지어 몰래 숨어서 과외 아르바이트를 한다고 해서 '몰래바이트'라는 은어가 유행했었다. 이러한 강제적인 과외 금지 조치는 우리 사회에 많은 부작용을 남겼다.

나. 대학입시문화의 전개

현대사에서 보기 드문 정치 암흑기를 통해 집권한 신군부는 국민의 신뢰를 얻기 위해 7·30 교육개혁조치를 발표했다. 7·30 교육개혁조치는 그동안 누적된 재수생 문제를 해결하기 위해 졸업정원제를 실시하고, 과열 과외를 해소하기 위해 과외 금지라는 초유의 정책을 발표했다. 오랫동안 누적된 재수생과 과외 문제를 권력의 힘으로 해결하려는 군인들의 단순한 발상이었다. 그러나 군부 정권이 통치하는 강압적인 분위기에도 우리의 교육열은 꿋꿋한 모습을 버리지 않고 있었다.

> 농민들이 문전옥답(門前玉畓)을 버리고 도시로 이농(離農)하는 가장 큰 이유는 자녀 교육열이 아닌가 생각한다. 「나는 농민이지만 자식만은 공부 시켜 출세 시켜 보자」는 부모로서의 욕망이 농촌에 머물러 있어서는 달성될 수 없기 때문이다(매일경제, 1981. 7. 14).

학부모들은 그들의 아들과 딸이 원하는 대학, 아니 아무 대학에라도 들어
가 주기만 바랄 뿐, 중·고등학교에서 어떤 교육을 받고 어떻게 인간이 형
성되어 가고 있는지에는 크게 관심을 안 둔다. 고교에서도 겉으로 확연히
나타나는 합격자 수에만 열을 쏟을 뿐 … 사회에서도 일류대학 출신을 고
르고 학력(學歷)으로 모든 것을 평가하고 인간 등급의 기준으로 삼는다(동
아일보, 1981. 2. 6).

신군부의 서릿발 같은 교육정책에도 국민의 학력 출세주의 욕망은 완
화되지 않았다. 강압적인 과외 금지에서도 몰래 과외를 하고 있었다. 사회
정화위원회는 비밀과외를 하면 눈에 불을 켜고서 적발하고 입건하였다. 과
외 금지 이후 1년 만에 적발·입건된 과외 교사는 171명과 학생은 675명에
달했다. 언론은 과외 학부모들의 이름과 집 주소 그리고 직업과 직위를 지
나치게 자세히 공개하여 망신을 주었으며 직장에서는 면직이 될 정도로 엄
격했다. 과외 학생도 학교와 학년 그리고 주소가 공개됐다. 사회정화위원
회는 과외 적발을 할 때마다 끊임없이 언론에 노출했으며, 이는 사실상 사
회 불이익과 망신 주기에 가까웠다.

학교에서도 과외 학생을 엄격하게 다루었다. 학칙에 근거하지 않고 과
외 단속 지침에 따라 학교장이 과외 학생을 1회 적발하면 무기정학, 2회
적발하면 퇴학 처분을 내렸다. 그러다가 문교부는 고교학칙을 만들어 학생
이 과외를 받다 한 번만 적발되어도 퇴학시키는 강력한 준칙을 하달했다.
심지어 사회정화위원회에서는 고등학생을 대상으로 과외 학생에 대해 대
학 입학시험 응시 자격을 박탈하는 극약 처방을 하였다. 이 정도면 과외
근절을 위해 거의 쓸 수 있는 강력한 조치를 모두 선보였다고 할 수 있다.

과외가 죄가 된다면, 공부하는 것이 죄인인 세상이 된 것이다. 과외 금
지의 강력한 조치로 인해 과외 학생의 학부모를 협박하여 금품을 갈취하는
사건도 있었다. 지금으로서는 황당한 일이지만, 당시 과외 금지는 사회 지
지를 얻을 정도로 과외는 절박한 사회 문제였다. 과외는 반드시 해소될 사
회악으로 간주됐다.

그러나 신군부의 서슬 퍼런 과외 금지라는 강력한 조치도 우리의 교육열을 억누를 수가 없었다. 굶주리면서 거친 시련의 역사를 겪으면서도 놀라울 정도의 끈질긴 생명력을 보인 우리의 교육열은 과외 금지라는 초유의 정책에도 포기하지 않는 발칙한 과외를 꿈꾸었다. 과외 금지로 인한 비밀 과외는 더욱 발전하여 당시 언론의 표현에 의하면 변태 과외로 진화하고 있었다.

> 통금 시간을 이용한 심야 과외(올빼미 과외)를 비롯한 사람의 눈에 띄지 않은 곳을 이용한 '별장 과외'와 '암자 과외', 차 속에서 과외 교사와 학생이 동승하여 공부하는 '고속도로 과외', 주말에 휴가를 가장한 '주말 과외', 과외 교사가 강의 내용을 비디오테이프에 담아 주면 이것을 보며 공부하는 '비디오 과외', 학습용 문제지나 카세트 등을 배부하고 수금원을 가장한 과외 교사가 1, 2시간씩 방문 지도하는 '수금원 가장 과외' 등 그야말로 기발한 아이디어의 과외가 번지고 있다는 소문이 많았다(동아일보, 1981. 8. 21.).

정부에게 과외는 절박한 사회 문제였지만, 학부모에게 과외는 절실한 교육 문제였다. 역사에 기억될 정부의 지나친 과외 금지 조치도 학부모의 학력 출세주의 욕망 앞에서는 무기력하였다. 학부모의 학력 욕망은 일류병의 근원이 되어, 일류 대학과 일류 학과에 대한 집착을 강화했다. 명문 고등학교의 기준도 일류대를 많이 입학시킨 학생 수에 의해 결정됐다. 불행하게도 고등학교는 입시 준비 기관에 지나지 않았다.

> 대학 입시가 주(主)가 되고 고교교육은 종(從)이 되고 말았다. … 처음부터 대입을 위한 교육내용이 구성되고, 대입 그 자체만을 위해 교육이 진행되고 있다. 고교의 입시 학관화라는 말이 … 많은 고교가 서울대 등 일류대를 목표로 수업을 한다. 일류대에 합격한 숫자에 따라 학교의 명예가 걸린다. 합격한 숫자가 상위권에 들어야 신명문이 된다. 그렇지 못하면 학생, 학부모, 동창회의 비난이 빗발친다. … 어떤 교장은 일류대 합격자가 발표된 후 고교별 진학자 수가 신문에 나면 항의 전화가 빗발쳐 자리를 지킬

수 없다고 한다. ⋯ 일류대를 위해서 10%를 위한 수업을 한다(동아일보, 1981. 2. 6.).

고등학교는 오래전부터 대학 입시 준비 기관이 되었다. 학부모에게 교육이 중요한 것이 아니라 입시가 중요한 것이다. 학교는 입시의, 입시에 의한, 입시를 위한 준비 기관에 불과했다. 학교에서 교육의 정상화는 언감생심(焉敢生心)이었다. 일류 대학에 집착하는 학부모의 학력 욕망은 고등학교를 입시 준비 기관으로 전락시킬 정도로 강한 영향력을 행사했다. 학부모의 교육열은 공부를 못하는 자녀도 포기하지 않는다. 학력고사 성적이 나쁜 부유층 자녀들은 국내 대학을 포기하고 미국 대학에 유학하는 것이 유행했다.

소위 일류대학에 갈 수 없게 된 학생, 특히 부유층 학생들이 하류 대학에 가거나 재수를 하는 것보다는 차라리 유학하기로 작정, 수속을 서두르는 경우가 속출하고 있다(동아일보, 1981. 12. 22.).

학부모들의 교육열은 지치지 않고 포기를 몰랐다. 새로운 대학 입시 체제가 도입되어도 탄력적이고 신속하게 적응한다. 공부를 못해서 원하는 대학에 들어가지 못해도 새롭고 창의적인 대안을 모색한다. 이때부터 '학력 세탁'이 시작된 것이다. 일류 대학에 가지 못하면, 미국 대학을 졸업하여 신종 학력을 취득한 것이다. 미국 학력은 국내에서 인정하는 사회의 보증서였다. 학부모의 학력 욕망은 맹목적이고 거침이 없다. 학력 세탁은 사회에서 만만치 않은 문제가 되었다.

다. 대학입시체제의 특징

1970년대의 과외와 재수생 문제는 골치 아픈 사회 관심사였다. 신군부는 참혹한 역사를 극복하고 국민의 폭넓은 신뢰를 위해서 7·30 교육개혁 조치를 발표했다. 이 정책은 과열 과외와 재수생 문제를 해결하기 위해 졸업정원제 실시와 강압적인 과외 금지 조치를 했다. 학교교육의 정상화를 위해 오랫동안 유지된 대학 본고사를 과감하게 폐지하여 고교 내신성적으로 대치한다는 새로운 대학입시체제를 발표했다.

신군부는 졸업정원제와 더불어 예비고사 합격생을 높일 필요가 있었다. 1981학년도 대학입학 인원의 180%를 기준으로 선발하여, 최저 합격선(산업체 근로자 등 해당)은 총점의 30%인 102점으로 하였다. 그 결과 총지원 575,131명의 94.7%인 544,426명이 합격하였다(교육신문사편찬위원, 1999: 487). 신군부는 재수생 문제를 해소하기 위해 대학 입시에서도 대학 정원의 양적 팽창을 주도했다.

1981학년의 대학입학 전형은 예비고사, 고교 내신, 면접 및 체력장으로 구성됐다. 면접은 점수를 주지 않고 합격·불합격이라는 컷오프만을 실시하게 했다. 전형 형태는 예비고사 성적은 50% 이상, 고교 내신성적은 20% 이상을 기본으로 반영하고 나머지 30%는 대학이 예비고사 성적과 고교 내신성적을 자율적으로 선택하여 반영하게 했다. 고교 내신성적은 10등급으로 구분하였다. 대부분의 대학은 예비고사 성적은 80%, 고교 내신성적은 20%를 반영했다.

입시 전형 절차는 '선시험→후지원'으로 했으며, 대학들은 전기와 후기로 구분하여 모집했다. 전형 일자가 같은 대학이면 무제한 복수지원이 가능했다. 특이한 점은 30% 추가 모집한 졸업정원제로 인해 전기 대학의 합격과 관계없이 후기대학에도 응시할 수 있는 자격을 주었다.

특별 전형은 일반 계열, 예·체능 계열에 합격한 자는 지원한 계열의 학과에만 입학할 수 있었다. 공업, 농업, 상업, 수·해양 고교 졸업자는 고교 성적이 30% 이내에 들어야만 동일계 진학의 혜택을 받았다. 체육 특기자로 대학 합격한 경우는 학과를 선택할 수 있었다. 예체능계에서 음악은 국제 규모에 입상한 자(장려상 제외), 미술은 국제 규모의 대회에서 입상한 자(가작 제외), 체육은 전국 규모의 대회에서 입상한 자와 국제 대회에 출전한 자가 대학 입학의 혜택을 받았다.

입시 과목에서 공통 과목은 국어(국어Ⅰ, 한문Ⅰ), 수학Ⅰ, 국사, 국민윤리, 정치·경제가 필수 과목이었다. 선택 과목에서 실업 혹은 가정 영역에서 농업, 공업, 상업, 수산, 가사 과목 중에서 택 1을 해야 하며, 기술은 남학생의 필수, 가정은 여학생의 필수였다. 외국어 영역에서 영어Ⅰ, 영어Ⅱ, 독어, 불어, 중국어, 일본어 과목 중에서 택 1을 해야 한다. 사회 영역에서 사회·문화, 세계사, 국토지리, 인문지리 과목에서 인문계는 필수 과목으로 지정됐으며, 자연계는 택 1을 하게 되어 있다. 과학 영역에서 물리, 화학, 생물, 지구과학 과목에서 자연계는 필수 과목으로 지정됐으며, 인문계는 택 1을 하도록 되어 있다. 이 시기의 대학입시체제 특징은 [표 4−4]와 같다.

표 4-4_____예비고사와 고교내신 병행제의 입시 특징

구분	입시 특징
실시 시기	· 1981년
시대 상황	· 10·26 사태와 5·18 광주 민주화 운동
고등교육정책	· 7·30 교육정책(1980년)
입시 관리	· 국가
전형 자료	· 예비고사와 고교내신 성적
지원 형태	· 선시험→후지원 · 전형 일자가 같으면 무제한 복수지원
입학 사정	· 예비고사 성적은 50% 이상과 고교내신 성적은 20% 이상, 나머지 30%로는 대학이 자율적으로 결정 · 대다수 대학은 8 : 2 비율로 반영 · 고교내신 교과성적은 10등급으로 구분
입시 과목	· 예비고사 과목 − 공통과목1: 국어(국어Ⅰ, 한문Ⅰ), 수학Ⅰ, 국사, 국민윤리, 정치·경제 − 공통과목2: 국사, 국민윤리, 정치·경제 − 선택 과목1: 영어Ⅰ, 영어Ⅱ, 독어, 불어, 중국어, 일본어 중 택 1 − 선택 과목2: 농업, 공업, 상업, 수산, 가사 중에 택 1 기술(남학생 필수), 가정(여학생 필수) − 선택 과목3: 사회·문화, 세계사, 국토지리, 인문지리(인문계는 필수, 자연계는 택 1) − 선택 과목4: 물리, 화학, 생물, 지구과학(자연계는 필수, 인문계는 택 1)
입시 시기	· 전기와 후기(추가 모집 불허)
특별 전형	· 예체능 특기자의 대학 진학 혜택 부여 · 실업계의 동일계 진학과 산업체 근로자의 대학 진학 혜택 부여
입시 문제	· 선시험→후지원은 눈치 지원과 배짱 지원이라는 사행심을 조장

- 30% 추가 모집으로 인한 학사 행정 운영의 혼란을 초래함
- 재수생과 과외 문제를 오히려 장기적으로 악화시킴
- 학교 간의 고교내신 등급 차이에 대한 불만이 가중됨
- 고교 출신 직장인이 참여하여 학력 인플레이션의 원인이 됨

신군부는 과외와 재수생 문제를 해결하기 위해 본고사를 폐지하고 고교 내신성적을 강화했지만, 기대와 달리 많은 문제점이 노출되면서 한 번만 시행하는 결과를 초래했다. 신군부는 신속히 국민의 신뢰를 받아야 한다는 강박증으로 인해 한국 교육의 특성을 무시하고 너무 서두른 결과, 부실한 준비를 했다. 이 시기 대학입시체제의 문제점은 다음과 같이 나타났다.

첫째, 과거의 지원 방식과 다른 선시험→후지원과 고교 내신성적이 합격에 영향을 미치자, 눈치작전과 배짱 지원이라는 사행심을 조장했으며 대학정원 미달과 과열 입학 경쟁으로 인해 우수한 학생이 탈락하는 사태가 일어났다.

둘째, 30%를 추가 입학시키는 졸업정원제의 실시로 인해 학사 행정 운영의 혼란이 가중됐다.

셋째, 재수생과 과외 문제 해결에 도움을 주지 못하고, 오히려 악화시키는 결과를 초래했다.

넷째, 지역 간과 학교 간의 차이를 무시하고 고교 내신성적 등급에 대한 불신과 교실 내의 학생들 간의 경쟁이 심화했다.

다섯째, 쉬워진 대학 입시로 인해 고교 출신 직장인들이 대거 대학입학 시험에 참여하여 1980년대 학력 인플레이션의 원인이 됐다.

대학입학 학력고사기
(1982년~1993년)와 입시문화

CHAPTER 5

대학입학 학력고사기(1982년~1993년)와 입시문화

8 학력고사와 고교내신 병행제(1982년~1985년)와 입시문화

가. 교육의 사회적 배경

5 · 18 광주민주화운동의 역사적 짐에 짓눌린 전두환 정권은 국민의 마음을 돌리기 위해 큰 노력을 했다. 국민들은 경제 정책에 미숙한 군부 정권에 곱지 않은 시선을 보냈다. 많은 우려에도 불구하고 군부 정권에서 우리 경제는 박정희 정권이 이룩한 경제 기반 위에서 비교적 높은 성장률을 보였다. 1982년의 경제성장률은 8.3%, 1983년은 13.2%, 1984년은 10.4%, 1985년은 7.7%로 나타났다. 예상과 달리 군부 정권은 지속해서 안정된 성장세를 유지했다. 경제의 안정된 성장은 불안한 정권 위에서 태어난 군부 정권의 생명을 연장하는 지지 기반으로 작용했다.

전두환 정권은 집권 초기부터 안팎으로 시달렸다. 1983년 북한 공작원 3명이 전두환 대통령을 살해하기 위해 아웅산 국립묘지에서 미리 설치한 폭탄을 터트려 당시 최고의 정부 내각으로 손꼽히던 부총리와 장 · 차관 그리고 기자 등의 17명이 사망한 전대미문의 충격적인 사건이 일어났다. 1985년에는 구소련의 고르바초프가 갑작스럽게 페레스트로이카를 선언하여 냉전의 유물인 공산주의가 붕괴하면서 세계는 획기적인 변화를 맞이했다.

전두환 정권의 5·18 광주민주화운동의 씻기 어려운 역사적 원죄에 대해 학생들은 끊임없이 거친 저항을 했다. 1984년 9월에 가짜 학생의 학원 사찰을 규명하는 '서울대 프락치 사건'이 일어났다. 서울대의 주동 학생 4명의 제적 처분을 계기로 6천 명의 경찰이 캠퍼스에 진입하는 사태로 커졌다. 1984년 11월에는 민주화투쟁학생연합(민투학련) 소속 학생 265명이 민주화 투쟁 장소로 당시 집권당인 민정당사 점거 농성 사건이 있었다.

1985년 5월에 73명의 대학생이 미문화원을 점거하여 '광주 사태 책임지고 미국은 공개 사과하라'는 구호를 외치기도 했다. 1985년 11월에는 서울 시내 14개 대학의 190여 명 대학생이 민정당 중앙정치연수원을 점거하여 독재 타도를 외치면서 농성했다. 전두환 정권에 대해 대학생 중심의 국민적 저항은 지속해서 전개됐다. 전두환 정권은 집권 내내 정치적으로 매우 혼란한 시기를 맞았다.

전두환 정권은 국내·외적으로 많은 정치적 어려움을 겪고 있었지만, 국민의 신임을 얻기 위해 교육의 정상화를 위한 노력을 멈추지 않았다. 1985년에 군부 정권은 7·30 교육개혁조치를 보완하기 위해 교육개혁심의회를 구성하여 초·중등교육과 고등교육 전반을 개혁하려고 했다. 고등교육에서는 교수 1인당 학생 수를 15명 선으로 감축하고, 대학평가인증제를 도입하며, 선별적으로 대학원 중심 교육을 육성하려고 했다. 이러한 고등교육 발전(안)은 아직도 유효할 정도로 의미가 있다.

전두환 정권은 7·30 교육개혁조치로 과외와 재수생 문제의 해결을 위해 야심 차게 출발했지만, 서서히 많은 문제점을 노출하기 시작했다. 7·30 교육개혁조치의 대표적인 교육정책 중의 하나인 졸업정원제는 대학 정원을 급격히 증가시켰다. 준비가 부족한 상태에서 전격적인 졸업정원제의 실시는 당시에도 많은 논란이 있었다. 사실상 고등교육 정원만을 증가시키는 부작용을 낳았다. [표 5-1]은 당시의 고등교육 정원의 증가세를 보여주고 있다.

표 5-1 _____ 1982년~1985년 고등교육 정원의 실태 현황

구분	고등교육 기관 수						학생 수	교원 수
	대학교	대학	교육대	각종학교	전문대	계		
1982년	97	11	18	128	254		945,805	27,323
1983년	98	11	18	130	257		1,013,628	29,717
1984년	99	11	22	122	254		1,130,073	31,786
1985년	100	11	24	120	255		1,209,647	33,486

출처: 문교부·중앙교육평가원(1981~1985). 교육통계연보.

[표 5-1]에서 1983년부터 학생 수가 1백만 명이 넘어서고 있다. 1970년대에는 예상하기 어려운 대학 정원이었다. 1980년대의 대학 정원은 1970년대와 비교하여 급격하게 증가했다. 실질적인 대학 입학경쟁을 주도하는 대학(교)의 핵심 정원은 1981학년은 535,876명, 1982학년은 661,125명, 1983학년은 772,907명, 1984학년은 870,170명, 1985학년은 931,884명으로 높은 증가세를 보였다.

그런데 대학 정원이 증가하면 재수생 수가 줄어야 하는데, 오히려 재수생 수가 증가하고 있었다. 1970년의 재수생 수를 100%로 볼 때 1982년은 443.6%, 1983년은 542.4%, 1984년은 534.4%, 1985년은 583.8%로 현격히 증가했다(강창동, 1993: 152). 대학입학 정원이 증가함에 따라 그동안 대학입학을 포기하던 학생마저도 대학 입학경쟁에 가담하게 되었다. 졸업정원제는 대학입학 열기를 식혀야 하는데, 역설적으로 대학 입학경쟁을 격화시켰다. 김재웅(1996: 55)은 당시의 상황을 다음과 같이 설명했다.

> 한 고등학교에서 성적이 50% 정도 되는 학생까지 대학에 가게 되다 보니, 종전의 대학 문턱은 자기에게 너무 높아 감히 올려다보지 못하던 학생(예컨대, 성적이 한 학교에 70%에서 80% 수준에 있는 학생)까지도 대학 진학 경쟁에 뛰어들게 된 것이다. 따라서 경쟁에서 이기기 위하여 과외 수업을 해야 하는 학생 수는 오히려 더 늘어났다고 할 수 있다.

졸업정원제의 양적 확대 정책은 예상되는 부작용을 노출하기 시작했다. 우리의 대학 입학경쟁은 고등학교에서 대학에 입학하는 '수직적인 양

적 경쟁 구조'와 대학의 명성과 학과의 가치를 보는 '수평적인 질적 경쟁 구조'로 이루어졌다. 대학에만 입학해도 좋다는 양적 접근은 대학과 학과의 명성을 보는 질적 접근과 큰 차이가 있었다. 우리의 대학 입학경쟁은 양적 경쟁과 질적 경쟁을 동시에 포함하고 있었다. 우리의 대학 입학경쟁 구조는 양적 경쟁과 질적 경쟁으로 전교 1등과 꼴찌가 동시에 과외를 받게 한다. 전교 1등은 더 좋은 대학과 학과에 진학하기 위한 질적 경쟁을, 전교 꼴찌는 단순히 대학에 진학하기 위한 양적 경쟁을 한다. 당시에도 양적 경쟁보다 일류 대학과 학과에 진학하려는 질적 경쟁이 대학 입학경쟁을 주도하고 있었다.

졸업정원제는 질적 경쟁 구조를 무시하고 양적 경쟁에 의존한 정책이어서 자연히 어느 정도 실패가 예견됐었다. 대학 정원을 확대하면서 그동안 대학을 포기했던 학생과 직장인들이 수면 위로 급부상하며 양적 경쟁이 과열됐으며, 질적 경쟁 또한 조금도 완화될 기미가 없었다. 졸업정원제는 전체적으로 대학 입시경쟁을 가열시켰다. 정부는 1984년에 학년별 강제 탈락제를 폐지하고 자율적으로 대학에 신입생 모집을 일임했다. 그 이후 졸업정원제는 유명무실하게 운용되다가 1988년에 폐지됐다.

졸업정원제의 양적 확대는 1980년대에 대학의 학력 가치를 저하하는 학력 인플레이션을 불러왔다. 세계적으로 1970년대 초 제1차 석유 파동으로 인해 학력 인플레이션이 일어났다. 우리나라는 10년 정도 늦게 1980년대에 졸업정원제로 인해 학력 인플레이션과 고학력화 현상이 나타났다. 1970년대는 공업 구조가 확대되어서 많은 인력수급이 필요하여, 대다수의 대학생은 취업이 용이했다. 이 시기는 공급이 수요를 따라가지 못한 '대학 졸업자의 황금기'였다. 1980년대는 비교적 안정적인 경제 성장세에 불구하고 학력 인플레이션으로 인해 취업 문턱이 높아진 어려운 시기였다. 7·30 교육개혁조치와 좁아진 취업문의 관계에 대해 한 언론은 다음과 같이 전하고 있다.

7·30 교육개혁 이전에는 … 재수생 문제가 심각한 사회 문제로 제기되어 정부는 교육개혁조치와 함께 대학 정원을 대폭 늘려 이 문제를 정치적으로 해결하려고 한 셈이다. 그 결과 고급인력의 유휴 현상이 또 다른 사회 문제가 되고 있다. … 대학 졸업자들 가운데 대학원 진학과 유학, 군입대자 등을 제외한 순수 취업자의 비율을 보면 1979년은 64.7%, 1980년은 51%, 1982년은 54.2%, 1983년은 49.8%, 1984년은 48.3%로 거의 해마다 떨어지고 있다(동아일보, 1985. 3. 9.).

대학 정원의 30%를 일시에 증원한 졸업정원제는 교육적으로 학년별 강제탈락의 논란을 가져왔으며, 사회적으로 학력 인플레이션과 함께 취업을 어렵게 하는 결과를 낳았다. 1970년대는 공급이 수요를 맞추지 못해 학력 가치가 높으면서 학력 디플레이션 시대였지만, 1980년대부터는 대학 정원의 무리한 증가로 공급이 수요를 초과하여 학력 가치를 저하하는 학력 인플레이션이 일어났다.

나. 대학입시문화의 전개

5·18 광주민주화운동의 정치 여파는 엄청나게 컸다. 정국의 분위기는 얼음보다 차가웠으며, 대학생 중심의 극렬한 저항은 일상화될 정도였다. 미국과 소련의 동서냉전이 와해하여 세계는 급변하고 있지만, 우리의 정국은 불길 속에 폭탄을 안고 있는 것처럼 정치적 긴장감은 극에 달하고 있었다. 언제 터질지 모르는 긴박한 정치 상황에서도 우리의 교육열은 종전과 같이 변함없이 태연하게 자신의 모습을 지키고 있었다. 교육열의 뜨거운 열기의 핵심은 일류병이다. 일류병은 우리를 지긋지긋하게 괴롭힌 망국의 사회병이다.

2년째 S대 법대에 낙방한 어떤 재수생은 스스로 목숨을 끊으면서 '세상살이가 이토록 어렵구나, 빚을 내어 뒷바라지해 준 어머님께 죄스럽다'라는 유서를 남겼다. … 젊음을 죽음까지 이르게 한 일류병은 전후 어느 때부터 우리의 풍토병으로 자리잡았다. … 집에서 부모들이 손님을 맞을 때 으레 서로 댁의 자제가 어느 대학에 다니냐는 말로 인사하는데 그때마다 어머니께서 아들이 2류대에 다녀 속상하다고 하였다. … 일류병에 대해 청소년들은 높은 임금을 받을 수 있고 좋은 배우자를 만날 수 있으며 부모께 효도하게 한다고 하였다. 어떤 청소년은 천박한 출세주의임을 우리는 누구보다 잘 알고 있다. 그것은 우리의 뜻이 아니라 사회와 부모가 우리에게 강요한 것이라고 하였다(경향신문, 1983. 8. 9.).

일류병은 우리의 풍토병이라고 비하할 정도로 우리 생활에 깊숙이 침투해 있었다. 일상생활에서 일류대를 가치 판단 기준으로 삼는 것은 일류병이 우리 뇌리에 깊숙이 박혀 있어서다. 일류병은 우리 사회의 가치 판단을 일류대라는 학력 가치에 의존하여 생긴 사회병이다. 일류대를 지향하는 삭막한 교육 열기는 고등학생에게도 영향을 미쳤다. 세상의 아름다움을 안고 살아도 모자랄 세대인 우리의 고등학생은 교실 안에서 냉정한 승부사로 변하고 있었다.

고교내신 반영은 1955년부터 간헐적으로 있었지만, 본격적으로 반영된 것은 7·30 교육개혁조치 이후다. 이때부터 고교내신의 반영률이 높아지자, 졸업정원제와 같이 고등학교 교실은 친구에게도 노트도 빌려주지 않는 비정하고 살벌한 다툼의 장으로 변화하였다. 같은 반 친구들을 미래의 대학 입시경쟁자로 본 것이다. 고등학교 교육의 정상화를 위한 고교내신은 엉뚱하게도 대학 입시경쟁을 더욱더 힘들게 했다.

고교내신에서 보듯이 대학 입시경쟁 구조는 교실 일상을 바꿀 정도로 매우 민감하게 반영하여 즉각적인 영향력을 미쳤다. 아무리 좋은 인삼이라도 자신의 몸에 맞아야 약이 된다. 그렇지 않으면 우리 몸을 해치는 독이 된다. 아무리 좋은 교육정책인 고교내신도 우리의 교육 현실과 맞지 않으면 독이 될 뿐이다. 먼저 우리 몸이 무엇이고 대학 입시의 사회 본질이 무엇인지에 대한 깊은 성찰이 필요하다.

대학 입시경쟁의 원인인 학력 출세주의는 교육 문제보다 근원적으로 사회 문제와 연결되어 있다. 학력 출세주의는 교육병이 아니라 사회병이다. 학력 출세는 곧 사회 출세이다. 대학입시정책을 교육에만 초점을 두고 접근을 하면, 어떤 정책이든 즉시 한계에 봉착할 수밖에 없다. 학력은 사회 차별을 차단하기 위한 교육의 보호막에 불과하기 때문이다. 이효수(1984: 235)에 의하면 기업의 신규 채용에서 학력이 93.9%, 중도 채용에서도 85.4%로 결정적인 영향을 미치고 있으며, 나머지 사회 변인들은 대체로 미미한 것으로 나타났다. 학력의 사회적 차별은 심각하게 나타나고 있었다. 직접적으로 김수곤(1985: 42)은 당시의 학력 차별 원인에 대해 다음과 같이 진단하였다.

> 일류가 아닌 대학을 나온 졸업자들은 이류 시민이 될 수밖에 없다. 더욱이 기업가들은 일류대 졸업자들의 그 친구나 동문이 중요한 자리를 차지하고 있기 때문에 비공식적인 통로로 일을 빨리 처리할 수가 있어서 일류대 졸업자들을 선호한다고 공공연히 말하고 있다.

이 같은 언급은 기업 조직 내에서 일류대 선호 이유를 사실적으로 보여주고 있지만, 업무의 효율성만이 전부는 아닐 것이다. 한국 사회에서 보이는 학력 차별과 보이지 않는 학력 차별은 광범위하게 공존하고 있다. 학력은 한국 사회에서 결혼 등과 같은 높은 상징적 가치로 인해 만능 자격증의 역할을 하기 때문이다. 한국에서 대학 입시는 인생의 향방을 결정할 정도로 많은 영향을 미친다. 안타깝지만 고등학생은 대학 입시를 위해 전투적으로 매달릴 수밖에 없다. 한국에서 고3으로 산다는 것은 어깨에 숨을 막히게 하는 고통을 달고 살아야 한다.

> 고고 3학년이 되고 나서부터 칠판 오른쪽 맨 꼭대기에 하루도 빠짐없이 바뀌어온 숫자가 유난히 교실을 압도한다. D-87일, 마치 군사 작전과 같은 긴박감마저 흐른다. 이 숫자가 D-0으로 바뀌는 날 인생을 좌우하는 전쟁을 치러야 한다. … 새벽 5시에 어머니가 깨울 때마다 죽고 싶다는 생각이 앞선다. 새벽 1시나 2시경 취침해 3, 4시간밖에 잠을 자지 못한 것도

괴롭지만, 그날이 주는 압박감 때문에 늘 머리가 무겁다. … 온 가족이 자신을 위해 … 매년 바캉스를 가던 것을 이번 여름만은 참자는 결의까지 보여주었다. … 고3이 돼서 집이 하숙집 같다는 생각이 들었다. 새벽 1, 2경 귀가해 잠을 자고 아침 6시경 아파트 문을 나설 때가 고작 집에 있는 시간이다. 책도 책이지만 도시락 두 개가 가방을 꽉 채워 어깨가 축 처진 채 등교한다(동아일보, 1984. 8. 28).

우리의 고3 학생들은 인생의 아름다움보다는 고단한 인생의 전투를 먼저 배운다. 대학 입시는 전쟁이며, 고3 교실은 치열한 전쟁터다. 학생들은 교실뿐만 아니라 밖에서 과외 금지와 전쟁을 한다. 과외 금지라는 초유의 엄격한 조치에도 불구하고 과외는 다양화되고 기형화된 모습으로 진화하고 있었다. 과외 금지에 대해 너무 예민해져서 '어디까지 과외인가'라는 황당하고 뜻밖의 질문에 봉착하게 된다.

서울시 교육위원회는 교내의 방송 수업 금지, 방과후 자율학습에도 질문 금지, 공부에 대한 학생의 전화 질문도 과외로 단정하여 금지 지시를 내렸다. 가난한 학생에게 친척이 무료로 가르쳐도 과외로 간주하자, 이후 논란이 되어 나중에 삼촌까지만 허용하였다. 심지어 문교부는 교회에서 외국인 선교사가 가르치는 영어 성경공부도 유사 과외로 규정하였다. 웃지 못할 우리의 현실이지만, 정부가 과외 금지에 대해 얼마나 예민한지를 보여주고 있다.

변태 과외는 여전히 기승을 부렸다. 하숙생이나 친척을 가장한 비밀과외, 예체능 학원이나 사설 도서실 등을 이용한 과외, 몰래바이트라 불리는 대학생의 입주 과외, 입시학원 재학생 과외, 드라이브 과외, 사찰, 암자 등의 비밀과외, 학습지 카세트를 이용한 과외, 현직교사의 과외 지도, 방학을 이용한 콘도미니엄과 별장 과외 등, 비밀과외에 위험수당이 포함될 정도로 수많은 불법 과외가 성행했다.

과외 금지에 대한 정부의 단속 의지도 매우 엄격했다. 반상회 때마다 동사무소 직원과 경찰관 등을 파견하여 과외 금지 홍보와 비밀과외 신고를 유도했다. 과외 교사는 구속 수사를 원칙으로 하며, 학생은 학사 징계, 학부모는 면직 혹은 세무조사, 사설학원은 행정 처분과 함께 세무 조사를 받았다. 심지어 사회정화위원회는 과외 금지로 면직된 학부모와 과외 선생을 취업이나 복직시킨 회사에 대해서도 세무 조사를 했다.

정부는 서울, 부산, 대구, 광주, 인천, 대전을 중점단속 지역으로 지정하고 경찰과 시·도교육위원을 중심으로 과외 금지 합동단속반을 조직했다. 아파트나 고소득층 주택가에 방범대원을 비밀과외 신고 요원으로 하고, 과외 예방을 위해 특별 요원을 지역마다 1명씩 고정 배치하고, 해당 지역의 과외를 방지하기 위해 지역책임제를 두었다. 심지어 서울시경은 지도층 인사 자녀들의 과외에 대해서는 특별 단속을 지시했다.

과외 금지에 대한 정부의 의지는 지나칠 정도로 단호했다. 일류병에 멍든 우리의 교육열도 만만한 상대가 아니었다. 7·30 교육개혁조치 이후 4년 동안 적발한 교사는 153명, 학생은 754명, 학부모는 703명이며 형사 입건된 사람만 123명이 되었다(경향신문, 1984. 7. 19.). 엄격한 과외 금지 조치에도 불구하고 구속을 각오한 우리의 교육 의지는 놀라움을 넘어 경악할 수준이었다. 비밀과외는 학력에 대한 학부모의 절박한 심정을 담고 있었다. 학력 차별이 사회 차별이 된다는 인식이 역사적으로 강화됐기 때문이다.

다. 대학입시체제의 특징

신군부의 7·30 교육개혁조치의 핵심은 늘어나는 재수생과 과외 문제의 해결이었다. 과외는 망국의 병으로 인식하고 강력한 금지 조치를 했다. 그동안 유지된 대학별 본고사는 고교교육의 파행적 운영과 과외의 주범으로 폐지하고, 학교교육의 정상화를 위해 고교 내신성적을 도입했다. 1981년에 예비고사 성적을 미리 알려주고 각자 지망 대학에 입학 원서를 제출하는 '선시험→후지원' 방식을 채택하고, 수험생의 선택의 폭을 넓혀주고 재수생을 방지한다는 이유로 많은 대학에 복수지원하게 했다.

우리의 학생들은 대학 입시가 인생의 최종 관문인 것처럼 모든 힘을 집중했다. '선시험→후지원'과 복수지원이라는 새로운 방식을 도입했지만, 입학 원서를 제출하는 모든 대학 창구에서 극심한 혼란에 빠졌다. 학부모와 학생이 연합하여 눈치작전과 배짱 지원을 성행하게 했다. 대학 입시는 눈치작전과 배짱 지원의 부산물로 예기치 않은 이변이 속출했다. 매우 낮은 성적으로 일류대학의 인기 학과에 합격하거나 좋은 성적으로도 불합격되는 예상치 못한 사례들이 발생했다. 이런 문제를 해결하기 위해 1988학년부터는 '선지원→후시험'으로 전환했다.

선시험→후지원과 복수지원은 눈치작전과 배짱 지원을 초래하여 각 대학마다 유례없는 정원 미달 사태를 속출하게 했다. 대학 입시의 마지막 관문까지 눈치작전과 배짱 지원은 대학수학능력과 적성에 관계없이 좋은 대학에 입학하기 위해 요행에 의존하게 했다. 눈치작전과 배짱 지원은 과정보다 결과를 중요하게 여기는 학력 출세주의의 사행심이 초래한 결과였다. 이런 문제를 해결하고자 '대학입학 학력고사'라는 명칭으로 바뀌게 됐다.

1982년부터 실시된 대학입학 학력고사의 전형 형태를 보면 학력고사 성적은 50% 이상을, 고교 내신성적(전 학년 성적)은 30% 이상을 반영하게 했다. 예체능계는 실기고사로 대신했다. 그동안 문제가 된 과거의 무제한 복수지원과 달리 전형 절차는 1982학년도는 2개교 지원으로 제한하고, 1983학년도 이후는 1개교 지원으로 한정했다. 전기 합격자는 후기 대학에 응시할 수 없게 했다. 실업계 학생의 동일계 진학과 산업체 근로자에 대한 특별 전형은 사라졌으나, 예체능계 특기자에 대한 특별 전형은 유지됐다.

이 시기의 입시과목은 1982학년~1983학년도는 14개 과목이 부과됐으며, 1984학년도는 인문계는 국어Ⅱ를, 자연계는 수학Ⅱ를 추가하여 15개 과목이 되었다. 1985학년도부터 인문계는 선택 과목으로 물리, 화학, 생물, 지구과학 중 2개 과목을 선택하여 총 16개 과목이 되었다. 자연계는 15개 과목이었다. 1986학년도는 제2외국어에서 1과목을 선택, 추가하여 총 17개 과목으로 늘어났다. 또한 그동안 논란이 됐던 문제지와 답안지를 공개하였다. 이 시기의 대학입시체제 특징은 [표 5-2]와 같다.

표 5-2_____학력고사와 고교내신 병행제의 입시 특징

구분	입시 특징
실시 시기	· 1982년~1985년
시대 상황	· 미문화원 점거(1985년), 페레스트로이카 선언(1985년)
고등교육정책	· 7 · 30 교육개혁조치(1980년)
입시 관리	· 국가
전형 자료	· 학력고사와 고교내신 성적
지원 형태	· 선시험→후지원 · 1982학년도는 2개교 제한, 1983학년 이후는 1개교로 제한
입학 사정	· 예비고사 성적은 50% 이상과 고교내신 성적은 30% 이상, · 고교내신 성적은 1학년 20%, 2학년 30%, 3학년 50% 반영 · 교과 성적은 10등급으로, 등급 간 차이는 2점 반영 　출석 점수는 5등급으로, 등급 간 차이는 1.5점 반영
입시 과목	· 학력고사 과목 　– 1982학년~1983학년도는 14개 과목 　– 1984학년도는 인문계는 국어Ⅱ, 자연계는 수학Ⅱ를 추가하여 총 15개 　　과목이 됨 　– 1985학년도는 인문계는 선택 과목인 과학에서 2개 과목을 선택하여 총 　　16개 과목이 되고, 자연계는 총 15개 과목임 　– 1986학년도는 제2외국어에서 1과목을 선택하여 총 17개 과목임
입시 시기	· 전기와 후기 · 전기 합격자는 후기 대학에 응시할 수 없음
특별 전형	· 예체능 특기자의 대학 진학 혜택 부여
입시 문제	· 선시험→후지원은 눈치작전과 배짱 지원이라는 사행심을 조장함 · 고교내신 성적의 반영은 학교 교실의 학생 간의 경쟁을 심화시킴 · 학교 간, 지역 간의 고교내신 등급 차이에 대한 불만이 가중됨 · 객관식 출제여서 고등정신능력을 측정하는데 미흡함 · 국가 주도의 관리로 대학 선발권을 약화시킴

신군부는 고교교육의 파행적 운영과 과외를 유발하는 대학별 본고사를 폐지하고 고교 내신성적을 반영하는 학력고사를 처음으로 실시했다. 예비고사에서 학력고사로 전환하면서 의욕적으로 고교 내신성적을 반영했지만, 치유하기 어려운 일류병의 핵심적 뿌리인 학력 출세주의 욕망은 학력고사와 고교 내신성적의 반영에서도 여전히 많은 문제점을 남겼다. 이 시기의 대학입시체제의 문제점은 다음과 같이 나타났다.

첫째, 대학 입시에서 우선 합격하고 보자는 결과주의 인식으로 인해 선시험→후지원의 복수지원 제한에도 불구하고 눈치작전과 배짱 지원이라는 사행심이 지속했다.

둘째, 지역 간, 학교 간, 주야 간의 학력(學力) 차이를 무시하고 전국의 고등학교를 동일한 학력 수준으로 간주하여, 고교 내신성적에 대한 사회 불신을 높였다.

셋째, 고교내신제는 교실의 비인간 교육을 조장하여 동료 학생 간에도 노트를 빌려주지 않는 등의 삭막한 교육경쟁을 초래했다.

넷째, 학력고사의 객관식 일변도의 출제는 대학수학능력의 적격자 선발과 고등정신능력을 측정하기에 미흡하여 점수 위주의 입시 교육을 성행하게 했다.

다섯째, 국가의 입시관리로 인해 대학의 선발 자율권을 위축시켰다.

9 학력고사와 고교내신, 논술 고사 병행제(1986년~1987년)와 입시문화

가. 교육의 사회적 배경

현대사의 비극으로 태어난 제5공 정권은 정치적으로 품은 어둠의 씨 앗으로 인해 폭풍전야와 같은 위태로운 정국 속에서 생명력을 이어갔다. 굽힐 줄 모르는 국민의 저항에도 제5공 정권이 지탱할 수 있었던 것은 세 계적으로 보기 드문 경제 호황이 뒷받침해서이다.

1986년부터 저금리, 저유가, 저달러라는 「3저 호황」을 만나 우리와 같 은 신흥공업 국가들은 수출이 크게 늘게 되어 흑자로 전환했다. 3저 호황 으로 인해 국제 경제 여건이 한국에 매우 유리한 상황으로 변하면서 연 12% 정도의 고도성장을 기록했다. 우리나라 기업의 수출이 많이 늘어남으 로써 적자이던 경상수지도 최초로 흑자로 바뀌어 '단군 이래 최대 호황'이 라는 말이 있었다. 1986년의 경제성장률은 11.2%, 1987년은 12.5%, 1988 년은 11.9%로 나타났다. 한 마디로 경제에서 대박을 터트린 것이다. 우리 국민은 3저 현상의 경제 호황으로 인해 독재 억압의 철권 정치를 이겨낼 수 있었다.

이 시기는 짧지만, 어둠의 창살을 뚫고 아스라이 여명이 비치는 한국 현대사에서 잊을 수 없는 정치 격동기였다. 독재 정권의 탄압이 강할수록 학생 중심의 저항은 거칠고 집요하게 전개됐다. 1986년 10월에 29개 대학 생 1,500여 명이 반독재를 외치는 '건국대 점거 농성 사건'이 일어났다.

1987년 1월 서울대생인 박종철 군이 물고문을 이기지 못하고 죽는 사 건이 일어나자 독재 정권에 대한 국민의 분노는 한껏 차올랐다. 1987년 4 월에 전두환 정권은 국민의 열망을 무시하면서 대통령 선거를 직선제에서 간선제로 유지하겠다고 발표를 하자, 국민은 깊은 상실감에 빠졌다. 1987 년 5월에 박종철 사건을 조작, 은폐하기 위해 책상을 '탁' 치니 억하고 쓰 러졌다는 경찰의 어설픈 변명은 오히려 국민의 분노에 불을 질렀다.

1987년 6월 10일 군부 정권의 생명을 연장하려는 제5공 정권에 맞서 지금까지 관망하던 일반 시민의 넥타이 부대까지 참여하는 「6·10 민주항쟁」이란 거대한 시위가 일어났다. 이날 경찰의 과격한 진압으로 연세대생인 이한열 군이 사망하자 걷잡을 수 없을 정도로 저항의 불길이 거세졌다. 정치적 위협을 느낀 전두환 독재 정권은 대통령 직선제를 수용한다는 「6·29 민주화 선언」을 발표했다.

6·29 민주화 선언은 당시 노태우 후보가 국민의 민주화 요구에 대한 '6·29 항복 선언'이라고 규정할 정도로 우리 역사에 큰 의미가 있었다. 일련의 혹독한 과정을 겪으면서 이루어진 6·29 민주화 선언은 우리 사회가 민주화로 가는 정치 발판을 마련하는 계기가 됐다. 전두환 독재 정권은 침몰하는 배처럼 서서히 무너졌다.

전두환 군부 정권은 처음에 교육 신뢰를 통해 정치 신뢰를 얻기 위해 7·30 교육개혁조치를 기반으로 재수생과 과외 문제를 해결하려고 했다.

1986년 11월 전두환 대통령은 교육개혁심의위원회에게 졸업정원제를 1988학년부터 입학정원제로 환원할 것을 지시했다. 그동안 무리하게 추진하여 많은 논란이 있었던 졸업정원제의 실험적 개혁은 사실상 실패로 마감했다. 전두환 정권은 졸업정원제를 계기로 지속해서 고등교육 학생 수를 확대했다.

표 5-3_____1985년~1987년 고등교육 정원의 실태 현황

구분	고등교육 기관 수						학생 수	교원 수
	대학교	대학	교육대	각종학교	전문대	계		
1985년	100	11	24	120	255	1,209,647	33,486
1986년	100	11	25	120	256	1,262,293	35,142
1987년	103	11	26	119	259	1,291,585	36,212
1988년	104	11	26	119	260	1,312,053	37,834

출처: 문교부·중앙교육평가원(1985~1987). 교육통계연보.

[표 5-3]은 1980학년의 졸업정원제 실시에 급격히 증가하고, 그 이후 고등교육 학생 수는 꾸준히 증가하고 있는 것을 보여주고 있다. 졸업정원제로 인해 고등교육 학생 수는 팽창하고 있었다. 실질적인 대학 입학경쟁

을 주도하는 대학(교)의 학생 수는 1985학년은 931,884명, 1986학년은 971,127명, 1987학년은 989,503명, 1988학년은 1,003,648명으로 백만 명을 넘는 증가세를 보였다.

이 시기에도 재수생 수는 줄어들지 않았다. 1970학년의 재수생 수를 100%로 볼 때 1986학년은 583.8%, 1986학년은 528.4%, 1987학년은 505.5%, 1988학년은 561.5%로 높은 재수생 비율을 유지하고 있었다(강창동, 1993: 152). 졸업정원제로 학생 수가 많아지면서 대학의 사회 가치가 급속히 저하되는 학력 인플레이션의 부작용과 취업문이 좁아지는 사회 문제가 대두됐다.

> 최하위직 공무원인 9급 행정·공안직 공무원의 경우, 지난 1981년은 합격 자 중 대졸 이상이 56명으로 구성비가 1.1%에 불과하던 것이 1985년에는 11.3%로 5년 사이 10배 이상 증가했다. … 학력 인플레이션은 잇단 불황 으로 일자리가 줄어든 탓도 있으나, 졸업정원제 이후 대학 졸업자들이 많 이 늘어나서 생긴 현상이다(경향신문, 1986. 2. 17.).

> 취업 경쟁이 뜨겁다. 구직 20만 명에 일자리는 6만 명뿐이다. … 1970년의 취업률은 83.8%에서 1983년은 78.1%, 1984년은 74.5%, 1985년은 63.9%, 1986년은 53%까지 낮아진 4년제 대학 졸업자의 취업률(경제기획원 통계)이 내년 2월 졸업 예정자의 경우 50% 이하로 떨어지지 않을까 우려되고 있다 (매일경제, 1980. 9. 3.).

제대로 준비되지 않고 전격적으로 실시한 졸업정원제로 인한 학력 인 플레이션과 취업난이라는 사회 여파는 예상보다 심각했다. 주목할 점은 1986년 3월의 제6차 경제·사회발전 5개년 계획(안)에서 사립대학의 기부금 입학제와 1991학년까지 대학 정원 동결을 제안했다는 것이다. 우리나라는 초·중등과 고등교육에서 사학이 차지하는 비중이 매우 크다. 고등교육은 1980년대에 사립대학의 학생 점유율이 높아지고 있었다. 1980학년에서 4 년제 대학의 국·공립대 학생 수 점유율은 45.8%, 사립대는 54.2%였다.

1985학년의 점유율은 국·공립대는 26.1%로 현격히 줄어들고, 사립대는 73.9%로 급격히 증가한다. 1990학년의 점유율은 국·공립대는 24.5%, 사립대는 75.5%로 나타났다. 2016학년의 점유율은 국·공립대는 21.5%, 사립대는 78.5%로 1985학년과 비슷한 점유율을 보인다(강창동, 2018: 313). 이 시기에 사립대의 현격한 증가로 인해 재정 문제가 부각되면서 '기부금 입학제'가 공론화됐다. 기부금 입학제는 사회적으로 열띤 논쟁이 있었지만, 한국인의 강한 평등 의식과 계층 간의 깊은 위화감 조성 등의 이유로 반대에 부딪히면서 우리 사회에 도입되는 데 실패했다.

나. 대학입시문화의 전개

전두환 정권은 국내의 정치 요동으로 인해 어려운 시기를 보내야 했다. 전두환 정권은 재수생과 과외 문제를 해결하기 위해 노력했지만, 미흡한 준비로 시작된 7·30 교육개혁조치의 교육 부작용에 시달려야 했다. 대학의 사회 가치를 저하한 학력 인플레이션과 대학 졸업자의 낮은 취업률은 대학 입시의 뜨거운 열기를 식히지는 못했다.

> 양반 계급이 누리던 과거의 공명 의식은 가문을 위하는 양명(揚名) 의식으로 출세주의의 감투 지향 의식과 통했다. … '일류병', '과외 열풍' 등 바람직하지 않은 교육열이 기승을 부리고 법학과가 예나 지금이나 최고 인기 학과며 고시 열풍이 수그러들지 않은 것 등은 모두 전통적인 공명 의식 때문이다(경향신문, 1986. 2. 11.).

> 요즘 웬만한 농가라면 자녀를 대학까지 보내야 한다고 생각하고 있습니다. 우리 마을에서 다섯 집마다 한 명꼴로 대학생이나 전문대생 자녀를 두고 있는데, 1년 유학비가 3백만 원 정도 듭니다. 대학 보내기 위해 중·고등학교부터 대도시로 내보내는 농가도 늘고 있습니다(경향신문, 1986. 3. 10.).

대학 입시 열기의 기반에는 학력 출세주의 인식이 있었다. 전통적인 공명(功名)과 양명(揚名) 의식은 사회 출세주의와 다름없다. 농부가 자녀를 대학에 보내는 절박한 심정은 전통적인 교육 출세주의 인식에서 비롯됐다. 1980년대의 농가도 과거의 우골촌을 벗어나지 못하고 있었다. 한국인에게 대학 입시는 사회 출세를 위한 전쟁터와 차이가 없었다. 대학 입시는 생존 정글에서 살아남기 위한 약육강식의 터전이었다. 대학 입시의 눈치싸움은 이 점을 생생하게 보여주고 있다.

> 그동안 말없이 지원 상황판을 지켜보며 끈질긴 인내를 보이던 수험생들은 크게 동요하기 시작했다. 막판 눈치작전의 현장은 갑자기 술렁거리며 혼란의 양상으로 바뀌어 갔다. … 접수 마감이 넘어서도 몰려드는 마지막 접수자들의 열기는 광기(狂氣)에 가까웠다. 유리창을 깨고 들어가 접수하는 여자 학부모, 담을 뛰어넘는 재수생, 울음을 터뜨리는 여고생 등등. 요행과 운수에 합격을 걸어보는 해프닝도 곳곳에서 벌어졌다(동아일보, 1986. 1. 10.).

> 「눈7 실(實)3」이란 말과 샛문입학이란 유행어가 나도는 가운데, 잠긴 유리창문을 부수고 원서를 접수하려는 부모의 얼굴이나 담을 뛰어넘는 수험생의 필사적인 모습 …「적성에 따라 점수에 맞는 대학에 소신껏 지원하라」는 최소한의 훈계도 낯뜨거운 웃음거리나 되기 쉽다. … '요행'이 판치는 입시제도에서 비롯된 학력(學歷)이 일생동안 짊어질 사회적 평가의 짐이라면 … 수험생, 학부모, 대학 당국 모두가 한판 승부를 걸겠다고 극성스럽게 달려들었다. 당장에 붙고 보자는 맹목적인 승부욕이 … 대학 입시를 무엇 때문에, 누구를 위해서 치르는지 그 본질 따위는 '학벌 투기' 앞에서는 전혀 의미가 없었다. 어느 누구를 탓하기에는 그 노골적인 도박이 엄청나게 보편화했다(동아일보, 1986. 1. 14.).

한국에서 학력은 가족의 상징적 계급장이다. 우리 사회의 학부모는 자녀의 학력에 대한 가족주의적인 동질 의식을 느낀다. 학부모의 학력 욕망을 자녀에게 투사한다. 학부모는 학생과 함께 대학 입시에 동참한다. 학부모는 자녀의 학력과 동일시하는 은유적인 대리만족을 느끼기 때문이다. 자녀의 학력 지위는 학부모의 학력 지위가 된다. 학부모는 대학 입시를 위해 자녀를 가혹하게 몰아붙이거나, 함께 하면서 타인에게 사회 존재감을 보여 주고 싶은 학력 히스테리 욕망을 가지고 있었다.

> 어머니의 표현에 따르면 자신은 학력에 대한 열등감이 크며 딸을 통해 이런 열등감을 해소해 보겠다고 한다. 대학 진학에서 딸이 그림에 상당한 소질과 취미가 있다는 것을 알고 있지만, 예능계 대학은 공부 못하는 학생들이 간다는 편견 때문에 공부 잘하는 영문과를 고집하였다(경향신문, 1986. 4. 22.).

> 그해 민수는 ○○대 동양화과에 응시하여 과 수석을 해 엄마의 당연한 수고를 열 배로 갚아 주었다. "엄마, 합격은 내꺼구, 수석은 엄마 몫이에요". 민수가 나를 부둥켜 안았다. 다 네 몫이다. 이따 아버지께 큰절을 드려야 한다. 네 재주는 아버지께서 주신 거란다(고복순, 1987: 21-22).

> 나는 딸의 고달픔을 덜어 주기 위해 집에서 공부할 때는 내가 대신 돋보기를 들어주었다. 엄마, 이쪽으로 해줘야지 엄마 졸려? 아니 졸리긴, 밤에 너하고 공부하려고 낮잠을 자 두었는 걸, 그런데 너 피곤하면 자자(김덕희, 1987: 37).

자녀를 통해 사회적 존재감을 보여주고 싶은 학부모의 학력 욕망은 대학 입시를 전쟁터로 변모하게 했다. 눈치싸움에서 보았듯이 대학 입시는 전쟁터와 다름이 없었다. 대학 입시를 준비하는 과외 열기도 변함이 없었다. 과외 금지를 비웃듯이 고위공직자와 부유층 자녀들의 비밀과외가 성행하고 있었다. 과외가 적발되면 고위공직자는 직위 해제를, 고소득 부유층은 상당한 세금 추징을 받는 엄중한 처벌을 받았다.

이때에도 비밀과외는 하숙생, 친척, 운전사, 가정부 등을 가장한 입주 과외, 방학 중에 별장이나 콘도미니엄 등의 지방 원정 과외, 지하 과외(과외 금지로 일부 부유층이 숨어서 하는 과외), 녹음테이프 과외, 사설 학원, 독서실 이용한 과외, 승용차 안의 변태 과외, 현직 교사의 과외, 주부의 그룹 과외 등 다양하게 있었다. 심지어 과외 여선생을 협박하여 금품을 갈취하는 사건이 있었으며, 비밀과외에 위험수당이 붙을 정도였다.

이 시기에 재수생을 위한 스파르타 집단 교육을 하는 '기숙사 학원'이라는 이색 과외가 등장했다. 기숙사 학원은 어떤 고통스러운 통제도 견딘다는 각서를 미리 받고, 군대와 같은 학원 생활을 시키기 위해 외부 환경과 완전히 차단했다. 기숙사 학원은 교실, 침실, 식당, 체력 단련장, 샤워장 등이 구비되어 있었다. 학원생들은 새벽 6시에 기상 소리와 함께 깨어나 3분 내에 침구를 정리하고 분대별로 운동장에 집합했다. 인사도 거수 경례와 함께 '필승'이란 구호를 외쳤다. 잠들 때는 군인처럼 점호를 받았다. 기숙사 학원은 사회의 악화한 여론에 의해 일시적으로 폐쇄됐지만, 한국의 왜곡된 교육열이 빚어낸 찾아보기 힘든 변종 학원이었다.

강력한 과외 금지에도 불구하고 다양하고 창의적인 과외가 성행했다. 학부모의 절박한 교육열이 변태 학원을 등장시킬 만큼 창의성을 자극한 것이다. 그래도 과외 금지에 대해 정부의 입장은 단호했다. 검찰 자료에 따르면 지난 6년 간의 과외 금지 조치 기간 172건에 무려 2,261명이 적발돼 관련 학부모, 교사들이 엄한 처벌을 받았다. 위법자들은 과거의 연좌제(連坐制)를 방불케 하는 연대 처벌을 하였다. 적발된 950명의 과외 학부모 중 129명은 직장을 떠났다(동아일보, 1986. 6. 17.). 강압적인 과외 금지 조치는 사회적으로 많은 부작용을 가져왔다. 이 문제로 국회에서 조순형 의원이 문교부 관계자를 상대로 과외 부활을 국민투표에 붙일 용의에 대해 질의를 했다. 참으로 웃기에는 너무 슬픈 우리의 모습이었다.

정부의 강력한 과외 금지 조치에도 불구하고, 학원가는 여전히 성행 중이었다. 전기대학 입학시험이 끝나면 넘치는 재수생들로 학원가는 몸살을 앓아야 했다. 당시 고등학생은 '재수는 필수, 삼수는 선택'과 함께 사당오락(四當五落), 즉 4시간 자면 합격하고, 5시간 자면 떨어진다는 교육언표가 있었다. 사당오락은 당시의 치열한 대학 입시경쟁을 생생하게 표현해주고 있다.

학부모와 학생들은 학력의 사회 효과가 크기 때문에 대학 입시는 포기할 대상이 아니었다. 실제로 학력 효과에 대한 5단계 척도에서 '경제적 부의 증대'에서 크다 이상이 전체의 73.5%, '사회적 지위 향상'에서 크다 이상이 전체의 82.2%, '심리적 만족감'에서 크다 이상이 70.0%로 나타났다(배천웅 외, 1986: 153). 학력의 사회 효과로 인해 학생들은 주저 없이 재수생의 길을 선택했다. 재수생들은 다가올 대학 입시를 선점하기 위해 명문 학원에 들어가기 위해 치열한 경쟁을 해야 했다. 대학 입시가 아니라 제2의 입시인 학원입시의 열기가 넘치는 기이한 광경이 보편화되고 있었다.

> 강사진과 시설이 좋은 C, D, J, H 학원 등 이른바 명문학원에는 지원자가 몰려 해마다 '제2의 입시'로 불리는 선발시험에서 치열한 경쟁이 벌어지고 있다. 원서 마감을 앞두고 C 학원에는 3,000여 명이 이미 원서를 낸 것을 비롯, 인기 있는 학원에는 지원자 1,500~2,000여 명이 몰리고 있다. … 일류학원 등록이 어려워지자 대리 시험에 부정행위 등도 해마다 무더기로 적발되고 있다(동아일보, 1986. 1. 27.).

> 사설 학원에서 재수의 길을 걷고자 하는 수험생들은 또다시 평균 경쟁률 2 대 1 이상의 '학원 입시'를 치러야 한다. 명문으로 꼽히는 대형 학원은 이보다 훨씬 치열한 경쟁을 치러야 한다(동아일보, 1986. 1. 30.).

한국의 대학 입시는 어느 곳에서도 치열하지 않은 곳은 없다. 대학 입시는 학력을 통해 사회에서 비교 우위를 점하기 위한 인생의 첫 관문이기 때문이다. 우리 사회에서 대학 입시에 온 힘을 다하는 것은 우리의 사회적 숙명처럼 보일 정도였다. 대학 입시가 치열할수록 그에 따른 부작용도 심각했다. 그중에 하나가 학생들의 입시 자살이다. 입시 압박감에 벗어나기 위해 학생들이 해서는 안 될 선택을 하는 경우는 일제강점기부터 꾸준히 진행됐다. 이 시기에 학생의 입시 자살이 특별히 주목받는 계기가 있었다.

중앙일보 특별취재반(1989: 11)에 의하면 비공식 통계지만 점수의 굴레에 못 배겨 스스로 목숨을 끊는 학생이 1985년에 113명, 1986년에 116명,

1987년과 1988년에 각각 100여 명에 이른다고 하였다. 특히 1986년에는 우리 사회를 충격에 빠뜨린 입시 자살이 있었다. 그해 1월에 성적이 매우 우수했던 중3 여학생이 '행복은 성적순이 아니잖아요'라는 장문의 유서를 친구에게 남기고 세상을 떠났다. 감수성이 예민한 여학생은 약육강식의 정글과 같은 학력의 모순적 폐해를 사실적으로 신랄하게 지적하여 우리 사회를 무척 당황하게 했다.

> 난 1등 같은 것은 싫은데 … 나에게 항상 수단과 방법을 가리지 말고 이기라고 하신 분, 항상 나에게 친구와 사귀지 말라고 슬픈 말만 하시는 분, 그분이 날 15년 동안 키워 준 사랑스러운 엄마, 너무나 모순이다. 모순 … 세상은 경쟁! 경쟁! 공부! 공부! 아니 대학! 대학! … 행복은 성적순이 아니잖아? 난 그 성적 순위에 올가미에 들어가. 그 속에서 허우적거리며 살아가는 삶에 경멸을 느낀다 … .

그녀의 유서는 생생한 입시 체험을 통해 학력 욕망에 벗어나지 못하는 우리의 모습에 경종을 울렸다. 학력의 사회 폐해에 대해 신랄하다 못해 서늘함이 느껴진다. 그녀는 아름다운 생의 한가운데서 꿈을 이루지 못하고 학력주의란 사회 괴물에 의해 희생되었다. 우리 사회는 알고 있었지만, 누구도 불편한 진실과 마주하지 않았다. 그녀의 유서는 그동안 애써 외면했던 우리의 초라한 민낯을 감춘 학력 욕망이 만든 사회 가면을 벗긴 것이다. 「난 나의 죽음이 결코 남에게 슬픔만 주리라고는 생각지 않아. 그것만 주는 헛된 것이라면 난 가지 않을 거야」라는 그녀의 의지는 우리 사회에 먹먹한 울림을 남겼다. 그녀의 유서는 우리의 교육 문제에 대해 지금도 살아서 외치는 듯한 글쓰기로 정확하게 꼬집고 있다. 그녀의 죽음은 스스로 꽃다운 나이를 마친 것이 아니라, 우리 모두가 절벽에 있는 그녀를 밀친 사회적 타살이었다.

다. 대학입시체제의 특징

전두환 군부 정권은 7·30 교육개혁조치를 기반으로 야심 찬 교육혁신을 시도했지만, 그동안 누적된 과열 과외와 재수생 문제는 해결 기미가 없었으며 오히려 악화하고 있었다. 대학입시제도의 변화를 통한 교육 문제 해결은 기대와 달리 심화하고 있었다.

교육의 제반 문제로 전두환 정권은 고민이 깊어졌으며, 이를 해결할 수 있는 새로운 변화를 모색하였다. 1985년 3월 대통령 직속 기구로 설치된 교육개혁심의회는 10대 교육개혁방안을 발표했다. 교육개혁방안의 내용 중에 '대학별 독자적인 입학전형 실시'와 '대학교육의 수월성 추구' 등이 포함되어 있어 대학입시제도의 변화를 예감하게 했다.

1986학년부터 대학입시제도의 특징적인 변화는 '논술 고사'의 채택이었다. 우리의 입시 현실에서 유례가 없는 과감한 실험적 시도였다. 그동안 비판의 대상이었던 객관식 일변도의 대학 입시는 단편적이며 지엽적인 암기 능력을 측정할 뿐, 창의력과 문제해결력과 같은 고등사고능력을 측정할 수 없는 한계가 있었다. 아울러 기존의 학력고사 체제는 대학의 학생 선발 자율권을 침해한다는 각계의 지적에 따라, 논술 고사의 실시 여부와 출제 방법과 내용은 대학에 일임했다. 논술 고사는 학력고사의 객관식 문항의 한계를 보완하고, 대학의 자율성을 일정 부분 높일 수 있었다.

논술 고사는 특정 교과목에 구애받지 않고 탈교과와 범교과 내용에서 자유롭게 소재를 가져와 서답형 문항으로 출제된다. 논술 고사는 타당도와 신뢰도를 높이기 위해 누구나 아는 평범한 소재와 정답이 없는 문항을 출제해야 한다. 정답이 있으면 정답 중심의 논리 경계선에 사고를 구속하여 제한하지만, 정답이 없으면 사고를 구속하는 경계선이 없기 때문에 자유로운 고등사고능력을 통해 상상력과 창의력을 발휘하게 한다. 특정 전문 지식과 설령 가벼운 정답을 요구하여도 논술의 가면을 쓴 객관식과 주관식의 확대 변형에 지나지 않는다. 대다수 대학은 특정 분야의 지식과 정답을 요구하는 문항을 출제하여 논술 고사의 의미를 퇴색시켰다. 논술 고사의 특성상 주관성이 개입되는 채점에서도 평가의 객관성과 신뢰도에서 많은 문제를 보였다. 논술 고사는 훌륭한 교육적 의도와 달리 제대로 적용되지 못하고 2년 만에 폐지되었다.

논술 고사가 대학입학의 주요 전형 자료가 되면서, 자연히 대학입시제도에도 많은 변화가 수반됐다. 전형 형태를 보면 학력고사 성적은 50% 이상, 고교 내신성적은 20%, 논술 고사 성적은 10% 이내로 하여 신입생을 선발하도록 했다. 입시 과목에서는 1986학년도에 인문계는 17개 과목, 자연계는 16개 과목(제2외국어 포함)이었다. 1987학년도에서 필수 5개 과목, 선택 4개 과목으로 총 9개 과목으로 축소, 조정했다. 특별 전형에서 예체능 특기자와 학력고사 면제자는 대학의 총·학장이 미리 기준을 정하여 선발하게 했다. 복수지원은 불허했으며 지원 형태는 1개 대학으로 제한했다. 전기대학 합격자는 후기대학에 응시를 못 하게 했다. 이 시기의 대학입시체제 특징은 [표 5-4]와 같다.

표 5-4_____학력고사와 고교내신, 논술 고사 병행제의 입시 특징

구분	입시 특징
실시 시기	· 1986년~1987년
시대 상황	· 박종철 고문 치사 사건(1987년), 6·10 민주항쟁(1987년)
고등교육정책	· 국립대학 특수법인화 권장(1987년), 총장 직선제 실시(1987년)
입시 관리	· 국가와 대학
전형 자료	· 학력고사와 고교내신 성적 그리고 논술 고사
지원 형태	· 선시험→후지원 · 복수지원은 불허하며 1개교로 제한 · 전기대학 합격자는 후기대학에 응시할 수 없음
입학 사정	· 학력고사 50% 이상, 고교내신 성적 30% 이상, 논술 고사 10% 이내 반영 · 고교내신 성적은 1학년 20%, 2학년 30%, 3학년 50% 반영

입시 과목	· 학력고사 과목
	  - 1986학년도에 인문계는 17개 과목, 자연계는 16개 과목(제2외국어 포함)
	  - 1987학년도에서 필수 5개 과목, 선택 4개 과목으로 총 9개 과목으로 축소, 조정

입시 시기	· 전기와 후기 그리고 추가 모집
특별 전형	· 예체능 특기자의 학력고사 면제자는 총·학장이 정한 기준에 의해 선발

입시 문제	· 논술 고사의 부작용으로 2년 만에 폐지됨
	· 학력고사의 쉬운 출제 등으로 눈치 작전과 배짱 지원이 성행함
	· 합격에 대한 불안 심리로 원서 창구는 최악의 북새통을 이룸
	· 논술 고사에도 불구하고 학력고사 점수에 의한 대학 서열이 변하지 않음
	· 고교내신 성적 반영은 고등학생 간의 경쟁의식을 조장함

　　전두환 정권은 재수생과 과외 문제를 해소하지 못하고 오히려 교육 문제를 악화시키는 등의 부담감을 가지고 있었다. 대학입시체제는 고등사고 능력과 관계없는 객관식 일변도의 출제로 사회 비판이 거세지자, 이를 보완하기 위해 논술 고사를 병행했다. 고등사고능력을 높이고 대학의 선발 자율권을 보장하기 위해 논술 고사를 추가할 정도로 대학입시제도를 변화 시켰지만, 기대와 달리 전반적으로 많은 문제점이 나타났다.

　　첫째, 논술 고사의 막연한 출제 문항은 의도했던 기능을 살리지 못하고 오히려 대학 입시경쟁을 가중하여 시행 2년 만에 폐지됐다.

　　둘째, 쉬운 출제 문항으로 학력고사 성적이 높아짐에 따라 대학입학 지원 예측이 어려워지고 논술 고사의 추가 등으로 인해 눈치작전과 배짱 지원이 성행했다.

　　셋째, 적성을 무시한 합격 위주의 편중 지원으로 인해 정원 미달 사태가 일어났다.

　　넷째, 무조건 붙고 보자는 불안 심리가 작용하여 대학 입시 원서 창구는 막판에 최악의 북새통을 이루었다.

　　다섯째, 새로운 입시전형 자료인 논술 고사 이용에도 불구하고 학력고사 점수 중심의 대학과 학과의 서열화가 완화되지 않았다.

　　여섯째, 고교 내신성적의 반영은 고등학교에서 학생들의 극심한 경쟁의식을 조장했다.

학력고사와 고교내신 및 면접 병행제(1988년~1993년)와 입시
문화

가. 교육의 사회적 배경

제6공화국의 노태우 정부는 비록 대통령 직선제의 정당한 절차에 의해 탄생했지만, 5·6공은 쌍둥이 정권이라 불릴 정도로 국민들에게 여전히 신뢰를 받지 못했다. 제6공인 노태우 정부는 제5공인 전두환 정권과 광주 민주화운동의 비극을 초래한 신군부와 같은 뿌리를 두고 있었기 때문이다. 노태우 정권은 불안하게 출발했지만, 3저 현상의 효과로 이 시기에도 연평균 8.5% 정도의 높은 경제성장률을 보였다. 노태우 정권은 정치 불안을 경제 호황으로 어느 정도 상쇄하여 비교적 안정세를 유지하였다.

노태우 정권은 취임 초기부터 '5공 청산론'과 박정희 정권과 차별성을 내세우면서 역사의 짐에서 벗어나고자 했다. 노태우 정권은 직선제라는 합헌적 정통성이 있어서 정치 저항은 비교적 많이 누그러졌다. 노태우 정권은 국민의 신임을 얻기 위해 1988년에는 정치인의 풍자 자유화를, 1989년에는 해외여행 자유화를 허용했다. 1990년에는 범죄와의 전쟁을 선포했다. 1991년에는 풀뿌리 민주주의 지방자치제의 부활로 지방의회가 구성되자, 1961년에 폐지됐던 교육 자치제가 1992년에 다시 정착할 수 있었다. 무엇보다 1988년의 서울 올림픽을 성공적으로 개최하여 세계의 격찬을 받았으며 국민에게 큰 자부심을 주었다. 노태우 정권은 이런 자신감을 기반으로 북방 정책을 추진하여 소비에트 연방과 중화인민공화국 등의 공산 국가들과 외교 관계를 수립했다.

노태우 정권의 교육정책에서 두드러진 점은 총장 직선제의 도입이다. 1987년 12월 목포대에서 총장 직선제를 처음 실시하여, 1988년부터 전국의 국·사립대로 확대됐다. 1989년 3월에 동의대에서 부정 입학 진상 규명을 위한 항의 시위로 인해 경찰관 7명이 순직하는 참극이 일어났다. 1989년 5월에는 서울교대에 기성회비 동결로 시작된 분규가 학생의 분신자살

로 이어지자 휴교령이 내려지는 사태가 있었다. 1989년 5월에 전교조가 결성되자, 노태우 정권은 전교조를 불법 단체로 규정하고 교사 1,500명을 해직·파면시키면서 분신자살로 이어지는 극렬한 저항이 있었다.

1989년 8월에는 전대협에서 임수경 학생을 평양 축전에 참여하게 하여, 공안 정국과 재야 세력의 저항으로 이념 갈등이 사회적으로 표면화됐다. 1991년 4월에는 등록금 인상 반대 시위에서 백골단 체포조의 구타로 학생이 사망하자, 폭력 진압 규탄 시위에서 한 학생이 분신자살하는 사건이 발생했다. 그해 5월에도 여러 학생과 시민이 잇달아 분신하는 등 격렬한 저항으로 맞섰다. 전두환 정권은 민주화를 위한 극렬한 정치 저항이 있었지만, 노태우 정권은 많은 사회 저항으로 인해 앞으로의 시대 변화를 암시하고 있었다.

노태우 정권에서도 교육은 여전히 큰 짐이었다. 시대는 급속하게 변화하고 있지만, 교육은 변할 기미가 없었다. 7·30 교육개혁조치의 졸업정원제는 대학 정원을 증가하는 계기가 되면서 많은 문제점을 남겼다. 1988년부터는 졸업정원제가 종전의 입학정원제로 돌아갔다. 입학정원제를 실시했지만, 졸업정원제의 후유증으로 고등교육 정원은 꾸준히 증가했다.

표 5-5_____1988년~1993년 고등교육 정원의 실태 현황

구분	고등교육 기관수						학생 수	교원 수
	대학교	대학	교육대	각종학교	전문대	계		
1988년	104	11	26	119	260		1,312,053	37,834
1989년	104	11	26	117	258		1,353,088	39,950
1990년	107	11	23	117	258		1,409,898	41,920
1991년	115	11	20	118	264		1,449,657	45,231
1992년	121	11	19	126	277		1,511,428	46,864
1993년	127	11	21	128	287		1,583,248	49,621

출처: 문교부·중앙교육평가원(1985~1987). 교육통계연보.

졸업정원제가 대학 정원 확대의 기반으로 작용하여 고등교육 학생 수는 전체적으로 팽창하고 있었다. 실질적인 대학 입학경쟁을 주도하는 대학(교)의 학생 수는 1988학년은 1,003,648명, 1989학년은 1,020,771명, 1990

학년은 1,040,166명, 1991학년은 1,052,140명, 1992학년은 1,511,428명, 1993학년은 1,583,248명으로 작은 폭의 증가세를 보였다.

이 시기에도 재수생은 여전히 많은 사회 문제의 원인으로 주목받고 있었다. 재수생 수는 1970년을 100%로 보았을 때, 1988학년은 561.5%, 1989학년은 600.5%, 1990학년은 621.8%로 지속적인 증가율을 보였다(강창동, 1993: 152). 대학 정원을 늘려도 재수생 수는 줄어들지 않고 오히려 늘어나는 교육정책의 역설이 나타났다. 당시 재수생은 대학 입시에 강세를 보였다. 1988학년의 재수생의 합격률이 서울대가 43%, 연세대가 44.8%로 나타났다. 고려대와 서강대도 40% 선의 합격률을 보였다. 재수생의 높은 합격률은 재수를 부추기는 요인이 될 수 있었다. 증가하는 재수생은 사회적 고민을 가중했다.

> 재수생들이 급격하게 늘어나자 대입학원이 우후죽순처럼 생겨나고 있다. 명문 대입학원의 경쟁률이 10 대 1까지라고 하니 우스갯소리로 명문 대입학원에 입학하기 위한 재수생이 나타나지 않을까 하는 생각도 든다(동아일보, 1989. 1. 19.).

> 대입 재수생이 30만 명을 넘어서면서 입시 관련 사업이 날로 번창하고 있다. 학원 규모의 대형화와 함께 학원 주변의 기업형 하숙촌, 독서실 등이 등장해 호황을 구가하고 있다. 학원 밀집 지역을 중심으로 해마다 누증되는 재수생을 겨냥한 상업성 시류가 가세하고 있기 때문이다. … 1인당 연간 재수 비용은 … 정규 교육비의 5~10배가 넘는 투자 액수다(매일경제, 1990. 2. 6.).

재수생의 급격한 증가는 사회적으로 심각한 문제로 받아들여졌다. 대학 정원의 증가가 재수생 감소가 아니라 증가로 이어진 것은 우리 교육의 고질적인 문제에서 기인한 것이다. 재수생 문제와 더불어 그동안 금지됐던 과외 허용 문제는 사회적으로 큰 논란을 가져왔다. 신군부의 강압적인 과외 금지는 많은 부작용이 따랐다. 정권이 바뀌면서 단계적으로 과외를 허용하면서 사회적으로 찬반 입장이 나누어졌다. 언론에서는 과외 열병, 과외 열기, 과외병, 과외 망국론, 과외 망국병, 망국 과외, 과외 공화국, 과외 중독증, 과외 전성시대 등의 표현을 써가면서 과외 부작용에 대한 우려를 나타냈다. 학부모들은 가계 부담, 계층 간 위화감 조성 등을 이유를 들어 과외 허용을 강하게 반대했다.

문교부는 과외 금지 조치가 국민의 자유와 권리를 침해한다는 근원적인 이유로 인해 이 시기에 단계적으로 부분 허용에서 전면 허용을 시도했다. 재미있는 사실은 1988년에 김대중 평민당 총재도 과외 허용에 대해 반대 입장을 표명했다는 것이다. 민주당은 4당과 함께 합동 공청회를 열어 과외 허용을 신중히 재고할 것을 요청했다. 1993년 차기 대통령인 김영삼은 대통령인수위원회에게 과외 금지 조치의 고려를 지시할 정도였다. 과외 문제는 우리 사회의 여전히 뜨거운 감자였다.

이 시기에 부각된 뜨거운 교육 문제는 '8학군' 제도였다. 강남, 강남구, 서초구 중심의 8학군은 지금도 언급될 정도로 사회적으로 큰 이슈였다. 8학군은 1980년부터 1990년대 중반까지 최고 학군으로 학부모들이 경쟁적으로 진입하기 위해 많은 부작용을 낳았다. 8학군은 강남 특구의 귀족 학군으로서 부동산 투기와 위장 전입자의 온상이 됐다. 8학군은 국민 계층 간에 심각한 위화감을 조성했다.

> 지난 74년 고교평준화와 함께 시행된 현행 학군제는 8학군인 강남 지역에 신흥 명문고가 몰려 위장 전입자와 가거주자가 급증하고 이 지역 아파트 가격 상승을 부추기는 등 심각한 부작용이 나타났다. … 8학군 선호 현상은 시간이 흐를수록 심해져 계층 간의 위화감을 조성하고 위장 전입자의 급증으로 '굴러온 돌'이 '박힌 돌'을 빼내는 현상까지 빚어지고 있다(동아일보, 1989. 4. 13.).

> 말은 제주도로 보내고 자식은 강남 8학군을 보내라는 말이 생겨날 정도다. 온갖 교육 혜택을 누리는 강남 세대는 이 혜택이 결국 자신에게 일류대 합격이라는 부담을 강요하고 있다. … 교육 특구로 불리는 8학군 병이 이제

는 강남뿐만 아니라 전국적인 현상으로 확산하고 있다(한겨레, 1992. 1. 17.).

학력 출세주의로 점철된 우리의 교육 열병은 멈출 줄 모르고, 작은 틈도 허락하지 않았다. 대학 정원의 확대도 오히려 재수생을 증가시켰다. 학부모는 표면적으로는 과외 금지를 찬성했지만, 과외가 허용되면 먼저 자녀를 과외시키는 이기적인 모습을 보였다. 8학군에서 보듯이 자식 잘되기를 위해 학부모들은 위장 전입을 마다하지 않고 아파트 가격을 폭등시켜 사회 문제의 원인이 됐다. 학력 출세주의를 위해 수단과 방법을 가리지 않는 우리 사회의 학력 욕망은 깊은 병이었다.

학부모의 과도한 학력 욕망은 대학 입시 부정을 자행하게 하여 우리 사회를 충격에 빠트렸다. 1991년 거의 모든 사립대학은 부정 입학으로 사회의 지탄을 받았다. 입시 부정과 관련하여 서울대를 비롯한 국립대도 예외는 아니었다. 문교부의 감사 결과 1984년 이후부터 1991년까지 전국 14개 대학에서 모두 1천 3백여 명이 부정 입학한 것으로 드러났다(교육신문사편찬위원, 1999: 560). 이 중 1천 명이 부정 입학을 했으며, 미등록 충원 시에는 하위 성적자를 기부금을 받고 입학시키거나 교직원 자녀에게 가산점을 주는 방법으로, 정원외 입학에는 입학원서에 기재된 지망학과 변조 등의 수법으로 자행된 기관 비리가 있었다. … 동국대의 경우 의대가 1억 원, 경상대가 5천만 원 식으로 공정 가격을 매겨 입학증을 팔았다(경향신문, 1989. 9. 5.).

후기 대학의 입시생 학부모로부터 1억 대의 사례비를 받고 명문 대학생을 동원해 '대리시험'을 치르게 한 현직 고교의 교감과 교사 등 부정 시험을 조직한 일당 12명이 경찰에 적발됐다(경향신문, 1993. 1. 31.). 대학 입시 부정은 학부모, 입시 브로커, 대학 관계자, 현직 교사, 대학생 등과 연결되어 있었다. 1989년에는 고려대, 숙명여대, 명지대, 경상대 등에서도 부정 입학이 있었다.

1991년에는 서울대 음대와 이화여대 무용과, 건국대, 단국대, 성균관대, 부산여대 등에서 대학 입시 부정이 발견되어 대학교수가 구속되기도 했다. 서울대 음대 교수들은 초·중·고생을 상대로 한 외부 레슨을 하지 않는다는 결의까지 했다. 1993년에 중앙대와 동국대의 부정 입학의 요구 금액이 1인당 1억 원~3억 원 수준이라는 진술을 경찰이 발표했다. 당시 대학 입시 부정은 많은 이해관계 당사자들이 대담하고 조직적으로 관여하고 있었다. 특히 진학할 해당 대학교수의 과외로 포장된 예체능의 대학 입시 부정은 매우 심각한 수준이었다.

> 예체능의 경우는 진학할 대학교수와 줄을 대고 이른바 「레슨비」란 명목으로 상상을 넘는 사실상의 「뇌물」을 건네고 있는 것이 공공연한 비밀처럼 되었다(경향신문, 1990. 1. 19.).

학부모는 그들의 자녀를 반드시 대학에 입학시키겠다는 과도한 학력 욕망으로 인해 눈이 멀고 머리마저 마비된 것이다. 학부모의 빗나간 교육열은 수단과 방법을 가리지 않는 결과주의 인식을 정당화했다. 대학 입시 부정은 우리 교육열의 수치스러운 어두운 자화상을 보여준 것이다.

입시 부정을 통해서 대학 졸업을 해도 미래가 보장된 것은 아니었다. 대학 정원의 확대는 재수생만 증가시킨 것이 아니라 심각한 학력 인플레이션을 초래하여 취업 재수생도 급증시켰다. 당시 대졸자의 경우 50% 미만의 저조한 취업률을 보였다. 이 시기는 대졸 취업난이 심각하여 취업 전쟁으로 표현되기도 하였다. 이런 심각한 상황에도 학력 욕망은 조금도 수그러들지 않았다. 대학 학력이 우리 사회에서 상징적 계급장이라는 폭넓은 역할을 하기 때문이다.

나. 대학입시문화의 전개

이 시기의 교육열도 여전히 몸살을 앓고 있었다. 대학 입시 열병은 8학군과 대학 입시 부정 그리로 변종 과외같이 새로운 모습으로 나타났다. 한국의 교육 열병이 다양하게 나타난 것은 학력 욕망에 대한 학부모의 갈증이 심해지고 있었기 때문이다. 우리 사회에서 대학 입시는 모든 가족이 참여한다. 고3병은 학생에게만 국한된 것이 아니라 가족 모두에게 부여되는 사회 형벌과 같았다. 대학 입시경쟁은 당사자뿐만 아니라 관련 모든 사람을 괴롭히는 사회병이었다.

누군가는 고3 학부모가 된다는 것은 모든 취미 생활도 중단하고 모든 사회 활동도 중단해야 하는 등의 힘든 작업을 1년간 하는 것이라고 하기도 하고 혹은 가족 전원이 함께 앓는 어떤 종류의 가족병에 걸리는 것이라고도 한다(경향신문, 1992. 10. 23.).

딸이 고3이었던 작년 1년 동안 한 번도 등을 방바닥에 대고 잔 적이 없다. 새벽에 일찍 일어나야 하는 딸을 늦지 않게 깨워주고 밤새워 공부할 때 간식을 제공해야 하는 까닭도 있지만, 딸이 고생하는데 나만 편히 잠을 잘 수가 없다. 지금은 노이로제 증세에 시달리고 있다(동아일보, 1990. 5. 11.).

대입학력고사 성적이 나빠 붙을 자신이 없다는 재수생 아들의 말을 들은 한 어머니는 아들과 함께 농약을 먹고 목숨을 끊는 사건이 있었다. … 막내아들의 낙방을 비관한 50대 농부가 믿을 수 없다며 목매 숨지는 등 심각한 입시 후유증이 낙방생 부모까지 불어닥치고 있다(한겨레, 1990. 1. 7.).

위의 사례가 특별한 경우라도 고3 자녀를 둔 학부모들이 정성스럽다 못해 극성인 것은 부인하기 어렵다. 한국의 대학 입시경쟁은 전쟁을 방불케 하기 때문이다. 학력 욕망이 만든 학부모의 과잉 교육열은 교육의 근본 목적을 망각하고 오로지 교육경쟁에서 비교 우위를 점유하기 위해 혈안이 됐다. 대학 입시경쟁에서 이기기 위해 학부모들은 효과적인 맞춤 전략을 계획했다. 대학 입시경쟁에 초점을 둔 학부모들의 일차 경쟁 전략은 유치원부터 대학 입시 전략을 세우는 것이다. 학부모들의 과잉 교육열은 어이없게도 어린 유아부터 시작됐다.

세칭 일류 유치원에 들어가려면 대입경쟁만큼이나 치열한 경쟁과 부모들의 극성이 뒤따른다. 선착순으로 3백 명의 원아를 모집한 서울 강남 D 유치원의 경우 원서 접수 전날 밤 9시경부터 밤새워 줄을 서서 기다리는 학부모들로 유치원은 북새통을 이루었다. 자녀를 일류 유치원에 입원시키기 위해 부모들이 추운 겨울밤을 꼬박 새운 것이다(동아일보, 1988. 1. 18.).

국민학교 5학년인 김 양은 매일 아침 7시경에 일어나자 영어 과외교사와의 전화 통화로 하루를 시작한다. 학교는 오후 2시 반까지 수업을 마치고 피아노와 미술 과외를 받는다. 집에서도 쉴 틈이 없다. 학교 숙제와 과외 숙제를 해야 한다. … 과목 간의 고른 학습을 위해 문제은행집을 풀어야 한다. 잠자리에는 밤 11시가 훨씬 넘어서야 들 수 있다(동아일보, 1992. 5. 11.).

위의 사례를 일반화하기 어렵지만, 당시는 대학 입시를 위한 조기교육을 사회적으로 심각하게 바라보고 있었다. 1992년 '재능교육'이 실시한 서울·경기 지역의 설문 조사에서 국교생의 80%가 과외를 받고 있으며 40%가 성적 고민을 하고 있었다. 대입경쟁이 유치원과 국민학교부터 시작된 것이다. 학부모의 7%는 자녀의 과외비를 충당하기 위해 파출부 등으로 일하고 있었으며, 학부모의 84.9%는 과외비에 대해 경제적 압박을 받고 있었다(경향신문, 1993. 2. 7.). 우리 사회의 학부모들은 자녀의 대학 입시를 위해서라면 어떤 궂은 일도 마다하지 않을 정도로 불굴의 의지를 갖고 있었다.

이 점을 보면 학부모의 학력에 대한 욕구는 강할 수밖에 없다. 배중근·이미나(1988)의 조사에서 학부모들은 아들의 경우 대학 이상을 96.3%(대학이 38.74%, 대학원이 57.6%), 딸인 경우 90.4%(대학이 52.4%. 대학원이 38.5%)를 원하는 것으로 나타났다. 학력이 개인의 사회경제적 지위 향상에 긍정적 영향을 미친다고 73.9%가 인식하고 있으며, 부정적인 인식은 13.3%에 불과했다.

우리 사회에서 학부모의 자녀에 대한 학력 욕망은 매우 강하다. 학부모에게 절실한 것은 교육이 아니라 대학 입시에서 승리하는 것이다. 이동원(1992: 11)의 조사에서 '경쟁에서 이겨야 하며 최고가 되어야 한다'에는 아버지와 어머니 모두 79.0%, '우선 내 자녀가 잘되어야 한다'에는 아버지

79.0%, 어머니 82.6%가 동의하고 있다. 이런 학부모들의 교육관이 투영된 수험생들의 40.3%가 '개인이 이익이 공동 이익에 우선한다'에 동의하고 있다. 각박한 입시 경쟁에서 파생한 '나만 잘되면 된다'는 지극히 이기적이며 결과주의적인 인식을 보여주고 있다.

결과주의 교육행위에 따르면 교육은 존재하지 않고 오직 경쟁에서 이기는 것만이 미덕이다. 학부모가 과외를 시키는 입장도 명확해진다. 결국 자녀를 일류 대학에 진학시키기 위해서다. 김희복(1992: 201-210)의 사례 연구는 입시와 과외의 관계, 그리고 결과주의와 수월주의에 대한 학부모의 냉정한 인식을 보여주고 있다.

이왕이면 좋은 선생님께 해야 한다. 좋은 학교 나온 과외 선생한테 시키는 게 본전을 뽑을 수 있다. 값이 비싸도 서울 대학을 나온 사람한테 배워야 한다. 공부하는 요령을 제대로 가르쳐 주니까. 돈이 문제가 아니죠. … 돈 아껴서 무엇합니까. … 빚을 내서라도 남 하는 과외나 합숙 학원에 보내야 죠. 그래서 자기가 원하는 일류 대학에 가면 그게 돈 버는 것이 아닙니까. 아닌 말로 남은 몇억씩 들어 대학에 뒷구멍으로 넣으려고 하는데 그것보다야 훨씬 낫죠.

학부모의 간절한 학력 욕망을 반영해야 하는 학교는 입시 교육으로 만연해져 있었다. 실제 일반계 고등학교 교사의 98.2%가 진학 중심 교육에 중점을 두고 있으며, 학생의 93.5%는 교사와 비슷한 인식을 하였다(강무섭, 1990: 135-136). 학교는 오로지 '입시의, 입시에 의한, 입시를 위한' 교육이 중심을 이루고 있었다. 다음 사례는 당시의 입시 경쟁 상황을 생생하게 보여주고 있다. 하나는 고등학교 치열한 입시 경쟁을 겪고 있는 살벌한 교실 상황을 표현한 것이다. 다른 하나는 입시 경쟁으로 황폐해진 학교 상황에 대해 고3 교사의 절망적인 모습이 보인다. 마지막은 당시 언론에서 크게 회자한 어느 고교생이 대학 입시경쟁을 냉소적으로 비판한 '고교교육헌장'이다. 이 세 가지 사례는 입시 지옥이 된 우리의 교육 현실을 상징적으로 대변하고 있다.

교실 뒤 게시판에 "정복하지 않는 사람은 정복당한다.", "네가 지금 그냥 앉아 있을 때 다른 사람 책장은 넘어간다." 등의 표어가 붙어 있지요. 학생들에게 공부를 독려하는 가장 기본적인 패턴이 네가 공부 안 하면 밟힌다, 죽는다, 이거든요(이종각, 1989: 248).

우리 교사, 나 자신은 마치 거대한 악마의 운명 속에 갇힌 톱니바퀴에 지나지 않습니다. 이 톱니바퀴 하나가 거대한 악마에게 금방 희생되고 맙니다. 교장은 학부모의 압력을 받고 교사는 교장의 교육 방침에 매달려야 하고 … 어느 누구 하나가 딱 끊어 줘야 하는데 누가 그걸 합니까. 아무도 못하는 거죠(정범모, 외, 1993: 257).

[고교교육현장]

우리는 명문대 입학의 역사적 사명을 띠고 이 학교에 들어왔다. 선배의 빛난 입시 성적을 오늘에 되살려 안으로는 이기주의적 자세를 확립하고 밖으로는 친구 타도에 이바지할 때다. 이에 우리의 나아갈 바를 밝혀 입시의 지표로 삼는다.

영악한 마음과 빈약한 몸으로 입시의 기술을 배우고 익히며, 타고난 저마다의 소질을 무시하고 우리의 성적만을 행복의 기준으로 삼아 찍기의 힘과 눈치의 정신을 기른다.

시기심과 배타성을 앞세우며 능률적 찍기 기술을 숭상하고, 경애와 신의에 뿌리 박은 상부상조의 전통을 완전히 타파하여 메마르고 살벌한 경쟁 정신을 북돋운다. 나의 눈치와 이기주의를 바탕으로 성적이 향상되며, 남의 성공이 나의 파멸의 근본임을 깨달아 견제와 시샘에 따르는 책임과 의무를 다하며 스스로 남의 실패를 도와주고, 봉사하는 척하는 학생 정신을 드높인다.

이기 정신에 투철한 이기 전략이 우리의 삶의 길이며 명문대 입학의 이상을 실현하는 기반이다. 길이 후배에게 물려줄 영광된 명문대에 앞날을 내다보며 신념과 긍지를 지닌 눈치 빠른 학생으로서 남의 실패를 모아 줄기찬 배타주의로 명문대에 입학하자.

앞서 교실 상황은 우리의 입시 상황을 구체적으로 보여주고 있다. 고3은 입시 지옥에서 입시 전쟁을 치르고 있었다. 교사와 학생 그리고 학부모에게 대학 입시는 전부라고 해도 지나치지 않다. '고교교육헌장'에서 보여준 입시 교육의 실태에 대한 날카로운 지적은 이의를 제기하기 어려울 정도로 우리 교육의 차가운 현실을 그대로 보여주고 있다.

대학 입시에 절실하게 매달리는 학부모와 학생은 과외에 의존할 수밖에 없었다. 과외는 대학 입시의 지름길을 안내하는 엘도라도이기 때문이다. 학부모는 경제적으로 부담스러운 과외비라도 서슴지 않고 지불한다. 실제 유명 학원의 베테랑 강사는 월 1백 20만 원~2백만 원을 보장받는 … 파트 타임 과외비는 명성에 따라 1백 50만 원~2백 50만 원의 정액 표가 붙어 있다. 종로학원 A급이면 5백만 원~8백만 원은 보장받고 1 대 1을 추가할 때 1천만 원 정도는 쉽게 번다. A급보다 고수인 슈퍼스타들은 월 최고 2천만 원을 올리기가 어렵지 않다. … 유명 강사를 스카우트하는 데 보통 1억 원~2억 원이 든다고 한다(경향신문, 1992. 2. 8.). 이런 상황에서 학원 간에는 유명 강사를 모시기 위해 혈안이 될 수밖에 없었다. 어처구니없는 일은 유명 강사의 강의를 듣기 위해 '학원 수강증'도 웃돈을 주고 산다는 것이다.

> 개인 과외는 월 2백만 원, 족집게는 월 천만 원을 … 각 학원의 방학 중 강좌는 이미 거의 매진돼 1인당 월 2만 원 안팎의 유명 강사 강좌의 '수강증'은 2~3배 웃돈이 붙어 전매되고 있다. 일부 학원의 학생들이 많이 몰리는 강좌는 겨울 방학 기간의 학원 수강료를 5~6개월 전에 미리 받고 '수강 예약증'을 내주는 등의 횡포를 부린다. … 1 대 1의 개인 과외와 학원 과외를 절충하는 형태의 과외 교습을 하는 학원의 과목당 한 달 과외비는 월 60만 원~70만 원 선이다(동아일보, 1990. 7. 12.).

늘어나는 재수생과 입시 열풍은 과외 열풍으로 번졌다. 자연히 고수익을 보장하는 과외는 기형적으로 변모했다. 시대에 맞추면서 과외도 진화하면서 새로운 변종 과외가 등장했다. 과외 형태를 보면 새끼 과외(일류 학원의 입학 시험을 통과하기 위한 또 다른 학원 과외), 화살 과외(마지막 2~3개월 남기고 집중적으로 지도하는 고액 과외), 올빼미 과외(심야 방문 과외), 세트 과외(5개 과목의 선생이 한 세트를 이룬 과외), 팩시밀리 과외, 컴퓨터 과외, 전화 과외, 별장 과외, 위장 과외(친척이나 파출부로 위장), 하숙 과외(대학생 등), 족집게 과외, 찍기 과외, 기업형 과외(전직 교사 등의 수십 명을 고용한 출장 비밀과외) 등이 있었다. 번성하는 과외로 인해 과외 알선 회사가 생겼으며 과외를 소개하는 전문 브로커들도 있었다. 우리 사회는 불행하게도 '과외 공화국'이 되고 있었다.

이 시기에 전혀 예상치 못한 과외가 있었다. 우리 학생들은 입시 경쟁에 매몰되어 수월주의적 암기식 교육에 익숙해져 있다. 과외 목적도 성적 올리기에 집중되어 있었다. 우리 학생들은 어린 시절부터 과외에 익숙하여 수동적인 점수 벌레가 될 수밖에 없었다. 스스로 문제 해결을 하는 능동적인 학습을 경험할 수 없었다. 대학에서는 자기 주도의 능동적인 학습을 강조한다. 학생들은 처음으로 모든 것을 스스로 결정하는 대학의 자율학습 방법이 익숙하지 않을 수밖에 없다. 그래서 대학의 학점 취득과 대학원 진학 그리고 취직을 위해서 대학에서도 과외를 받는 학생이 늘어났다. 이 시기에 소위 대학생을 위한 '대학생 과외'가 등장한 것이다.

> 한 달에 20만 원~50만 원씩의 과외 교습비를 대학에서까지 특별 학습 지도를 받아야 하는 이런 기현상은 대학생들이 입시 위주 교육과 과외 지도의 타성으로 인해 대학 진학 후, 대학 강의를 따라갈 자율 학습 능력이 부족한 데다 진학과 취업의 문이 점차 좁아지면서 나타났다(동아일보, 1992. 4. 2.).

대학생 과외는 명문대의 고학년이나 석박사 과정의 대학원생들이 중심이다. 그들은 리포트 작성, 원서 강독, 학점 취득 방법, 대학원 진학 취업 준비 등에 대한 비밀과외를 한다. 어린 시절부터 과외를 받은 학생은 스스로 처리할 능력이 마비되고 과외 중독이 되어 대학생이 되어서도 과외를 받는 것은 우리 교육의 감추고 싶은 현실을 보여주고 있다. 대학생 과외는 입시 교육의 부작용이 만든 기형적인 후유증이다.

다. 대학입시체제의 특징

전두환 정권은 재수생과 과외 문제를 해결하기 위해 의욕적으로 대학입시체제의 변화를 시도했지만, 여전히 사회 불만은 컸다. 대학별 본고사 폐지, 학력고사와 고교 내신성적 그리고 논술 고사의 도입, 선시험→후지원 등의 새로운 방식을 적용했지만, 교육의 정상화는 고사하고 비슷한 교육 문제를 되풀이했다. 노태우 정권은 그동안 나타난 입시 문제를 완화하기 위해 지난 입시 체제의 골격에서 부분적인 변경을 시도했다.

당시 교육개혁심의위원회는 대학별로 독자적인 입학전형방법을 개발할 것을 권고하고, 새로운 대학입시제도를 모색했다. 이 시기 대학입시제도의 주요 특징은 ① 논술 고사의 폐지로 인한 면접 고사의 등장, ② 선시험→후지원 방식이 선지원→후시험제로 전환, ③ 학력고사 문항의 30% 내외는 주관식으로 출제, ④ 학력고사의 실시, 채점, 결과, 처리 등은 각 대학의 책임 아래 관리하고, 자율적으로 10% 내외에서 과목별 가중치를 줄 수 있음, ⑤ 학력고사 출제는 중앙교육평가원(한국교육과정평가원 전신)에서 담당했다는 것이다.

대학입학 전형 형태는 학력고사 성적(과목별 가중치 부여)과 고교 내신성적(30% 이상 반영 의무화) 그리고 면접고사(10% 이내 반영)를 기반으로 했다. 고교 내신성적은 3년간의 교과목 성적(90%)과 출석 점수(10%)를 반영했다. 내신성적은 15등급에서 10등급으로 하향 조정됐다.[1] 지원 형태에서 선지원→후시

---

1 고교 내신성적은 1학년 20%, 2학년 30%, 3학년 50%의 가중치를 두고, 합산한 결과를 계열별로 내신 등급을 산출했다. 교과 성적은 90%, 출석 성적은 10%로 배정다. 고교 내신성적은 입시 총점의 30% 이상을 반영하도록 규정했으나, 실질적인 반영 비율은 매우 낮았다. 입시 초점의 30%를 반영하는 내신 성적의 교과 성적은 10등급으로 구분하며 1등급 간의 점수 차이는 2점이었다. 교과 성적의 최고 점수인 1등급은 131.1점이고, 최하 점수인 10등급은 112.1점으로 그 점수 차이는 18점에 불과했다. 출석은 5등급하고 등급 간의 차이는 1.5점이며 최고 1등급은 14.6점이며 최하 등급은 8.6점이었다. 고교 내신성적 최고 등급인 145.7점과 최하 등급인 121.7점은 점수 차이는 24점에 불과했다. 학력고사 점수가 340점과 내신성적 145.7점을 합산하여 총점에 비추어 볼 때, 실질 반영률은 약 4.9%(24/458.7)에 지

험의 전환은 그동안 눈치작전과 배짱 지원으로 일관했던 입시 지원 문화를 '소신 지원'으로 뚜렷하게 변화시켰다.

그동안 대학 입시 과목 수가 많아서 수험생이 큰 부담을 느낀다는 사회 여론에 따라, 입시 과목을 총 9개 과목으로 축소·조정했다. 필수 과목은 5개 과목(국어(한문 포함), 영어, 수학, 국가, 국민윤리)으로, 선택 과목은 4개 과목으로 구성했다. 선택의 4개 과목은 계열에 따라 서로 다르게 수험생이 선택하도록 했다. 선택 과목에서 인문계는 사회Ⅰ·Ⅱ, 지리Ⅰ·Ⅱ, 세계사에서 택 2과목을, 물리Ⅰ, 화학Ⅰ, 생물Ⅰ, 지구과학Ⅰ에서 택 1과목을 선택해야 했다. 자연계는 사회Ⅰ, 지리Ⅰ, 세계사Ⅰ에서 택 1과목을, 물리Ⅰ·Ⅱ, 화학Ⅰ·Ⅱ, 생물Ⅰ·Ⅱ, 지구과학Ⅰ·Ⅱ에서 택 2과목(물리와 화학에서 택 1과목)을 선택해야 했다. 인문계와 자연계 모두는 제2외국어(불어, 독어, 중어, 일어, 서반어)와 실업(공업, 농업, 상업, 가사, 수산업) 중에서 택 1과목을 선택해야 했다. 제2외국어와 실업 과목의 교과목 지정권은 대학에 있었다.

특별 전형에서 체육고 졸업생은 입학 정원의 10% 이내에서, 산업체 근로자들은 20% 이내에서 선발하였다. 그 밖에 졸업정원 폐지와 단계별 과외 허용 등의 많은 정책이 시행됐다. 이 시기의 대학입시체제 특징은 [표 5-6]과 같다.

표 5-6_____학력고사와 고교내신 및 면접 병행제의 입시 특징

구분	입시 특징
실시 시기	· 1988년~1993년
시대 상황	· 서울 올림픽(1988년), 지방자치제의 부활(1991년)
고등교육정책	· 대학 학사제적 부활(1991년)
입시 관리	· 국가와 대학
전형 자료	· 학력고사와 고교 내신성적 그리고 면접
지원 형태	· 선지원→후시험
입학 사정	· 학력고사 성적, 고교 내신성적(30% 이상 의무화), 면접 고사(10% 이내) 반영 · 대학이 10% 이내에서 자율적으로 과목별 가중치 줌

나지 않았다(이종승, 2005: 56).

	· 고교 내신성적은 3년 간의 교과 성적(90%)과 출석 성적(10%)임 · 고교 내신성적은 10등급으로 낮춤 · 학력고사 문항의 30% 내외는 주관식으로 출제
입시 과목	· 학력고사 　- 필수 5과목과 선택 4과목인 총 9과목으로 축소함 　- 선택 과목에서 인문계는 인문계열 5개 과목에서 택 2과목을, 자연계열 4과목에서 택 1과목을 선택 　- 선택 과목에서 자연계는 인문계열 3개 과목에서 택 1과목을, 자연계열 8과목에서 택 2과목(물리와 화학에서 택1)을 선택 　- 인문계와 자연계 모두는 제2외국어 5개 과목과 실업 5개 과목에서 택 1개 과목 선택
입시 시기	· 전기와 후기 그리고 추가 모집
특별 전형	· 특차 전형 · 체육고 졸업생은 입학 정원의 10% 이내에서 선발 · 산업체 근로자들은 입학 정원의 20% 이내에서 선발 · 야간대학에도 특별 전형을 할 수 있음
입시 문제	· 학력고사의 주관식 문항 출제로 학생들의 입시 부담감이 커짐 · 선지원→후시험으로 일류대학 지원자 중에서 학력 우수자가 탈락함 · 선지원→후시험으로 대학과 학과 정보가 부족하여 학생의 대학 지원에 어려움이 커짐 · 면접 고사의 비중이 너무 적어서 사실상 유명무실함 · 입시 위주 교육이 여전히 성행하여 공교육의 정상화에 기여하지 못함

　노태우 정권에서도 각종 교육 문제를 해결하기 위해 대학입시체제에 변화를 주었다. 논술 고사의 폐지와 면접 고사의 등장, 선지원→후시험제로 전환, 학력고사의 30%가량의 주관식 문항 출제, 대학의 책임 아래 10% 내외의 과목별 가중치를 두었으며, 학력고사 과목도 총 9개 과목으로 축소 등의 개편이 있었다. 이러한 노력에도 불구하고 대학 입시로 생기는 근본적인 부작용은 피할 수가 없었다. 구체적으로 그 문제점을 살펴보면 다음과 같다.

　첫째, 학력고사의 주관식 문항의 출제로 인해 학생들의 입시 부담이 커졌다.

　둘째, 선지원→후시험으로 인해 일류대학 지원자 중에서 학력 우수자가 탈락하는 현상이 일어났다.

셋째, 선지원→후시험으로 인해 소신 지원이 뚜렷했으나, 지원 대학과 학과에 대한 정보가 부족하여 학생들의 혼란을 초래했다.

넷째, 면접 고사의 비중이 너무 작아서 사실상 유명무실했다.

다섯째, 암기식의 입시 위주 교육은 여전히 성행하여 공교육의 정상화에 기여하지 못했다.

제6장

대학수학능력시험기(1994년~현재)와 입시문화

CHAPTER 6

대학수학능력시험기(1994년~현재)와 입시문화

11 대수능시험과 대학별 본고사[1] 병행제[1994년~1996년]와 입시문화

가. 교육의 사회적 배경

노태우 정권(1988년~1993년)은 집권 초부터 적극적으로 제5공 정권과 차별성을 부각하기 위해 많은 노력을 했지만, 신군부라는 역사의 뿌리에서 자유로울 수가 없었다. 노태우 정권은 5·6공 쌍둥이 정권이라 불렸으며, 역사의 지평에서 보면 군부 정권에 지나지 않았다.

1993년 2월, 한국의 어두운 현대사를 밝히는 민간인 최초의 김영삼 정부(1993년~1998년)가 온 국민의 기대를 받으면서 탄생했다. 김영삼 정부는 군부 정권과 차별하기 위해 문민정부라고 불렸으며, 풀뿌리 민주주의의 시작

---

1 대학별 고사는 필답고사인 본고사를 포함하여 논술 고사, 실기·실험 고사, (심층)면접, 구술, 신체검사, 교직 인·적성 검사 등이 있으며, 별도의 입학지원서나 추천서, 자기소개서, 수학 계획서 등의 자료를 활용하고 있다. 대학별 고사는 각 대학이 적격자를 선발하기 위해 실시하는 모든 검사를 포괄하고 있으며, 입학 전형의 다양화와 특성화를 도모하기 위한 것이다. 이 시기는 대학별 고사를 지향하고 있었지만, 사실상 국, 영, 수 위주의 본고사가 대학 입시의 중심을 이루고 있었다. 이 시기를 다른 시기의 '대학별 고사'와 구분하고, 대학 입시경쟁의 중심을 부각하기 위해 「대학별 본고사」라고 지칭했다.

을 알렸다. 이 시기의 경제성장률은 비교적 호조를 띠고 있었다. 1993년은 6.8%, 1994년은 9.2%, 1995년은 9.6%, 1996년은 7.6%로 성장했다.

김영삼 대통령은 집권 초기부터 새 시대에 새로운 정신을 담기 위해 당시 상황에서 깜짝 놀랄 정도의 파격적인 개혁을 주도했다. 먼저 그는 자신의 재산을 공개하면서 '공직자 재산 공개'를 추진했으며, 군인 사조직인 '하나회'라는 군부 정치의 뿌리를 제거했다. 1993년 8월에는 거의 불가능하다고 여겼던 '금융실명제'를 전격적으로 단행하여 세상을 놀라게 했다. 1995년 헌법재판소는 검찰의 불기소 처분을 뒤엎고 '성공한 쿠데타는 처벌할 수 있다'는 결정을 내리자, 전두환과 노태우 두 전직 대통령을 전격 구속 수감했다.

김영삼 대통령은 1995년 12월에 5·18 민주화 운동의 명예 회복을 위해 '5·18 특별법'을 제정했다. 1996년에는 '역사 바로 세우기'를 위해 한국 풍수의 혈맥을 막고 있는 일제의 쇠말뚝 뽑기 운동과 조선총독부 철거 작업을 했다. 아울러 일제의 잔재를 청산한다는 이유로 오랫동안 유지한 국민학교[2]의 명칭을 초등학교로 개칭했다. 적어도 집권 초기의 김영삼 정부는 역사의 한을 도려내듯 전격적으로 단행하는 강력한 개혁에 대해 국민들은 새 시대가 도래한 듯 열렬한 지지를 보냈다.

호사다마(好事多魔)라 할까. 김영삼 정부는 엄청난 개혁을 완수했지만, 이 시절에 유독 사건 사고가 잦았다. 1993년에 전남 목포 아시아나 추락 참사와 지존파 일당의 연쇄 살인 사건 그리고 우암상가 아파트 붕괴 등이 있었다. 1994년에는 김일성이 사망했으며, 성수대교 붕괴 참사와 아현동 도시가스 폭발 사고가 잇따랐다. 1995년에는 대구 지하철 가스 폭발과 서초구 삼풍 백화점 붕괴 참사가 일어났다. 김영삼 정부에서는 다른 정권에

---

2 1905년 근대 학제에 의해 초등학교 기관인 소학교가 탄생했다. 1906년에 보통학교령에 의해 보통학교로 개편됐다가, 1938년에 다시 소학교로 명칭이 바뀌었다. 1941년 3월 1일 일제는 국민학교령을 발표하면서 소학교를 국민학교로 개칭하였다. 당시 일본은 전시 체제하에서 내선일체(內鮮一體)를 통한 황국신민(皇國臣民)으로 교화하기 위한 제국주의 시책에 따라 국민학교가 된 것이다. 해방 이후 국민학교 명칭을 50년 이상 사용하다가 1996년 김영삼 정부는 역사 바로 세우기의 일환으로 일제강점기의 식민지 흔적을 지우기 위해 초등학교로 명칭을 바꾸었다.

서 한 번도 일어나기 힘든 대형 사고가 연이어 터졌다.

사회적으로는 1996년 8월에 5,851명을 연행하여 465명을 구속기소 한 '한총련 사태'가 있었다. 한총련의 통일대축전 참가에 대한 정부의 원천 봉쇄를 항의한 시위였다. 한총련 사태로 인해 건국 이래 최대 인원이 구속기소 됐으며, 동원 경찰과 소요 장비도 최대 규모를 기록했다. 한총련 사태는 과거의 독재 정권에 대한 정치 저항과 달리 이념 분쟁의 성격이 있었다.

김영삼 정부는 교육적으로도 인상적인 개혁안을 발표했다. 1994년 2월 대통령자문기관으로 출범한 교육개혁위원회가 연구, 협의, 공청회 등을 거쳐 1995년에 「신교육체제 수립을 위한 교육개혁 방안」인 소위 「5·31 교육개혁안」을 발표했다. 이 정책은 교육 공급자 위주의 교육에서 벗어나 교육 소비자를 위한 선택중심교육으로, 규제 위주 교육에서 자율과 책무성에 바탕을 둔 교육으로의 전환을 강조했다. 이를 위해 정부는 1998년까지 GNP 5%를 확보하여 교육에 집중적으로 투자하겠다고 했다.

5·31 교육개혁안은 제7차 교육과정, 선택중심 교육과정, 수준별 교육과정, 수행평가를 통해 학생의 선택권을 강화했다. 이 정책은 신자유주의의 시장경쟁원리를 기반으로 교육 소비자 주권을 보호하기 위해 다양한 교육상품인 자립형 사립고, 특수목적고, 자율형 공영학교 등을 마련하여 학생의 선택권을 강조했다. 5·31 교육개혁안은 지금까지 한국 교육의 이념적·실제적 골격을 이루고 있으며 엄청난 파급 효과를 주었다.

1995년에 교육부는 초등학교에서 1주일에 2시간의 영어 교육 실시를 발표했으며, 1996년 8월에 교육정보화시스템(EduNet)을 개통했다. 교육재정의 GNP 5% 확보를 위해 1996년에 담배 소비세에 30%의, 휘발유와 경유의 교통세에도 20%의 교육세를 대폭 부과했다. 또한 대학교육의 질적 수준을 높이기 위해 1994년부터 '대학종합평가인정제'를 실시하여 이때부터 재정 지원을 차등화했다. 1996년에는 교원, 교지, 수익용 기본 재산 등 최소의 설립 요건을 충족하면 대학 설립을 자유롭게 인가하는 「대학설립준칙주의」를 발표했다. 김영삼 정부는 고등교육의 질적 수준을 높이고 아울러 대학설립준칙주의에 의해 양적 팽창을 도모했다.

표 6-1_____1994년~1997년 고등교육 정원의 실태 현황

구분	고등교육 기관 수						학생 수	교원 수
	대학교	대학	교육대	각종학교	전문대	계		
1994년	131	11	22	135	299		1,674,545	52,159
1995년	131	11	22	145	309		1,794,411	60,147
1996년	134	11	20	152	317		1,945,040	61,329
1997년	150	11	10	155	326		2,127,398	76,682

출처: 교육부 · 국립교육평가원(1994~1996). 교육통계연보.

김영삼 정부는 신자유주의 시장경쟁원리에 따라 고등교육 질적 수준을 높이고, 대학설립준칙주의에 따라 자유롭게 대학 설립을 인가했다. [표 6-1]을 보면 고등교육 학생 수가 빠르게 증가하고 있다. 학생 수의 급속한 증가는 대학설립준칙주의와 무관하지 않다. 실질적인 대학 입학경쟁을 주도하는 대학(교) 학생 수는 1994년은 1,132,437명, 1995년은 1,187,735명, 1996년은 1,266,876명, 1997년은 1,368,461명으로 전 시기보다 감소했으나, 전문대생이 대폭 증가하여 전체적으로 학생 수는 많아졌다.

이 시기에 크게 주목할 점은 대학입학 학력고사를 폐지하고 「대학수학능력시험」으로 전환한 것이다. 1993년 2월에 교육부는 대학수학능력시험(이하 대수능시험)과 고교 내신성적 그리고 대학별 고사를 골자로 하여 1994년부터 실시하는 대학입시제도를 발표했다. 대수능시험은 점수 위주의 학력고사 부작용을 개선하기 위해 통합적이며 범교과적인 문항을 출제하여 논리력과 사고력을 높이고자 했다. 대수능시험 체제는 과거와는 달리 이론적으로는 나쁘지 않았다. 대학별 고사에서 전형을 다양화했지만, 본고사에서 국, 영, 수 과목의 배제를 의무화한 것이 아니라 권장한 것이 문제가 됐다. 본고사는 대학이 자율적으로 결정할 수 있었다. 주요 대학들이 국, 영, 수 과목을 입시에 도입하면서 본고사 성적이 대학 입시를 결정하는 주요 변수로 작용했다. 학부모들의 대학 입시 적응력은 놀라울 정도였다. 학부모들은 국, 영, 수 과목이 대학 입시의 중요 변수로 등장하자 본고사의 과외 열기는 고삐가 풀린 것처럼 광풍으로 치달았다.

대입 본고사의 실시 확대로 온 나라가 앓고 있다. … 대입 반영 비중이 적은 수능 시험을 말할 것도 없고 내신 성적 또한 등급 간 편차가 본고사보다 작기 때문에 결국 학생들은 본고사의 주종을 이루는 국, 영, 수 과목에 치중할 수밖에 없다. … 또다시 70년~80년대의 '과외 망국론'이 대두될 것이 뻔하다(동아일보, 1994. 3. 19.).

서울대를 비롯한 명문대의 대부분이 포함한 39개 대학이 국, 영, 수 중심의 본고사를 실시하자 … 본고사 과외비가 천정부지로 치솟자 과외비 마련을 위한 부모들의 몸부림이 처절할 정도다 … 본고사형의 학생이 되기 위해 국민학생들조차 미리 영어와 수학을 집중적으로 공부하고 특별과외를 받는다(경향신문, 1994. 6. 14.).

전기대 입시 결과 수능과 내신으로 뽑는 특차전형에서 낙방한 학생이 일반전형에서 우수한 성적으로 합격하거나, 수능 고득점자가 본고사에서 낮은 점수를 받아 낙방하는 사태가 속출하여 본고사가 합격에 결정적인 역할을 한 것으로 밝혀졌다(경향신문, 1995. 1. 24.).

주요 대학들의 본고사 도입으로 고등학생뿐만 아니라 초등학생과 중학생까지 국, 영, 수 위주의 과외 열기로 인해 파행적인 교육이 이루어졌다. 본고사 과외비는 평균 월 45만 원 정도며, 월 100만 원 이상을 지출한 학생도 있었다. 리크루트 주최의 채용 박람회에 참석한 대학생 985명을 대상으로 조사했는데 그들이 원하는 첫 월급이 평균 82만 원으로 나타났다(한겨레, 1995. 10. 17.). 당시 화폐 가치로 보면, 월 100만 원 지출은 엄청난 가계 부담을 주는 고액 과외비였다. 본고사 과외는 다시 과외망국론을 불러오게 했으며, 본고사 폐지에 대한 국민들의 관심은 점점 커질 수밖에 없었다. 본고사 과외는 지금도 우리의 가슴을 쓸어내릴 만큼 한국 교육의 치명적인 대학 입시 트라우마로 남아 있다.

나. 대학입시문화의 전개

한국에서 대학 입시를 전쟁 치르듯 혼신의 힘을 다하는 것은 근본적으로 학력 차별이 도처에 편재해 있어서다. 우리의 학력 차별은 일상생활과 기업 등에서 사회에서 경험하는 거의 모든 차별을 평생 감수해야 한다. 실제 한 조사에서 대학을 나오지 않는 사람들이 겪는 가장 큰 문제에서 '사회적으로 인정받는 직업을 갖기 어렵다'는 46.0%, '승진이 안 된다'는 23.0%, '인간적으로 무시당한다'는 15.5%로 나타났다(김영화 외, 1994: 188). 한국에서 학력은 사회적, 경제적, 문화적, 상징적인 차별 기제로 작동하고 있었다. 당시 어떤 공기업은 특정의 소수 대학교만 지원 자격을 주어 거의 공개적인 차별을 했다. 기업에서 행해지고 있는 보이지 않는 학력 차별은 누구나 아는 비밀이었다. 심지어 학력(學歷)은 고사하고 학력의 원천인 '수능 점수'로 입사 지원을 차별하는 사례도 있었다.

> 어떤 그룹의 경우 최근 10년 동안의 전국 대학 학과별 '수능 평균 점수'를 서류 전형 입사 지원생들의 평가 기준으로 삼고 있다. 이 그룹은 1백 점 만점 가운데 학과별 수능 점수를 60점 만점으로 해 출신 학교 및 학과별로 차등 점수를 부여한다. … 대그룹은 지난해부터 입사 전형을 필기시험에서 서류전형과 면접만으로 대거 바꾸면서 1~2군 대학·학과를 제외하고는 아예 추천 의뢰서 또는 입사지원서 등을 보내지 않아 … 대기업의 한 인사 담당 고위 간부는 … 일류대 학생들을 많이 뽑으면 경영진이 인사 담당자를 높이 평가하기 때문에 출신 대학을 중시할 수밖에 없다고 하였다 (한겨레, 1996. 10. 23.).

한국 사회에서 학력(학벌)은 사회 차별의 지표다. 살아오면서 학력(학벌) 차별을 생생하게 경험한 학부모들은 자녀의 학력을 위해 어떤 입시 전쟁도 주저하지 않는다. 실제 학부모의 돈 봉투로 내신 성적을 조작하는 사건이 있었다. 1994년 상문고 교사가 학생 성적을 조작한 사건으로 인해 전 국민이 분노하고 경악했었다. 교사들이 주관하는 음악, 미술, 교련 등의 예체능

과목은 언제부터인가 「엄마 성적」으로 간주하였다. 학부모가 해당 교사들 얼마나 관리하느냐에 따라 성적이 판가름 난다는 것을 학생들이 꼬집은 말이다. … 내신 반영률이 높아지면서 학교 현장은 비교육적이며 비정상적인 부작용이 확대되고 있다(경향신문, 1994. 3. 18.). 상문고 사태는 사학(私學) 전반에 대한 교육 부패의 심각성을 상징적으로 보여주어, 김영삼 대통령은 사학을 개혁 차원의 대상으로 지목했다. 내신 성적 조작은 자식의 출세를 위해 수단과 방법을 가리지 않는 이기적인 학부모의 과잉 교육열을 단적으로 보여주었다.

> 우리의 유난히 높은 교육열이라는 것은 실제로는 「내 자식의 출세와 부귀공명」을 위한 수단으로서의 「사교육적 관심」의 과잉 현상이지 「우리 아이들의 사람됨」이나 「나라의 장래」와 같은 관심을 두지 못한 교육열이다 … 교육열이 높다는 겉모양 뒤에 숨어 있는 부정적 요인들은 교육의 걸림돌이 되고 있다(동아일보, 1995. 2. 17.).

우리의 자랑스러운 교육열은 자식의 사회 출세를 바라는 세속적인 열망에 지나지 않는다. 학부모들은 학력 출세를 위해 대학 입시를 전쟁으로 규정하여 입시 부정을 서슴지 않았으며 정당화했다. 단순히 학부모의 비뚤어진 교육열이라기보다는 사회에서 살아남기 위한 약육강식의 교육열이었다. 학부모들은 입시 전쟁에서 승리하기 위해 어렸을 때부터 자녀를 입시 전사로 키웠다.

이 시기의 큰 특징은 대졸 출신의 학부모들이 등장하기 시작했다는 점이다. 대졸 학부모들은 자녀를 위해 살벌한 대입 경쟁에 뛰어들었다. 대졸 학부모들은 대입 경쟁에서 유리한 위치를 차지하기 위한 전략적인 방법을 누구보다 잘 알고 있었다. 대졸 학부모들은 어린 유아부터 대입 경쟁을 위한 학력 전사로 키웠다. 세 살 유아에게도 조기교육을 위해서 영어 사교육을 시켰다.

1996년 설훈 의원의 교육부 자료에 따르면 전국 초등학생 영어 과외가 43만 명, 전화 영어가 10만 명, 총 53만 명이 영어 과외를 받고 있었다. 국민학생의 단기 해외 영어 연수 열풍도 불었다. 만 6세~10세 어린이 출국자는 1993년에 3만 5천여 명, 1994년에 4만 7천여 명, 1995년에는 6만여 명으로 늘었다(동아일보, 1996. 7. 11.).

당시 초등학생 과외는 당연시될 정도였다. 심지어 초등학생에게 과외를 위한 과외인 '새끼 과외'도 시켰다. 어린 아동에게 대학 입시에 유리한 맞춤형 과외를 전략적으로 선택하여 받을 수 있는 모든 과외를 받게 했다. 어린이들은 과외의 과중한 무게에 짓눌려 숨도 제대로 쉬지 못했다. 당시 정부에서 국, 영, 수 과외를 허용한다고 하자, 언론은 초등학생의 과중한 과외에 대해 심각한 우려를 나타냈다.

> 지금 어린이들은 눈뜨자마자 전화 영어 과외가 시작되고 학교에 돌아와서도 피아노, 속셈, 주산에 독서 과외, 글짓기 과외에 시달리면서 학교 숙제까지 하느라 밤 11시나 되어야 잠자리에 든다. 여기에 국, 영, 수 등 정규 과목까지의 과외를 정식으로 허용하면 아이들을 지칠 대로 지칠 것이다(동아일보, 1994. 3. 23.).

유아부터 시작된 과외는 고등학생까지 대학 입시를 위해 각종 과외에 시달리게 했다. 과외는 다양하게 진화하면서 시대 변화와 대학 입시 변경에 따른 새로운 과외가 등장했다. 계약제 과외(수천만 원에 합격을 보장해주는 과외), 특공 과외(상위권 일부 학생을 대상으로 출제 예상 문제를 집중적으로 풀거나, 약한 특정 부분을 별도 지도·보완하고 한 번에 2시간 정도 2~3차례로 마무리하는 과외), 본고사 과외(본고사로 막판 뒤집기를 하는 과외), 올빼미 과외(심야 과외), 두레 과외(엄마가 과외 교사가 되어 서로의 자녀를 돌보는 공동협약 과외), 지하 과외(일부 부유층이 숨어서 하는 과외), 수능전담 과외, 교내과외(방과 후에 학생들이 원하는 과목을 신청받아 하는 과외), 한탕 과외, PC 과외, 팩스 과외, 논술 과외, 독서 과외, 글짓기 과외, 신문사설읽기 과외, 내신 과외, 바둑 과외, 달리기 과외, 축구·농구·배구 과외, 각종 레슨 등이 있었다. 과외 용어가 너무 다채롭고 화려하기까지 했다.

과외 유형만을 보더라도 대학입시문화를 이해하는 데 직접적인 도움을 준다. 당시의 화폐 가치를 기준으로 보면 과외비는 지나치게 높게 책정되어 있었다. 올빼미 과외면 학생 1인당 수강료가 최소 월 1백 50만 원이며, 한 그룹 5명을 지도하면 한 달 수강료만 8백만 원 이상이 됐다. 1천만원이 넘는 상상 이상의 초고액 과외도 있었다. 고액과외가 성행하자 과외 알선업자도 함께 가치가 높아졌다.

중소기업 사장인 한 씨는 8월 말에 족집게 학원 강사 2명에게 과외를 요청하자 그들은 "값은 우리가 정하겠다"고 잘라 말하는 단호한 태도로 흥정해 볼 엄두조차 내지 못하였다. 한 씨가 두 강사에게 국어와 영어 각각 3백만 원과 4백만 원으로 월 1천만 원으로 12월까지 총 4천만 원으로 웬만한 아파트 전셋값에, 아들이 원하는 대학에 합격하자 두 사람에게 사례비까지 건네줬다. 이처럼 수천만 원의 목돈으로 합격까지 보장받는「계약제 과외」는 새 대입제도가 도입된 지난해부터 부유층 주변에서 성행하고 있다(경향신문, 1994. 1. 31.).

학원 측에서는 위조된 학력에다「전직 ○○학원 강사」라는 경력을 추가해 이들을 학부모들에게 내놓고 품평을 받는다. … 일부 대학교수와 함께 박사학위 소지자들이 과외 시장으로 진출하면서 A급 강사들이 급증하자 결혼중매업자들이 새로운 과외 알선책으로 활약하고 있다. 부유층을 상대로 10년간 결혼 중매를 해온 박 씨는 과외 알선으로 눈을 돌려 일류대 출신이 박사학위 소지자와 대학교수 50여 명을 관리하여 지난 한 해 동안 40명을 알선해주고 5천여만 원의 사례비를 챙겼다(경향신문, 1994. 2. 3.).

위의 사례를 외면하고 싶지만, 척박한 우리의 대학 입시 현실을 보면 부인하기가 어렵다. 고액 과외비를 인정한다고 해도 과외 알선 업자들마저 고액의 수입을 보장받는 현상은 대학 입시경쟁이 매우 심각하다는 것을 의미한다. 이 시기에 들어서면서 '사당오락'이 슬그머니 사라지고「삼당사락」으로 대치된다.

실제 치열한 대학 입시경쟁에 대한 한 조사에 의하면 고3 수험생이 '학교 수업 이외의 공부 시간'은 하루에 3시간이 15.1%, 4시간이 20.7%, 5시간이 28.1%, 6시간이 16.4%, 7시간 이상이 19.0%로 나타났다. 그리고 '수험생의 대학 입시에 대한 불안감'은 84.3%, 학업이나 입시에 대한 부담감은 86.6%가 느끼고 있었다. '자녀의 입시 실패에 대한 불안감'에 대해 부모는 66.3%와 '수험생 자녀의 뒷바라지에 대한 정신적·육체적 부담감'에 대해 부모의 48.8%가 느끼고 있었다(김명자, 1994: 103-112).

한국에서 대학 입시는 수험생 당사자의 몫만 아니고 학부모도 함께 짊어지는 사회적 멍에였다. 안타깝지만, 우리의 교육 현실은 살벌한 전쟁터와 같았다. 대학입시전쟁에 이기기 위해 고액 과외만 존재한 것은 아니다. 과외 열풍은 모든 국민이 참여하여 주도하고 있었다.

> 과외 광풍(狂風)이 휘몰아치고 있었다. 신통력을 지닌 점쟁이를 찾아다니듯 유명 과외교사들 주변에는 치맛바람이 그칠 날이 없다. 돈이면 자식의 실력을 얼마든지 살 수 있다는 학부모들의 비뚤어진 교육열을 타고 지위고하(地位高下)나 빈부(貧富)를 가리지 않고 너나 할 것 없이 과외 광풍의 소용돌이 속으로 빠져 있다(경향신문, 1994. 1. 31.).

> 기존의 과외 형태에 신종 과외가 뒤섞이면서 고교생이면 누구나 적게는 1~2개를, 많으면 5~6개의 과외를 할 정도로 … 매년 일류대 합격자를 상당수 배출해온 이른바 「논현동 과외팀」에는 돈만으로 들어갈 수 없다. '자체 선발 시험'을 통해 수강생을 걸러내며 수업 도중 진도를 따르지 못할 경우 "수업 분위기를 흐린다"는 이유로 중도 탈락하기 일쑤다. … 과중한 자녀의 과외비 부담 때문에 파탄의 지경에 이르는 가정도 적지 않다. 구멍가게를 하는 ㄱ 씨는 피아노를 전공하겠다는 딸의 레슨비를 대기 위해 가게를 부인에게 맡기고 최근 막노동판의 일자리를 찾고 있다(경향신문, 1994. 2. 1.).

> 과외비를 충당하기 위해 파출부로 나선 어머니, 구멍 난 가계비를 메우려다 검은돈의 유혹에 휘말리는 아버지, 하루에 4~5군데 과외에 시달리는

어린 자녀들, 더구나 가난으로 과외 대열에서 멀어져 있는 부모와 그 자녀들의 가슴에 못질하고 이웃 간에도 위화감마저 조성하면서 우리 사회를 멍들게 한다(매일경제, 1996. 12. 20.).

우리 사회에서 과외는 대학입시전쟁에서 승리를 주는 강력한 무기였다. 과외를 받지 않는 것은 대학 입시를 포기하는 것과 다름없었다. 대학 입시에서 학부모의 높은 지위도 과외 강사에 비해 초라한 위치에 있었다. 과외 강사가 갑이고 학부모는 을이기 때문이다. 대학입시전쟁을 위해 학부모는 과외 강사의 지휘 체제에 들어가기 위해 수모도 받아들인다. 그래야만 사회에서 학력 출세라는 향기로운 미래의 열매를 보장받을 수 있다. 과외는 학력 출세를 위한 고급의 첨단 기본 소재라는 것이다. 과외 열풍은 학력 출세 전쟁에서 살아남기 위한 사회 욕망의 열기라고 할 수 있다.

우리의 이러한 과외 열풍에 대해 해외에서는 기이하게 보았다. 1996년 5월 워싱턴포스트지는 세계 11대 부국이지만, 학생은 입시 지옥에서 탈출하기 위해 조기유학을 가거나 부모들은 수입의 20%~30%를 과외비로 지출한다고 하였다. 한국 정부도 입시 지옥을 타개하기 위해 초등학교에 한 달에 한 번 '책가방 없는 날'을 정할 정도라고 한다. 가족 모두가 여행을 삼가고 방문객을 사절하기도 하며 심지어 정상적인 부부 관계조차 하지 못한다고 전했다.

1996년 9월 LA 타임스지는 1면 기사를 통해 한국 교민들의 하버드 대학에 대한 열망을 광기(狂氣)로 표현하면서, 가정교사나 SAT 과외 비용으로 수천 달러를 지불한다고 소개했다. 미국에서도 무모할 정도의 집착을 보이는 일류병은 여전히 학력 욕망의 속박에서 벗어나지 못하고 있다. 우리의 일류병은 오랫동안 사회 출세에 대한 응어리가 깊게 각인된 학력 욕망의 결과다. 이러한 과정을 거치면서 우리의 일류병은 거의 사회 유전자가 될 정도로 강화됐다.

다. 대학입시체제의 특징

신군부의 7·30 교육개혁조치 이후 대학입시체제는 많은 변화를 겪었지만, 민감한 상처를 건드린 것처럼 한국의 교육 문제는 오히려 악화하고 있었다. 학력고사의 객관식 일변도에 대한 회의와 고차원적 정신 능력을 고양하는 한계를 보이면서 사회의 불신은 가중됐다. 이런 문제점을 인식한 문민정부는 학력고사를 폐지하고 대수능시험으로 대치했다. 대수능시험은 문민정부에서 기획된 것이 아니라 이미 오래전부터 구상됐다.

학력고사의 단점을 개선하기 위해 1987년의 「교육개혁종합구상」에서 학력고사를 '대학교육 적성시험'으로 대체한다는 발전적 계획을 하였고, 1988년 국립교육평가원에서 이 시험의 개념과 성격을 규정했다. 1991년 교육부는 대학교육 적성시험의 명칭을 '대학수학능력시험'으로 바꾸면서, 대학교육에 적응할 수 있는 학업 적성을 측정하여 통합교과적, 통합교과서적으로 고등학교 교육과정의 수준과 내용에 맞추어 고차원적인 사고력을 측정하는 '발전된 학력고사'라고 정의했다(박도순 외, 2007: 325). 그 이후 관련 전문가의 수많은 토론과 모의고사 형태의 실험 평가를 거치면서 미국의 학업적성검사인 SAT 모델을 기준으로 발전시켰다. 이런 과정을 거치면서 1993년 4월에 새 대입제도 개선안을 확정 발표했다.

대수능시험의 목표는 대학교육을 수행하는 데 필요한 학업 능력과 사고력을 측정하는 데 있었다. 대수능시험은 암기 위주의 객관식 문항의 한계를 극복하기 위한 것이다. 대수능시험은 통합적이며 범교과적 문항 출제를 통해 고등사고능력을 측정하여 대학교육의 적격자를 선별하고, 궁극적으로 학교교육의 정상화를 도모하고자 했다.

전형 형태에서 주요 전형 자료는 대수능시험과 고교 내신성적 그리고 대학별 본고사로 구성됐다. 고교 내신성적은 전형 총점에서 종전의 30%에서 40% 이상으로 높여서 의무 반영하도록 했다. 교과 성적의 등급은 종전의 10등급에서 15등급으로 세분화했으며, 등급 간 점수도 2점에서 2.5점으로 점수 편차 범위를 확대했다.

내신성적은 교과 내신점수 80%, 출석점수 10%, 행동발달·특별활동·봉사활동점수 10%로 구성했다. 교내외 봉사활동은 1년에 1점을 부여받고, 관련 활동은 전교 학생 회장·부회장, 학급 반장·부반장, 특활반 부장·차장, 학교 선도부원 등이 있다. 전형 보조 자료는 계열에 따라 면접, 적성, 인성검사, 실기고사, 신체검사 등이 부과됐다.

대수능시험의 과목은 언어, 수리·탐구Ⅰ, 수리·탐구Ⅱ, 외국어(영어)의 네 영역으로 구성되어 있다. '언어 영역'은 60문항에 배점은 60점이며, '수리·탐구Ⅰ영역'은 20문항과 '수리·탐구Ⅱ 영역'은 60문항을 합쳐서 배점은 100점이고, '외국어(영어) 영역'은 50문항에 배점은 40점으로 구성됐다. 대학수학능력시험은 총 190문항에 총점은 200점으로 되어 있다. 대수능시험의 점수 체제는 영역별 원점수, 영역별 백분위 점수, 원점수 총점 그리고 총점의 백분위로 구분됐다.

대학별 고사는 대학의 학생 선발권을 확대하기 위한 것으로 국, 영, 수 위주의 본고사를 포함하여 다양한 전형 자료를 자유롭게 이용하게 했다. 각 대학은 고등사고능력을 함양할 수 있는 주관식 위주의 문항을 자율적으로 출제했으며, 논술 고사, 면접, 구술고사, 신체검사, 실험·실기고사, 교직인·적성 검사 등을 전형자료로 활용할 수 있었다. 그러나 대학별 고사에서 대부분의 주요 대학들이 국, 영, 수 위주의 본고사를 채택하여 사실상 본고사가 중심이 되었다. 국, 영, 수 위주의 본고사가 대학 입시를 좌우하는 주요 변수로 부각되자 본고사 과외 열풍이 일어났다.

지원 방법은 시행 첫 해인 1994년은 대수능시험을 연 2회로 나누고 1차(8월)와 2차(11월)는 계열 구분 없이 치르게 하고 수험생의 희망에 따라 연 1회 또는 연 2회를 응시할 수 있게 했다. 연 2회의 실시는 성적의 동등화 문제와 전기에 합격한 학생들과 그렇지 않은 학생들 간의 위화감 조성 등의 심각한 부작용을 가져왔다. 1995년부터는 연 1회로 한정하고 계열 구분이 없던 것을 인문계, 자연계, 예체능계로 나누어 실시했다.

모집 방법은 종전과 같이 전기와 후기로 나누었다. 특별 전형에서는 전기와 후기에 앞서 대수능시험 성적 우수자 대상의 특차모집 제도가 처음으로 도입됐다. 특차모집 제도는 그동안 문제가 됐던 성적 우수자의 탈락을 막기 위해 고안됐다. 특차 제도에서 1994학년도는 문학, 어학, 수학, 과학 특기자에게 혜택을 부여했으며, 1995학년도는 농어촌 학생, 특수교육 대상자에게도 확대했다. 특별 전형에서 야간학과를 설치한 대학의 산업체 대상자에게도 혜택을 주었다.

복수지원의 경우는 엄격한 제한을 두었다. 대학 입시 기간이 같은 대학이나 특차모집에서 이중 지원을 못하게 했다. 특차모집 합격자는 전기·후기 및 추가모집 대학에, 전기 대학 합격자는 후기 및 추가모집 대학에, 후기 모집 합격자는 추가모집 대학에 지원할 수 없게 했다. 이중 지원이 확인되면 모든 대학의 합격을 취소했다. 이런 엄격한 복수지원으로 인해 수험생의 선택이 폭이 넓어졌으며 소신 지원 현상이 뚜렷하게 나타났다. 이 시기의 대학입시체제 특징은 [표 6-2]와 같다.

큰 기대를 하고 시작한 5·6공 정권의 학력고사는 예상과 달리 교육적으로 많은 부작용이 있었다. 사회에서 문제가 된 학력고사의 단점을 보완하기 위해 대수능시험이 고안됐다. 대수능시험의 구상은 관련 전문가들의 긴밀한 논의 과정에서 많은 토론이 있었다. 대수능시험은 과거의 대학 입시와 달리 통합적이며, 범교과적인 출제를 통해 대학교육에서 필요한 고차원적 사고능력을 측정하도록 했다. 대수능시험은 대학교육 적격자에 대한 개념적 접근이 질적으로 다르게 출발했다. 대수능시험의 목적은 매우 참신하여 사회의 기대를 받았지만, 학력 출세주의로 점철된 우리의 독특한 입시문화로 인해 만만치 않은 문제점을 낳았다.

첫째, 대학별 고사를 지향했지만, 주요 대학의 국, 영, 수 위주의 본고사를 채택하여 본고사 과외 열풍이 사회적으로 심각했다.

둘째, 대수능시험과 학교에서 모든 교과와 각종 교육활동을 충실히 수행해야 하는 내신성적 그리고 다양한 전형 자료는 학생들의 입시부담을 가중했다.

셋째, 일반계와 실업계 고등학교를 구분하지 않은 내신제도로 인해 합격자 선발에 대한 불만이 높았다.

넷째, 고교 내신성적은 교과성적이 대부분이 차지하고 있어서 학습 부담은 줄지 않았다.

다섯째, 고차원적 정신 능력을 측정하는 대수능을 실시해도 고등학교의 입시 위주 교육에서 벗어나지 못했다.

표 6-2_____대학수학능력시험과 고교내신 및 대학별 본고사의 입시 특징

구분	입시 특징
실시 시기	· 1994년~1996년
시대 상황	· 문민정부의 탄생(1993년), 금융실명제의 도입(1993년)
고등교육정책	· 5·31 교육정책(1995년), 대학설립준칙주의(1996년), 대학종합평가인정제(1994년)
입시 관리	· 국가와 대학
전형 자료	· 대수능과 고교 내신성적, 대학별 본고사(국, 영, 수 위주) 그리고 논술 고사
지원 형태	· 1994학년도는 연 2회 지원(한 해만 시행함) · 1995학년부터는 연 1회 지원하고 계열 구분이 없던 것을 인문계, 자연계, 예·체능계로 나누어 실시함 · 복수지원
입학 사정	· 대수능, 고교내신(40% 이상 의무화), 대학별 본고사, 대학별 고사 · 교과성적은 10등급에서 15등급으로, 등급 간 점수는 2점에서 2.5점으로 확대 적용함 · 내신성적은 교과내신 80%, 출석 10%, 각종 기타 10%로 됨 · 전형 보조 자료는 대학에 따라 구성됨
입시 과목	· 대학수학능력시험 　– 언어 영역, 수리·탐구 I 영역, 수리·탐구 II 영역, 외국어(영어) 영역 　– 언어 영역 60문항과 60점, 수리·탐구 I 영역 20문항과 수리·탐구 II 영역 60문항을 합쳐서 100점, 외국어(영어) 영역 50문항에 40점 　– 총 190문항에서 총점은 200점 　– 점수 체제: 영역별 원점수, 영역별 백분위 점수, 원점수 총점 그리고 총점의 백분위로 이루어짐
입시 시기	· 전기와 후기 그리고 추가 모집
특별 전형	· 대수능 성적 우수자를 대상으로 한 특차제도 · 1994학년도는 문학, 어학, 수학, 과학 특기자에게 혜택 부여 · 1995학년도는 농어촌 학생, 특수교육 대상자로 확대 · 야간 학과의 산업체 대상자 확대
입시 문제	· 대학별 본고사로 과외 열풍이 심각하였음 · 내신성적과 다양한 전형자료는 학생에게 입시부담을 가중시킴 · 일반계와 실업계 고교를 구분하지 않은 내신으로 선발의 어려움 초래 · 교과 내신으로 인해 학생들의 학습 부담은 줄지 않음 · 대수능의 목적과 달리 입시 위주의 교육에서 벗어나지 못함

대수능시험과 학생부(종생부) 및 대학별 고사 병행제(1997년~ 2001년)와 입시문화

가. 교육의 사회적 배경

김영삼 정부의 전반기는 과감한 개혁을 통해 풀뿌리 민주주의 정착을 위해 큰 노력을 했으며, 신자유주의 시장경쟁원리를 바탕으로 한 5·31 교육개혁안을 발표하여 지금까지 교육정책의 골격을 마련했다. 국민은 김영삼 정부의 집권 후반기에 우리 역사에서 기억하고 싶지 않은 IMF라는 경제 악몽을 겪어야 했다.

김대중 대통령은 취임하면서 외환 위기 극복을 위해 국력을 집결했으며 빨리 IMF에서 벗어날 수 있었다. 이 시기의 경제성장률은 굴곡 많은 단상을 보여준다. 1997년은 5.9%, 1998년은 −5.5%, 1999년은 11.5%, 2000년은 9.1%, 2001년은 4.9%로 성장했다. 1998년의 경제성장률 지표는 매우 힘들었던 상황을 가리키고 있다.

김영삼 정부 후반기는 사회적으로 매우 곤혹스러운 시기였다. 1997년에는 한보철강이 부도로 도산하면서, 대통령의 차남인 김현철 씨가 뇌물수수 및 권력 남용 등의 혐의로 체포되었다. 그해 12월에는 경제정책의 실패로 외환위기를 겪으면서 IMF의 요구를 굴욕적으로 수용했다. IMF로 인해 우리 국민은 경제적으로 큰 어려움을 감수해야 했고 중소기업이 연쇄적으로 부도나는 사태에 직면해야 했다. 우리 국민은 많은 역사적 어려움이 있었지만, IMF의 경제적 어려움은 경험하기 어려운 수치스러운 일이었다.

김대중 대통령은 1998년에 국민의 정부(1998년~2002년)라는 이름으로 취임하면서 먼저 IMF 외환위기를 극복하기 위해 국력을 모았다. 그 결과로 나타난 것이 '금 모으기 운동'이었다. 금 모으기 운동은 나라를 구하고자 하는 모든 국민의 한결같은 염원으로 IMF를 극복하는 결정적인 원동력이 됐다. 금 모으기 운동은 처음에 세계의 금융 전문가로부터 조소를 받았지만, 끝도 없이 쏟아지는 금으로 인해 국제 금값이 폭락하면서 반전을 일으

컸다. 지금은 세계가 격찬하는 모델이 되어 우리 민족의 자랑이 되었다.

　김대중 대통령은 햇볕 정책을 통해 1998년에 정주영 회장의 소 떼 방북과 금강산 관광이 이루어졌으며, 제1차로 일본문화를 과감히 개방했다. 1999년에는 제1연평해전이 터졌으며, 옷 로비 사건, 대한항공 추락 사고, 강원도 동계 아시아 게임, 제2차 일본 대중문화 개방 등이 연이어 일어났다. 2000년에는 제1차 남북정상 회담, 의약 분업 실시, ASEM 정상회담 서울 개최, 전국언론노동조합 출범 등이 있었다. 2001년에는 여성부가 출범했으며, 인천국제공항의 개항 등의 굵직한 일이 있었다.

　김대중 정부는 5·31 교육개혁안의 기조를 연계하면서 신자유주의 시장경쟁원리를 바탕으로 지속해서 교육개혁안을 발표했다. 1997년 8월에는 과외를 방지하기 위해 EBS에서 위성 교육 방송이 처음 시작됐다. 1998년에는 교수계약제와 교수연봉제를 도입했다. 1999년에는 두뇌한국(BK 21) 사업을 하고 전교조를 합법화했으며, 교원 정년을 62세로 단축했다. 2000년 한국교육방송공사가 출범했으며, 지방대 육성대책안이 마련됐다. 2001년에는 교육부 장관이 교육부총리로 격상했다.

　김대중 정부는 심각한 교육열의 병폐를 고치기 위해 대학 정원을 확대했다. 대학 정원을 통해 교육열을 흡수할 수 있다고 판단했다. 모든 국민에게 대학교육을 제공하면 지나친 교육열과 과외 열병을 완화할 것이라고 보았다. 7·30 교육개혁조치를 통해 꾸준히 대학 정원을 확대했지만, 교육열은 크게 개선되지 않았다. 김대중 정부도 지난 정부와 같이 비슷한 실수를 되풀이했다. 이 시기 고등교육의 정원 실태를 보면 알 수 있다.

표 6-3_____1997학년~2001학년 고등교육 정원의 실태 현황

구분	고등교육 기관 수						학생 수	교원 수
	대학교	대학	교육대	각종학교	전문대	계		
1997년	150	11	10	155	326	2,127,398	76.682
1998년	156	11	6	158	331	2,310,052	52,254
1999년	158	11	4	161	334	2,470,446	55,965
2000년	161	11	4	158	334	2,603,339	54,400
2001년	162	11	4	158	335	2,706,363	55,965

출처: 교육부 · 국립교육평가원(1997~2001). 교육통계연보.

김영삼 정부에서 「대학설립준칙주의」를 통해 대학 팽창을 주도했으며, 김대중 정부에 들어서도 대학 정원은 급격하게 증가했다. 실질적인 대학 입학경쟁을 주도하는 대학(교) 학생 수는 1997년은 1,368,461명, 1998년은 1,477,715명, 1999년은 1,587,667명, 2000년은 1,665,398명, 2001년은 1,729,638명으로 큰 폭으로 증가했다. 대학 정원의 확대는 예상치 않은 문제를 가져왔다.

1990년 중반부터 북한 이탈 주민의 대량 유입, 농어촌 총각의 국제결혼, 제외한국인 동포의 급증, 동남아 노동력 인구 유입 등으로 다문화인이 급증했다. 다문화인의 유입 원인은 정보통신과 교통수단의 발달, 단일 지구촌 형성 등의 요인이 있지만, 특히 중요한 이유는 국내의 고등교육 인구 증가로 인한 3D(difficult, dirty, dangerous) 직종의 기피로 생긴 노동력 부족 때문이었다. 우리 사회가 다문화 사회로 빠르게 변모한 계기가 고등교육 정원의 증가와 관련이 있었다.

국민의 정부에서도 교육열을 완화하기 위해 큰 노력을 했지만, 오랜 역사를 통해 단단하게 굳어진 교육 문제는 자신의 틈새를 조금도 허용하지 않은 굳건한 요새와 같았다.

1998년 이해찬 교육부 장관은 밀레니엄 시대에 적합한 창의적인 인재 양성을 목표로 당시 중학교 3학년을 대상으로 한 「2002학년도 대학입시제도 안」을 발표하면서 「이해찬 세대」라는 수식어를 들었다. 즉, 공부를 안 해도 특기와 적성만으로 대학에 갈 수 있다는 무시험 특별 전형을 확대하여 우리 사회에 부푼 꿈을 주었다. 그런데 기대와 달리 2002학년도 대학수학능력시험은 너무 어려워서 사회의 엄청난 분노를 일으켰으며, 이해찬 세대는 「단군 이래 최저 학력」이라는 오명을 받았다. 이해찬 장관은 긴 세월을 통해 굳건하게 형성된 한국 학력(학벌)주의의 역사적 뿌리를 도외시한 것이다.

1990년대에 들면서 해외여행 자율화로 인해 조기유학 붐이 일어났다. 조기유학은 많은 문제가 있었지만, 황폐해진 입시경쟁으로 인한 도피성 유학과 높은 과외비 부담 등으로 성행했다. 한국의 대학 입시에서 낮은 경쟁력으로 인해 '학력 세탁'을 위해 조기유학을 선택하기도 했다. 실제 김홍주(2001: 17)의 조사에서 조기유학을 가는 이유에 대해 '영어(외국어) 능력과 특기를 키우기 위해'가 36.4%, '우리나라 학교교육에 만족할 수 없기 때문'이 35.9%, '과다한 사교육비 때문'이 34.0%, '지나친 학벌 위주 사회풍토와 극심한 대학 경쟁 때문'이 24.5%로 나타났다.

2001년 한나라당의 20세 이상 1,579명을 대상으로 한 설문 조사에서 '교육 이민을 가고 싶다'에서 응답자가 41.5%였으며, 학력별로는 대졸 재학이상이 52%여서 학력이 높을수록 교육정책에 불만이 많은 것으로 나타났다. 현 정부의 교육정책에 '만족한다'는 7.5%에 불과하지만, '만족하지 않는다'는 71.5%나 되었다. 대다수는 우리의 미래 교육을 비관적으로 보고 있었다. 이렇게 악화한 교육상황은 조기유학을 촉진하였다.

조기유학의 배경은 황폐해진 입시경쟁이 중요한 이유지만, 설령 조기유학에 실패해도 한국에서 높이 평가받는 영어 능력을 인정받을 수 있다는 기대도 한몫을 했었다. 이미나(2001: 57)에 의하면 학부모들은 유학을 보내면 우리 아이가 최소한 영어를 배울 수 있으며, 영어만 잘하면 평생 먹고살 수 있는 기반이 마련된다는 인식을 많이 한다고 했다. 한국 사회에서 영어의 자본화는 조기유학을 촉진하는 원인이 되고 있었다.

> 중학 3년을 다니며 든 과외비가 5천만 원을 넘었다. 교육비가 싸고 중·고교 및 대학을 다니면서 영어만큼은 능숙하게 익힐 수 있는 해외 유학을 선택하는 … 외국인과의 경쟁에서 이긴다는 점과 영어를 현지인과 똑같은 수준으로 하는 이점 때문에 보냈다며 과외비가 부담스러운 부모 입장에서 고려할만한 대안이었다(경향신문, 1995. 1. 22.).

> 한 달에 1백만 원이 넘는 과외비를 들여 대학에 갈 가망도 없는 애들 가르치느니 미국에 가서 영어라도 배워 오라는 뜻에서 유학을 보낸다. 특히 공부를 못한다고 국내에서 기죽어 지내는 것보다는 외국에서 국제 감각을 키워 오는 것이 좋다고 생각한다(동아일보, 1995. 3. 5.).

조기유학을 가려면 최소한 연간 3천만 원 정도 필요한데 부모의 경제 능력이 뒷받침되는 부유한 중·상류층 자녀들이 대부분이다. 이들이 유학을 결심하는 공통적인 이유는 입시전쟁, 취업대란에 시달리는 삭막한 교육환경에서 벗어나 일찌감치 유학을 보내는 게 낫다고 생각한다(경향신문, 1999. 12. 14.).

조기유학에는 다양한 이유가 있지만, 결국은 삭막한 비인간적인 대학 입시경쟁이 큰 원인이었다. 이런 조기유학의 기저에는 학력 출세주의가 작동하고 있었다. 오욱환(2008)은 우리나라 교육 문제는 출세주의와 관련이 있으며, 조기유학도 출세욕의 연장선에서 일어난 현상이라고 했다. 김홍주(2005: 8)는 조기유학에 대해 결국은 남보다 한발 앞서기 위한 교육 경쟁이 주요 원인이고, 나아가 외국 대학 졸업장에 대한 우월 의식이 팽배한 한국사회에서 자녀를 좀 더 대접받는 상류계층으로 만들고 싶어 하는 욕망의 분출이라고 진단했다. 결국 학력 출세주의를 실현하기 위한 막연한 조기유학은 외국어의 미숙으로 인한 학교 부적응과 사회 탈선행위 등과 같은 문제점을 남기면서 국내로 되돌아오는 경우도 많았다.

나. 대학입시문화의 전개

한국에서 학력(學歷)은 사회 계급으로 굳어지고 있다. 사회 계급에 대한 차별만큼 학력은 신분 차별을 구분하는 사회 지표로 활용되고 있다. 한국에서 학력은 사회 자본, 경제 자본, 문화 자본, 상징 자본이라는 종합 자본의 역할을 하고 있다.

최돈민 외(2001: 61-169)의 연구에서 '고학력자에게 명예, 존경, 승진 등 각종 혜택이 있다'에 긍정적 응답은 90.5%, 부정적 응답은 9.3%에 불과했다. '대학을 나와야 결혼을 잘한다'에서 긍정적 응답은 57.4%, 부정적 응답은 46.1%였다. '자녀 세대에도 고학력자가 유리한 사회적 지위를 차지한다'에서 긍정적 응답은 64.4%, 부정적 응답은 35.4%로 나타났다. 그래서 학부모들은 10명 중 9명이 대학 이상을 원하고 있다고 한다. 이렇게 보면 우리 국민들은 종합 자본의 역할을 하는 학력을 크게 인식하고 있다.

실제 학력은 신분을 구분하는 「현대판 사회 혈통」이 되고 있다. 한국 사회에서 학력이 주는 신분적 무게감은 생각보다 크며, 보이지 않는 사회의 차별 기제로 평생 작동한다. 사람이 죽으면 이름이 아니라 학력이 남는다. 조상의 학력을 자랑스럽게 여기기 때문이다. 학력은 현대판 씨족을 가늠하는 사회 족보인 셈이다.

> 오늘날 과거의 혈연적 신분 계급은 존재하지 않는다. 그러나 우리는 이 시대에 어울리는 유사 가족을 만들어냈다. 바로 학벌이다. 대학은 현대판 씨족이다. … 자본가가 사업에 실패하면 하루아침에 노동자가 될 수 있지만, 서울대 출신은 영원히 서울대 출신이다. 한 사람의 사회적 계급은 변할 수 있어도 그의 출신 학교는 혈연적·신분적 신분처럼 변하지 않는다. … 서울대 출신은 우리 사회의 왕족이며 연·고대 출신은 귀족이다. … 자녀를 천민으로 만들지 않기 위해 초등학교 입학하기 전부터 아이들을 입시 전쟁으로 내몰고 있다(동아일보, 1997. 11. 5.).

> 서울대에 자식을 입학시킨 창기의 어머니는 이 아파트 어머니들 사이에 존경의 대상이 됐다. 반면 선영이 엄마는 고졸이라는 이유로 이들 사이에서 따돌림을 당한다. 이 아파트의 어머니들이 수시로 만나 실력 있는 고액 과외교사를 추천받기도 하고 입시 정보도 교환하는 사교 모임에 끼지도 못한다. 자기 자식이 수준에 안 맞는 대학에라도 들어서면 정말 창피한 일이다. 선영이 엄마는 '대학에 떨어지면 이사가야지 여기서는 못 산다'고 입버릇처럼 말한다(한겨레, 1998. 9. 11.).

위의 사례가 과장됐다고 생각하고 싶지만, 우리의 교육 현실로 볼 때 부인하기도 어렵다. 우리 사회에서 학력이 주는 신분 차별은 생각보다 도처에 편재되어 있기 때문이다. 학력은 신분 혈통의 사회적 상징이다. '학력 천민'이 되지 않기 위해서 갓 태어나 말도 못 하는 영아한테 「옹알이 과외」를 시킨다. 생후 3개월 겨우 목을 가누고 옹알이를 하는 영아들까지 대입 수험생 못지않은 과외 열풍에 시달리고 있다(경향신문, 1997. 2. 16.). 잔인하지만, 우리의 학력 욕망이 가져온 비참한 현실이다.

「학력 왕족」이 되기 위해서는 어려서부터 「학력 전사」로 키워야 한다. 조금만 방심하면 신분 하락으로 이어지기 때문이다. 한때 EQ가 도움 된다고 하여 EQ 열풍이 있었다. 어렸을 때부터 영재로 키워야 한다며 '영재 교육' 열풍이 우리 사회를 휩쓸기도 했다. 이런 현상은 학력 귀족에 조금이라도 도움이 된다면 무슨 일이라도 하는 우리의 교육 현실에서 비롯된 것이다.

> 뱃속에서 배운다. 만 3살 넘으면 너도나도 '천재의 길'로 … 「요람에서부터 과외를」… 남보다 뛰어난 자녀를 키우기 위한 부모들의 욕심과 노력은 끝이 없다. 배 속에 있을 때부터 교육을 하는 영·유아 과외가 신세대 부모들의 필수 코스로 확산하고 있다. 영·유아의 과외는 자녀가 학원에 가 있는 동안 자유 시간을 가지려는 주부와 자녀를 팔방미인으로 만들려는 학부모들의 지나친 욕망이 밀접하게 연계되어 있다(경향신문, 1997. 6. 9.).

학력 귀족이 되기 위한 사회의 필수 무기는 영어다. 한국 사회에서 영어는 권력이며 신분의 상징체다. 대학 입시경쟁에서 영어는 핵심적인 영역을 차지하고 있다. 오욱환(2008: 105)은 한국사회에서 영어 구사 능력은 예전부터 중요한 자본으로 활용됐지만, 최근에는 '영어 실력만 갖추면 만사가 형통이다.'라는 '영어 결정론'이 한국사회에 널리 그리고 깊숙이 자리잡고 있다면서, 유치원 아이들은 물론 젖먹이들도 영어 공부에 시달리고 있다고 했다.

1997년에 워싱턴포스트지는 한국의 조기영어 열풍에 대해 세계화 정책으로 촉발된 영어 교육열로 인해 외국인 수가 폭증하고 있으며, 자격도 없는 외국인들이 돈을 벌기 위해 한국에 불법 체류하고 있다고 했다. 특히 한국 가정은 초등학교 학생들의 과외비로 1만 달러(9백만 원)를 들이는 것이 일상적이며, 어린이들은 하루 18시간의 각종 과외에 시달려 거의 놀 시간이 없다고 전했다.

한국 사회는 '영어의 권력화와 자본화 그리고 계급화'를 강요하는 사회라고 할 수 있다. 영어와 관련하여 이 시기에 보통 사람이 생각할 수 없는 매우 황당한 일이 발생했다. 현지인의 영어 발음을 위해 어린 유아의 혀를 길게 하는 수술이 성행하였다. 이 모든 것은 학력의 신분 결정력이 높아지자 「학력 귀족」이 되려는 과도한 욕망이 빚어낸 절박한 결과였다.

실제 1997년 3월의 교육부 조사에 의하면 서울 시내 22개 초등학교 학생의 47.5%가 영어 과외 교습을 받는 것으로 나타났다. 영어 과외를 받는 초등학생의 52.7%가 교육부의 초등영어교육 발표 뒤에 과외를 시작한 것으로 나타났다. 이 점에서 보면 우리의 학부모들은 교육정책에 매우 민감하게 반응하였다.

학력 왕족이 되기 위해서 과외는 선택이 아니라 필수였다. 현실적으로 과외는 대학 입시의 필수 도구다. 우리의 학부모는 학력 경쟁력을 높이는 데 쓸 수 있는 모든 방법을 동원한다. 냉기로 가득 찼던 IMF의 어려운 시절에도 자녀 교육비만 줄이지 않았다. IMF에서 지출 비용을 줄인 항목에서 '외식비와 문화비'는 62.3%, 교통비는 13.3%, 식비는 9.9%, 기타는 13.8% 순이었으며 자녀 교육비는 1.2%에 불과했다(동아일보 1998. 2. 10.). 당시 IMF는 경제 전쟁과 같은 상황이었지만, 자녀 교육비만은 가정을 지키는 최후의 보루였다. 학부모에게 과외는 절실한 것이었다. 과외는 곧 입시 성공이라는 무의식적인 희망을 주기 때문이다.

1997년 5월 재경경제원과 소비자보호원의 조사에 의하면 학부모 97.7%가 자녀에 대한 대학 이상의 교육을 원하고 있으며, 73.8%는 집을 파는 등 재산을 줄이는 한이 있더라도 교육비는 아끼지 않겠다고 했다. 학부모의 90.5%가 '학력이 높아야 좋은 직장과 승진이 보장된다'라고 믿었으며, 학부모의 57.4%는 '대학을 나와야 결혼을 잘할 수 있다'라고 했다. 과도한 과외비가 교육은 물론 나라 경제까지 망치고 있다는 것이다(경향신문, 1997. 5. 19.). 우리의 과외 교육열은 뜨거운 정도가 아니라 활활 타고 있었다.

학부모의 절실한 심정은 과외 용어를 다양하게 하고 과외 행위를 과감하게 한다. 과외 용어를 살펴보면, 학부모들이 공유하여 한 과목을 맡아 학

습 지도하는 '품앗이 과외', '인터넷 과외 혹은 넷 과외'가 있었다. 과외 시
장에서는 가정 방문 과외를 '배꼽 누르기'라고 했다. 학생 집의 초인종을
누른다고 해서 붙여진 이름이다. 그리고 학원 강사들 사이에서 부유층 자
제들은 이른바 '돼지'라고 통한다. 학원에서 나오는 학생 중에 돼지를 선정
하여 일주일에 1~2차례 과목당 1백만 원~1백 80만 원씩 불법 과외를 한다.
강사들은 이를 「돼지 키우기」라는 은어로 부르며 정작 학원 강의는 뒷전으
로 미룬 채 월 1천만 원~2천만 원의 목돈을 챙겼다(경향신문, 1997. 6. 4.).

1998년에는 한 학생의 11개월 치 과외비 8천만 원을 일시에 지급하는
족집게 사기 과외로 인해 사회적으로 큰 파문이 있었다. 족집게 사기 과외
로 인해 사회 지도층과 강남의 부유층 등의 학부모 75명이 소환되었다. 과
외 사기를 주도한 학원장은 결국 2년 구형을 받았다. 1998년 서울대 총장
은 고3 딸을 위해 2천만 원의 전 과목 과외를 시켰다는 이유로 총장직에서
물러나기도 했다.

1997년 4월 취업전문업체인 리크루트가 대학 졸업 예정자 150명을 대
상으로 한 조사에 의하면 대기업 입사 때의 희망 연봉이 1,800만 원(월 150
만 원)가량으로 나타났다. 당시의 화폐 가치를 고려하면 과외 비용은 천문학
적인 액수며, 계층 간 위화감을 조성할 수밖에 없었다. 그래서 교육부는 사
회지도층 인사가 자녀의 불법 과외를 시키면 명단을 공개하고 인사상 불이
익을 준다고 했으며, 교습자와 학부모의 명단을 국세청에 통보해 탈세 여
부를 조사하도록 했다. 과외 교습을 한 현직 교사와 대학교수에게 파면 등
의 강력한 조처를 했다.

이처럼 정부가 엄격한 과외 단속을 해도 학부모의 자녀 과외는 더욱
과감해지고 있었다. 과외는 학력 욕망이 초래한 학부모의 절박한 선택이기
때문이다. 이런 상황에서 과외 단속은 학부모들을 초조하게 하고 불안한
강박 증세를 보이게 한다. 과외 금지는 학부모에게 학력 귀족을 포기하게
하는 것과 다름없기 때문이다.

고액 과외에 대한 검찰의 단속이 3개월 진행되자, 그동안 개인 지도에 의존하던 일부 학생과 학부모들은 심한 불안 증세에 시달리며 「과외 금단 현상」을 겪고 있다. … 친분 있는 유력 인사들을 통해 '수사를 빨리 끝내 달라'고 검찰에 요청하고 새로운 비밀과외가 등장하고 … 과외 시장이 마비 상태에 들어가자 일부 학부모들은 검찰에 수가 조기 종결 압력을 넣기도 하였다. … 서울 지검 특수 2부 검사들은 '유력 인사들로부터 도대체 수사가 언제 끝나느냐는 문의 전화가 쉴새 없이 걸려오고 있다면서 과외 근절이 얼마나 어려운지를 새삼 절감했다고 했다(경향신문, 1997. 6. 11.).

한국에서 과외 금지 조치는 학부모들에게 심각한 불안 증세를 부추길 정도로 단순한 상황이 아니었다. 학부모들이 서슬이 퍼런 특수부 검사들에게 과외 수사 종결에 대한 압력 행사를 할 정도라면 그들에게 과외가 얼마나 절실한 것인지를 알게 한다. 한 마디로 우리의 학부모는 자녀의 과외를 위해서라면 무엇도 겁을 내지 않았다. 그래서 과외비를 부담하기 위해 가정 파탄이 일어나기도 했다. 자녀들의 학비 부담 때문에 4,100만 원의 빚을 지게 된 홍 씨는 자살 직전 마지막 탈출구로 결국 '파산자의 낙인'을 선택했다(매일경제, 1997. 12. 22.).

학력 천민이 되지 않기 위해서는 엄청난 과외비를 부담해야 한다. 우리의 고액 과외비는 중산층도 버거울 정도다. 과외비 충당에 여유로운 가정은 학력 취득에 유리한 입장에 있다. 심하게 말하면 학력 귀족이 되기 위해서는 교육이란 이름아래 돈으로 매매하는 것과 다름없다. 안타까운 일이지만 학력에 목숨을 내놓는 우리의 상황이 가혹할 뿐이다.

영유아부터 학력 전쟁을 치르고 있는 상황에서 고3은 학력 지옥에서 벗어날 수 없다. '학력 전사'인 고3은 한 치의 틈도 허락되지 않는 비인간적이며 긴장된 삶을 운명적으로 수용해야 한다. 학부모의 고3과 삶도 다르지 않다. 학부모는 학력 공동운명체로서 자녀가 고3이라는 주어진 운명을 함께 감수해야 한다. 한국에서 고3 엄마는 죄인처럼 그리고 전쟁 같은 삶을 살아야 한다.

언니 고3은 인간도 아니야. 새벽 6시 30분부터 저녁 11시까지 계속 공부
한다는 건 정말 인간의 한계를 뛰어넘는 일이야. … 수업 시간에 배우는
것들은 단순한 지식 나부랭이뿐이야. 우리가 어떻게 살아야 하는지, 우린
누구인지 가르쳐 주지 않아. 우린 단지 '점수만 따는 기계'에 불과해. 선생
님들은 점수를 잘 따야 내신이 좋고, 좋은 대학에 가서 행복한 삶을 누린
다는 거야. '점수=행복'이란 말이잖아. 애들은 불을 켜고 남보다 더 잘하려
고 친구를 딛고 일어서려고 난리야(윤길순 외, 1997: 28-31).

고3 엄마는 체력이 국력이죠. 사실, 우리 나이에는 우울증이 왔다 갔다 하
는 나이예요. 얼만 전에 애가 말도 안 되는 소리 하는 것 참고 참았다가
나중에 혼자 엉엉 소리 내고 울었어요. … 자동차, 운전면허, 아이들 실어
나르는 데 필수 중의 필수죠. 한밤중이나 새벽에 아이 눈이라도 잠시 붙이
도록 해 줄 수 있어요. 고3 엄마는 철인이에요. … 우린 노예죠, 운전해서
아이를 날라야지, 정보 수집하고 전략 세워야지, 어디 가서 추천서 받아
와야지, 아이들이나 남편이나 스트레스 많다지만 그것 다 우리한테 쏟아
붓지(조선일보, 2001. 1. 1.).

우리의 학부모들은 학력 귀족이 되기 위해 자신을 희생하면서 혼신의
힘을 다한다. 학생들은 어린 시절부터 점수 기계인 학력 전사로 키워진다.
조금이라도 틈을 주면 학력 천민으로 떨어지기 때문이다. 학력 귀족이 될 수
없으면 일찍이 조기유학이라는 학력 난민을 선택해야 한다. 학력 난민은 지
옥 같은 입시 경쟁에서 탈출하여 낯선 외국에서 새로운 도전을 꿈꾼다.

다. 대학입시체제의 특징

김영삼 정부는 학력고사를 폐지하고 대수능시험으로 전환하여 국민에
게 부푼 기대를 주었지만, 국, 영, 수 위주의 본고사로 인해 예상과 달리
많은 문제점을 낳았다. 그래서 1997학년도의 대수능시험을 '새대학입학전
형제도'라고 하면서 큰 변화를 이루게 했다. 이 제도는 전형 방법에서 종전
보다 많은 차별을 보였지만, 더욱 세분되고 복잡해졌다.

이 시기의 대학입시제도는 대학에서 대수능시험과 학생부 그리고 대학별 고사를 다양하게 조합하여 학생들을 선발할 수 있게 했다. 1997학년~1998학년의 대수능시험 점수 체제는 변별력을 높이기 위해 문항 수를 늘리고, 총점은 200점에서 400점으로 확대하여 영역별 점수의 원점수와 백분위 그리고 총점의 원점수와 백분위를 제공했다.

1999학년~2001학년의 대수능시험의 점수 체제는 많은 변화가 있었다. 1999학년도 탐구 영역의 선택 과목제에 의해 다른 과목을 선택한 수험생의 성적을 동일 척도에서 비교하는 '표준점수제'를 처음으로 도입했다. 그동안 원점수를 제공하던 것을 표준점수도 함께 제공하게 된 것이다. 즉, 점수 체제의 영역별 점수와 총점을 '원점수, 백분위, 표준점수, 변환표준점수, 변환표준점수에 의한 백분위'를 구분하여 다양하게 표시했다.

이 시기 대학입시제도의 중요한 특징은 종합생활기록부(이하 종생부)의 도입이다. 종생부는 1995년 5·31 교육개혁안의 일환으로 생겼다. 종생부는 기존의 고교 내신성적을 합리적으로 개선하여 과열 과외를 완화하고 학교교육의 정상화를 꾀하고자 하였다. 과거의 내신성적은 고교 3년간의 교과 성적과 교육 활동을 중심으로 총점으로 계산하여 다시 전체 석차를 구성비에 따라 등급화하였다. 이 방법은 점수로 성적을 획일화하여 인위적으로 등급화하고, 학생들 간의 지나친 경쟁심을 조장하여 입시 경쟁의 부담을 가중한다는 문제점이 지적되었다. 이 문제를 해결하기 위해 종생부가 도입됐다.

당시 종합생활부를 약칭어인 '종생부'라고 불렀는데 어감이 좋지 않다는 사회 여론으로 인해 1년도 되지 않아 지금의 '학생생활기록부(이하 학생부)'라는 명칭으로 바뀌었다. 학생부는 인간의 능력을 획일적인 점수보다 전인적인 차원에서 이해하고자 했다. 학생부는 학생의 개성과 성적 그리고 잠재력과 소질 등을 존중하여 인간의 자아실현을 도모하기 위한 것이다. 학생부는 다양한 능력 개발, 교수·학습 자료의 이용, 인간교육 향상, 대학교육 적격자의 선발 등에서 교육적 활용도를 높이고자 했다.

학생부의 구성 요인은 ① 인적 사항, ② 학적 사항, ③ 출결 사항,

④ 신체발달 사항, ⑤ 심리검사 사항, ⑥ 수상 경력, ⑦ 자격증 취득 사항, ⑧ 진로지도 사항, ⑨ 특별활동 사항, ⑩ 봉사활동 사항, ⑪ 행동발달 사항, ⑫ 종합의견, ⑬ 교과학습발달 사항의 13가지 요인으로 구성되어 있다. 그리고 대학에 따라 자기소개서, 지원동기서, 학업계획서, 과외활동 상황, 전국규모의 경시대회 입상 경력, 교장이나 교사의 추천서 등의 자료를 활용할 수 있었다.

대학별 고사는 대수능시험과 내신성적으로 측정하기 어려운 것으로 각 대학이나 학과의 특수성을 고려하여 적합한 능력을 선별하여 입시 타당도를 높이기 위한 것이다. 대학별 고사는 각 대학이 독자적으로 실시하는 것으로 논술 고사, 면접 및 구술고사, 실기 및 실험고사, 신체검사, 교직적성 및 인성검사 등의 다양한 전형 형태로 되어 있지만, 국, 영, 수 위주의 본고사는 금지되었다.

전형 유형은 일반 전형과 특별 전형으로 구분되었다. 일반 전형에 포함된 특기자 전형에서 종전에는 문학, 수학, 과학, 음악, 미술, 체육 분야로 제한했지만, 교육적으로 인정되는 모든 분야를 대학이 자율적으로 결정하도록 확대했다. 취업자와 특기자도 일반 전형에 포함되었다. 특별 전형은 농·어촌 학생, 특수교육 대상자, 재외국민, 소년·소녀 가장 그리고 국가유공자의 자손과 자녀 등을 각 대학이 정한 기준에 의해 자율적으로 모집할 수 있었다.

입학 시기는 정시와 수시 그리고 추가 모집이 있었다. 정시 모집은 '가, 나, 다, 라'라는 4개의 시험 시기 군에서 각 대학이 하나 또는 그 이상의 시기를 자율적으로 선택할 수 있었다. 같은 학과라도 나누어 선발할 수 있었다. 정시 모집은 대학마다 시험 기간이 다를 경우에 대학 간 또는 동일 대학 내의 다른 모집 단위 간에 복수지원이 가능했다. 정시 모집 대학에서 시험 기간이 같으면 복수지원을 할 수 없었다.

수시 모집은 3월 1일 이후로 특차 모집 전까지 일정 인원을 선발하는 제도이다. 수시 모집이 정착되면 재수생 수가 감축될 것을 기대했다. 추가 모집은 정시와 수시 모집에서 미달 혹은 미등록의 결원을 보충하기 위한 것이다. 수시와 추가 모집은 시험 기간이 같아도 복수지원을 할 수 있었다. 특차 모집 대학은 복수지원을 금지했다. 이 시기의 대학 입시체제의 특징은 [표 6-4]와 같다.

표 6-4＿＿＿대학수학능력시험과 학생부(종생부) 및 대학별 고사 병행제의 입시 특징

구분	입시 특징
실시 시기	· 1997년~2001년
시대 상황	· IMF 사태(1997년), 국민의 정부(1998년)
고등교육정책	· 지방대 육성 대책안(1994년), BK 21(1999년)
입시 관리	· 국가와 대학
전형 자료	· 대수능과 학생부(종생부) 그리고 논술(대학별 고사)이 중심
지원 형태	· 정시와 수시
입학 사정	· 대학별 고사는 각 대학이 자율적으로 결정
입시 과목	· 2000학년도 대학수학능력시험 　- 언어 영역(공통) 배점: 120점 　- 수리·탐구 I 영역: 인문(공통수학, 수학 I) 80점, 자연(공통수학, 수학 I, 수학 II) 80점, 예·체능(공통수학) 80점 　- 수리·탐구 II 영역 배점 　　◦ 사회탐구 영역: 인문(공통사회, 국사, 윤리, 선택 5과목 중 택 1) 72점 　　　　　　　　　자연(공통사회, 국사, 윤리) 48점, 예·체능(공통사회, 국사, 윤리) 72점 　　◦ 과학탐구 영역: 인문(공통과학) 48점, 자연(공통과학 선택 과목 4과목 중에 택 1) 72점, 예·체능(공통과학): 48점 　- 외국어(영어) 영역(공통) 배점: 80점 　- 제2외국어(선택) 영역 배점: 40점 · 점수 체제(영역별 점수와 총점): 원점수, 백분위, 표준점수, 변화표준점수, 변환표준점수에 의한 백분위
입시 시기	· 정시(4개 군), 수시, 특차, 추가 모집
특별 전형	· 농·어촌 학생, 특수교육 대상자, 재외 국민, 소년·소녀 가장 그리고 국가 유공자의 자손과 자녀 등을 각 대학이 정한 기준에 의해 자율적으로 모집할 수 있음
입시 문제	· 대수능의 모호성으로 난이도와 변별력 조정에 문제를 야기했음 · 내신성적이 중요해지자, 고등학교에서 내신성적 부풀리기가 만연함 · 학생부에 대한 객관성과 공정성에 대한 사회적 불신이 조장됨 · 고등학교 간의 학력 격차로 내신성적에 대한 불신이 야기됨 · 학생부 반영 비율이 미흡함 · 전형자료보다 대수능의 등급화에 의존하여 대학 간의 서열화를 조장함

김대중 정부의 대학입시체제는 지금까지 경험하지 못했던 다른 모습을 보였다. 그 특징을 보면 무시험 전형의 확대와 지역별 입학 할당제를 실시하면서 처음으로 정시와 수시 모집을 했다. 특별 전형에서는 농·어촌 학생과 소년·소녀 가장 그리고 국가 유공자의 자손과 자녀 등의 사회적 약자 계층을 배려한 것이 큰 특징이었다. 김대중 정부의 대학입시체제는 파격적인 모습을 보였으나, 우리의 뿌리 깊은 학력 출세주의로 인해 다양한 문제를 파생했다.

첫째, 고등사고능력을 측정하기 위한 통합 교과적 검사는 그 성격이 모호하여 문항 제작의 어려움을 가중해 난이도와 변별력 조정에 대한 문제가 생겼다.

둘째, 학생부의 내신성적이 대학입학에 중요한 변수로 등장하자 고등학교에서 '내신성적 부풀리기'가 만연했다.

셋째, 학생부에 대한 객관성과 공정성에 대한 사회적인 불신이 조장됐다.

넷째, 고등학교 간의 학력(學力) 격차로 인해 내신성적의 신뢰도와 타당도에 대한 불신을 야기했다.

다섯째, 학생부 반영 비중이 미흡하여 사교육이 과열되었다.

여섯째, 대학입학의 다양한 전형자료의 도입에도 불구하고, 각 대학은 대수능시험의 등급화에 의존해서 대학 간의 서열을 강화하는 경향이 있었다.

13

대수능시험과 무시험 전형제, 학생부 및 대학별 고사 병행제

(2002년~2007년)와 입시문화

가. 교육의 사회적 배경

김대중 정부(1998년~2002년)는 취임하면서 겪은 IMF라는 심각한 국난을 예상보다 신속하게 수습하면서 서서히 경제적인 안정세를 취하였다. 김대중 정부에서도 많은 일이 있었지만, 햇볕 정책의 일환으로 북한의 김정일과 평양에서 역사적인 정상회담을 가졌으며, 2002년에는 세계가 주목하는 월드컵이 개최되었다. 2003년에는 참여정부라는 이름으로 노무현 정부가 탄생했다. 노무현 정부는 임기 내내 끊임없이 정치 도전을 받았지만, 경제적으로는 비교적 성장세를 유지했다. 구체적으로 2003년은 3.1%, 2004년은 5.2%, 2005년은 4.3%, 2006년은 5.3%, 2007년은 5.8%의 경제성장률을 보였다. 노무현 정부도 힘든 일이 많았지만, 지금도 회자되는 13월의 보너스라는 세금 혜택이 있을 정도로 경제적 자신감을 회복하고 있었다.

김대중 정부의 후반기는 '2002년 한일 월드컵'이라는 세계적인 축제가 있었다. 당시의 열기는 뜨거웠으며 붉은 악마의 야외 응원은 세계에 새로운 모습을 보였으며 4강 업적은 한국인에게 큰 자부심을 주었다. IMF라는 힘들고 지루한 극복에서 오는 종합 선물과 같은 것이었다. 안타깝게도 이시기에 제2연평해전이 발생하여 국민에게 큰 충격을 주었다.

노무현 정부는 2003년에 이라크전 파병 논란과 대북송금 특검과 노무현 대통령 측근의 비리 의혹이 논란의 중심에 서고, 사스(SARS: 중증급성호흡기증후군)가 유입됐으며, 한국-칠레 FTA 반대 시위가 있었다. 2004년에는 노무현 대통령의 탄핵 소추 및 심판과 김선일 이라크 피랍 사건이 있었으며, KTX가 개통되었다. 2005년에는 황우석 사건이 일어나고 뉴라이트 전국연합이 출범했으며 호주제 위헌 판정이 있었다. WTO 쌀 관세화 협상에 대한 파동도 있었다. 2006년에는 반기문 유엔 사무총장의 당선과 한미 FTA

파동이 있었으며, 조류 인플루엔자 파동이 있었다. 2007년에는 아프가니스 탄 피랍 사태, 제2차 남북정상회담이 있었으며, 태안 기름 유출 사고가 일 어났으며, 한미 FTA 협상이 타결됐다.

노무현 정부(2003년~2008년)는 취임 초부터 교육계의 거센 도전을 받았 다. 진보 단체인 전국교직원노동조합(이하 전교조)은 학생 인권을 문제 삼으 면서 오랫동안 준비한 교육행정정보시스템(이하 NEIS)을 전면 반대하는 격렬 한 저항을 했다. 노무현 정부가 출범 초기부터 휘청거릴 정도로 NEIS 사태 는 전 국민에게 큰 반향을 일으켰다. 이런 와중에도 노무현 정부는 굳건한 의지를 갖추고 교육혁신위원회를 설치하여 우리의 교육 문제를 개선하고 새로운 방향을 제시하고자 했다.

노무현 정부도 5·31 교육개혁안을 골격으로 유지하면서 신자유주의 시장경쟁원리 기반의 교육정책을 지지했다. 노무현 정부는 교육 책무성을 강화하기 위해 '교원 평가제'를 도입하여 시범 실시하고, 각 지방에 건설될 혁신 도시에 공영형 혁신학교를 도입하여 교육운영 자율권을 보장했다. 교 육 개방으로 인해 경제자유구역 내에서 외국인을 위한 국제자율학교의 설 립 계획을 발표했다. 노무현 대통령은 2003년에 BK21 사업 추진과 의학전 문대학원을 도입했다. 2004년에는 EBS 수능방송을 했으며, 지방대학혁신 역량사업(NURI 사업)과 대학구조개혁방안을 발표하여 국립대학의 통폐합과 학생의 정원 감축을 추진하여 대학 경쟁력을 높이고자 했다. 노무현 대통 령은 '대학은 기업이다'라는 말로 시장주의 인식을 드러냈다. 2007년에는 입학사정관제를 도입했으며, 당시 한나라당은 반값 등록금을 추진했다.

노무현 정부는 우리의 교육열을 약화하기 위해 큰 노력을 했다. EBS 수능 방송이 대표적이다. EBS 수능 방송은 출범 전부터 많은 논란이 있었 다. 사교육을 줄이기 위해 사실상 정답을 미리 알려주는 것이 교육목적에 위배된다는 것이다. EBS 수능 방송을 통해 사교육을 줄이기 위한 노력을 했 지만, 사교육은 오히려 증가하는 추세를 보였다. 이 시기의 중요한 점은 '저 출산 아동'에 대한 인식과 더불어 대학 정원을 서서히 통제하기 시작했다.

표 6-5   2002년~2007년 고등교육 정원의 실태 현황

구분	고등교육 기관 수						학생 수	교원 수
	대학교	대학	교육대	각종학교	전문대	계		
2002년	163	11	4	159	337		2,760,035	57,095
2003년	169	11	4	158	342		2,759,444	58,022
2004년	171	11	5	158	345		2,736,457	59,668
2005년	173	11	5	158	347		2,739,017	62,058
2006년	175	11	4	152	342		2,733,377	64,595
2007년	175	11	3	148	337		2,741,971	65,325

출처: 교육인적자원·한국교육개발원(2002~2007). 교육통계연보.

[표 6-5]를 보면 7·30 교육개혁조치 이후 대학 정원은 뚜렷한 증가세를 보였지만, 2004년에 거의 처음으로 정원이 축소되었다. 이 시기에 저출산 아동에 대한 인식을 보이면서 정원 축소 조짐이 나타났다. 비록 이 시기에 크게 정원 축소가 된 것은 아니지만, 대학 정원의 변곡점이 보인 것은 의미 있는 일이었다. 실질적인 대학 입학 경쟁을 주도하는 대학(교)의 학생 수는 오히려 증가하고 있었다. 2002년은 1,771,738명, 2003년은 1,808,539명, 2004년은 1,836,649명, 2005년은 1,859,639명, 2006년은 1,888,436명, 2007년은 1,919,504명으로 증가했다.

2000년대에 들면서 정치 이념 분쟁의 불똥이 교육 이념 분쟁으로 번지기 시작했다. 보수와 진보는 '3불 정책'(본고사, 고교등급제, 기여입학제 불가)3과 고교평준화로 인한 학력(學力) 저하 문제에 대해 치열한 이념 논쟁이 있었다. 학력 저하는 대수능시험의 쉬운 출제와 문과도 이·공대에 지원할 수

---

3 당시 야당인 한나라당은 노무현 정부의 교육정책을 3불 정책으로 보고 세찬 이념적 공격을 했다. 3불 정책은 국론을 분열시킬 정도로 끊임없는 논란이 되었다. 한나라당은 대학입시체제에서 본고사의 부활, 고교등급제의 도입, 기여입학제의 실시를 강하게 주장했다. 한국의 교육 현실에서 이 세 가지 정책을 동시에 수용하는 것은 거의 불가능에 가까웠다. 그런데 한나라당이 집권하자 의외로 세 가지 정책은 전혀 실현되지 못했다. 3불 정책은 교육보다 정치 주도권을 위한 이념 수단에 불과했던 것이다. 3불 정책은 정치 수사에 지나지 않았으며 교육을 정치 제물로 활용한 것에 불과했다. 안타까운 우리의 교육 현실을 정치 정쟁의 도구로 삼았던 것이다.

있는 교차 지원이 큰 영향을 미쳤다. 과거와 달리 문과는 어려운 이과 과목을 이수 안 해도 이·공대에 진학이 가능한 '교차 지원 제도'로 인해 이·공대 학생의 학력 저하 문제가 대두됐다. 문과에 유리한 교차 지원 제도로 인해 학생들이 자연계보다 인문계로 몰리게 되자, 자연히 '이·공계 기피 현상'으로 이어지고 국가 차원의 이·공계 인력 양성에 차질을 빚게 되는 심각한 문제가 발생했다.

우리 사회는 모든 힘을 집중하는 학력(學歷) 욕망으로 인해, 자연히 학력(學歷)에 대해 지나칠 정도로 엄격했다. 심지어 노무현 대통령을 고졸 출신이라는 프레임을 씌워 노골적으로 비하했다. 2007년에는 신정아 학력 위조의 파문이 일어났다. 신정아 학력 위조는 정치적으로 확대되면서 전국의 여론이 들끓었다. 신정아 학력 위조를 계기로 사회적으로 학력 검증이 일어났으며 특히 방송인들의 학력 위조에 대해 사회 여론은 예민하게 반응했다. 학력에 모든 것을 올인하는 우리의 입장에서 학력 위조는 사회의 기초 공정성을 위배하는 것으로 용서하기 어려운 일이었다. 지금도 학력 위조에 대해 조금의 틈도 허락하지 않는다. 학부모들은 학력 위조를 사회의 어떤 반칙보다 심각한 문제로 보기 때문이다.

나. 대학입시문화의 전개

노무현 정부는 취임하면서 교육혁신위원회를 두면서 우리 사회의 다양한 교육문제를 해결하기 위해 의욕 차게 출발했다. 사교육비 경감을 위해서 많은 논란이 있는 EBS 수능 방송을 과감하게 추진했다. 노무현 정부의 노력에도 우리의 학력 욕망은 도저히 꿈쩍하지 않았다. 여전히 교육열에는 약육강식의 세찬 바람이 불었다.

특히 대학 출신 학부모가 전격 가담하자 대학 입시경쟁의 효율성을 위해 어린 영아와 유아도 입시 경쟁에 뛰어들었다. 대학 출신 학부모들은 대입경쟁을 위해 자녀를 체계적으로 관리하기 시작했다. 대학 출신 학부모들은 대학 입시의 조기 경쟁력을 위해 고등학교→중학교→초등학교→유아기

→영아로 이어지는 「학력 경쟁의 역 도미노 현상」을 주도했다. 대학 출신 학부모들은 어린 영·유아를 대학 입시 변화에 매우 예민하게 대응하게 했으며, 대학 입시에 유리하다면 조기 사교육을 통해 준비된 입시 전사로 거듭나게 했다.

> 세 살배기 ○○은 요즘 1주일에 한 번씩 논술을 공부하고 있다. … 서울대를 비롯한 주요 대학들이 2008학년 대학 입시부터 '논술' 비중을 높이자 사교육 시장이 요동을 치고 있다. … 논술이 사교육의 핵으로 급부상하면서 대학 입시에 성공하기 위해서는 일찍부터 논술을 가르쳐야 한다는 분위기가 학부모들 사이에서 급속하게 퍼져 가고 있다. 2~3년 전부터 불기 시작한 초등 논술 바람이 이제 유아 단계로 내려가고 있다. 학부모들의 논술 불안감을 이용한 업체들의 … 학부모들 사이에도 유아 논술이 최대 화제였다(조선일보, 2006. 9. 25.).

우리의 학부모들은 대학 입시의 변화를 정확히 진단하고 미리 준비하는 치밀함을 보였다. 경기도 교육청(2006)의 조사에 의하면 도내 학부모의 78%가 논술 과외를 시키겠다고 했다. 어렸을 때부터 입시 전사로 키우기 위한 학부모의 정성은 자녀와 일심동체가 되어 함께 입시 준비를 한다. 한국 사회에서 대학 입시의 효과를 절실히 아는 학부모들은 기꺼이 자신도 입시 전사의 길을 함께 걷는 것을 마다하지 않는다.

> '세 살 과외가 여든까지 간다.'는 세상이다. … 엄마가 로드 매니저라면 아이들은 분재(盆栽) 키드로 자란다. 모양을 잡기 위해 이리 구부리고 저리 철사를 감아주는 분재처럼, 지금 우리 아이들은 두 돌 지나면 가베니, 짐보리니, 영어 유치원이니 이곳을 감아주고 저곳을 도드라지게 만드는 손길에 따라 모양을 가다듬어 간다. … 한국에만 존재하는 엄마 점수란 게 있다. … 엄마들이 올라탄 '자녀 교육=대학 입시 합격'이란 궤도 열차는 앞만 보고 달린다. 혼자 힘으로 궤도를 바꾸기란 난망이고, 저 혼자 뛰어내리려면 생명을 걸어야 한다. 엄마는 절박한 일이다(조선일보, 2002. 12. 6.).

교육 1번지 강남 집중 현상이 진정될 기미가 보이지 않고 있다. … 중고생보다 상대적으로 시간 여유가 있는 초등학생들에게 '강남식' 사교육을 맛보게 하고 어릴 적부터 비슷한 수준의 상류층 아이들과 어울리게 해 '그들만의 로열서클'을 만들기 위해서다. … '매니저'인 엄마가 훌륭한 교육 정보를 많이 얻을 수 있고 그에 맞춰 아이의 스케줄을 제대로 짤 수 있어야 한다. … 최소한 2~3개의 학원을 들은 후에야 집으로 돌아간다. 엄마는 아이를 학원 앞에 내려준 후 수업이 끝날 때까지 학원 앞에서 기다린다. 수업이 끝나면 아이를 다른 학원으로 데려다주어야 하기 때문이다(신동아, 2003. 7월호.).

돈이 많은 것은 둘째 치고, 엄마들이 너무 똑똑해요. 명문대 출신들도 많고, 외국 유학 경험이 있는 엄마들도 다수예요. 자녀 뒷바라지하느라 집에 있을 뿐이지, 뒤돌아 서면 교수감이고 뒤돌아서면 의사감인 엄마들이 많아요. 그런데도 일을 하지 않은 이유는 오로지 자녀들 공부 때문이지요. 이곳(대치동)에서 아이들을 지도하려면 웬만한 커리큘럼으로는 명함도 못 내밀어요. 엄마들이 더 잘 알기 때문이죠(김은실, 2005: 30).

자녀의 학원이 끝나기를 기다리면서 대졸 출신 학부모들은 학원이 준 문제를 대신 풀면서 자녀가 돌아오면 핵심 내용인 엑기스를 전한다. 학부모들이 편안하게 문제를 풀 수 있는 공간인 학원 주위의 카페도 덩달아 성업했다. 아울러 맞춤식 대학 입시 진학 지도를 하는 입시 컨설팅 회사도 생겨났다. 중·고등학생이 대상이지만, 초등학생도 빈번하게 문의를 한다. 이 시기에 초·중·고생의 조기유학이 급증했다.

한국교육개발원의 조사에 의하면 2004년 3월부터 2005년 2월 말까지 조사한 결과 1998년보다 조기유학의 수가 6년 만에 10배 이상으로 급증했다. 조기유학을 가더라도 영어 과외를 받는 악순환을 겪는다. 심지어 최상위 계층을 대상으로 하는 1억짜리 유학 컨설팅이 있을 정도다. 유학원 혹은 컨설팅이라는 이름으로 유학 준비 시작부터 학교 지원, 에세이, 인터뷰 연습, 합격 후 학업과 생활 관리까지 해준다는 '유학 토탈 컨설팅 학원'들이 등장했다(조선일보, 2007. 8. 20.).

입시 전사로 길러지는 과외 열기는 광풍이라고 해도 모자랄 정도다. 과외 광풍으로 인한 대학 입시 압박은 교육 엑소더스를 부채질했다. 워싱턴포스트지(2005)는 기러기 아빠에 대한 장문의 특집 기사를 게재할 정도로 우리의 교육 현상을 기이하게 바라보았다. LA 타임스지(2005)는 기러기 가족의 이중생활을 소개하면서, 한국에서는 일류대 입학이 모든 것이며, 평일에도 자정에 가까워지도록 학원에서 주입식 사교육을 하고 있다고 했다. 어렸을 때부터 입시 전사로 길러지는 것은 사회에서 비교 우위에 서기 위한 학벌을 획득하기 위한 것이다. 결국 어려서부터 선행 학습을 통한 입시 전략은 학벌 취득의 주도권을 갖기 위한 것이다.

> 대치동을 포함한 강남 아이들의 선행 학습 정도가 너무 한다는 생각을 지울 수가 없었다. 초등학교 때부터 논술 과외를 시작하고 5학년, 6학년만 되도 대입명문인 '특목고'에 진학하기 위해 중학교 과정 영어, 수학, 과학 수업을 듣기 위해 학원을 전전하는 아이들. 중학생이 되어선 고등학교 과정을 미리 공부하고 고등학교 들어가선 고액 개인 과외나 우수 학원 선생들에게 족집게 강의를 수강한다(김완준, 2003: 14).

우리의 학생들은 학벌을 위해 어려서부터 선행 학습을 통해 대학 입시에서 한 발이라도 앞서기 위해 빈틈없는 스케줄을 수행하고 있다. 우리 사회에서 먹이 사슬의 꼭대기에 있는 학벌을 취득하기 위해 어른도 힘든 빡빡한 일정을 소화하고 있다. 결국 이 모든 원인은 학벌 욕망이 파생한 효과라고 할 수 있다.

실제 정태화(2003)의 연구에 의하면, '학부모 교육열의 원인은 학벌주의 작용과 관련 있다'는 점에 찬성은 61.2%, 반대는 19.7%이며, '학벌주의의 사회경제적 보상'에 대해 찬성은 51.7%, 반대는 25.0%로 나타났다. '학벌에 대한 열등감 의식 조장'에 대해 찬성은 57.4%, 반대는 13.1%이며, '명문대 출신의 지위, 권력, 부의 독점에 대한 심리적 박탈감'에 대해 찬성은 70.6%, 반대주의 4.6%로 나타났다. 우리 사회는 학벌 차별을 심각하게 인식하고 있었다.

국정홍보처(2003. 9.) 조사에 의하면 '우리 사회에서 출신 학교에 따른 차별이 심각하게 인식하는 정도'가 87.7%였으며, '실제 사회생활에서 차별 경험'은 31.9%라고 했으며, '불이익 경험'에 대해 취업은 38.9%, 승진은 35.7%, 인격적 무시는 20.1%, 결혼은 4.8%로 조사됐다.

이코노미스트(2007. 11. 27.) 조사에 의하면 '능력을 떠나 출신 대학이 취업에 영향을 미친다'에서 94.3%가, '능력을 떠나 출신 대학이 승진에 영향을 미친다'에서 63.9%가 동의하고 있다. '우리 사회는 학벌 사회다'에서 89.6%가, 한국 기업은 출신 대학을 지나치게 중시한다'에는 72.3%가, '신정아 전 동국대 교수의 사기 행각에 학벌주의 풍토가 토양이 됐다'에는 85.3%가, '우리 사회는 외국에서 취득한 학위를 과대평가하는 경향이 있다'에는 88.2%가, 그리고 '우리 사회는 실력보다 학벌이 중요하다'에서 62.6%가 동의하고 있다.

사회 곳곳에서 편재해 있는 학벌 차별에 대한 인식은 영·유아와 초등학생을 각박한 입시 경쟁에 내몰리게 하는 직접적인 사회 원인이었다. 초등학생의 사교육 투자에 대한 학부모의 입장은 학벌주의에 대한 강한 인식에서 비롯됐다.

초등교육의 사교육 투자 이유는 … 직접적인 원인은 학벌주의와 무관하지 않습니다. 초등교육은 기초·보통교육이 아니라 입시를 위한 사전 훈련기관에 지나지 않습니다. 초등교육은 보이지 않는 사회경쟁의 장이며, 대학 입시의 장입니다. 사실 학생이 경쟁하는 것이 아니라 학부모가 경쟁을 한다고 해도 지나치지 않습니다. 초등교육 단계부터 출세지향적 교육관이 팽배하고 있기 때문입니다. … 초등교육의 사교육비 투자는 미래의 학연 형성과 관련이 있다고 생각합니다. … 학연이 우리 사회에 아직도 많은 영향을 발휘하는 것은 사실입니다. 초등교육의 사교육 투자와 조기유학이 대학 입시와 관계가 있듯이 미래의 학연 형성과 관계가 없다고 말하기는 곤란합니다(강창동, 2006: 112-116).

학부모들은 자녀의 학벌을 위해 전력 질주를 한다. 학부모의 입장에서 학벌이 종교며 세상의 전부다. 자녀의 학벌을 위해 조금이라도 유리하면 어떤 희생도 주저하지 않는다. 그들의 학벌을 위한 희생은 눈물겹다고 할 수 있지만, 학벌 경쟁을 위해서라면 가혹한 약육강식의 경쟁을 주저하지 않는다. 서울의 좋은 고등학교에 자녀를 전학시키기 위해 꽃샘추위의 차가운 칼바람을 아랑곳하지 않고 노숙을 하면서 밤을 지새운다.

> 3월 2일 시작되는 전학 신청 접수를 3일 앞둔 지난 27일부터 학부모들이 교육청 앞에서 밤을 새우며 줄서기를 하는 등 '시한부 노숙자' 신세를 감수하고 있다. … 28일 밤 서울시 교육청 정문 앞에는 학부모 200여 명이 두꺼운 옷차림으로 근처 가게에서 은박 돗자리를 깔고 앉아 길게 늘어서 있었다. … 한 할머니는 군용 모포로 몸을 감싼 채 서초구의 희망 학교에 넣기 위해 전주에서 올라왔다. … 3박 4일 밤낮을 꼬박 새워야 한다니 무슨 난리인지 모르겠다고 분통을 터뜨렸다(조선일보, 2002. 2. 28.).

이런 상황에서 학부모와 자녀는 치열한 입시 전쟁에서 파김치가 될 수밖에 없다. 학부모와 자녀는 입시를 위해 하나의 팀으로서 움직이기 때문이다. 자녀의 점수는 곧 학부모의 점수다. 자녀의 성적이 나쁘면 학부모는 죄책감을 느낀다. 어이없는 상황이지만, 부정하고 싶은 우리의 교육 현실이다. 학부모는 유일한 입시 안식처인 학원에 매달릴 수밖에 없다. 입시 전쟁에서 학원은 게임 체인저(game changer)이다. 그들에게 학원은 곧 종교다. 학원의 학습 요구는 금과옥조처럼 받아들인다. 오랫동안 모든 것이 학원에 의해 결정되는 입시 교육에 의해 '학원 중독증'의 덫에 걸리게 된다. 학원 중독증은 학원이 없으면 불안하고 초조하며 무기력해지는 것이다. 학원 중독증은 한 팀으로 움직이는 학부모와 자녀 모두에게 나타난다.

> 중학교 2학년인 김모 군은 학교 수업이 끝난 후 오후 4시쯤이면 엄마와 함께 승용차를 타고 학원으로 이동한다. … 오후 7시 학원 인근 분식점이나 패스트푸드 가게에서 식사를 마치고 12시까지 학원을 전전한다. 집에

들어와서는 끝내지 못한 숙제를 마무리하고 새벽 1시께야 곤한 잠을 청한다. … 헬리콥터 부모(자녀의 주위를 맴돌며 간섭을 멈추지 않은 부모)의 극성으로 학원 중독증에 빠진 아이는 파김치가 되고 있다. … 아이가 학원에 안 간다는 생각만 해도 불안과 초조함에 휩싸여 견딜 수 없는 게 학원 중독증의 본질이라고 했다(육아뉴스, 2007. 4. 3.).

이 시기에 내신성적이 대학 입시에 중요 변수로 등장하자 전국 고등학교에서는 교묘하게 '성적 부풀리기'를 하여 사회에 충격을 주었다. 학생의 성적을 올려서 대학 입시의 내신성적에서 유리한 위치를 차지하기 위한 것이다. 진수희 의원(2005)은 전국 100개 일반계 고등학교를 표본 조사해서 12개 과목 성적의 평균은 '수'의 비율이 15%가 넘는 학교 비율이 고2는 39.3%, 고3은 50.8%라고 밝혔다. 한 과목 이상에서 '수'의 비율이 15%를 넘는 학교는 고2의 경우에는 97.8%, 고3의 경우는 98.2%로 나왔다. 전국의 일반계 고등학교는 합법을 가장하여 태연하게 성적 부풀리기를 자행했다.

당시 성적 부풀리기가 얼마나 심했으며 전국의 대학 입학처장들은 성적 부풀리기를 막기 위해 '내신 실명제'를 제안하였다. 성적 부풀리기는 극심한 대학 입시경쟁이 초래한 기형적인 결과였다. 문제의 심각성으로 인해 「2008년 대입 개선안」에서 '원점수와 석차 등급' 표기제를 도입하여 성적 부풀리기를 제도적으로 차단하려고 했다. 성적 부풀리기는 대학 입시를 위해서라면 합법적인 테두리 내에서 도덕성마저 도외시하는 비뚤어진 교육열의 수치스러운 자화상을 보여주었다.

다. 대학입시체제의 특징

1998년 김대중 정부는 「2002학년도 대학입시제도 개선안」을 발표하면서 국, 영, 수 위주의 본고사를 폐지하고 각 대학은 무시험 전형과 특별 전형 등을 포함하여 다양한 선발 방식을 선택하게 했다. 대수능시험과 학생부의 교과 성적 비중을 낮추고 특별 활동, 특기 등의 요소를 종합적으로 고려하게 했다. 특기와 추천만으로 대학으로 갈 수 있었으며 '지역별 입학

할당제'를 도입했다. 특차 모집은 폐지되고 정시 모집은 3개 군으로 축소됐다. 수시 모집은 연중 실시돼 수험생의 대학 선택 기회가 확대되었다. 기본적인 컴퓨터 활용 능력에 관한 인증제도가 도입되어 자격 취득 여부가 학생부에 기록됐다(교육신문사편찬위원, 1999: 640). 김대중 정부는 과거와 달리 대학의 선발 자율권을 확대했다.

이 시기 대학입시제도의 큰 특징은 학생의 소질과 적성을 중요시하는 대학의 무시험제도 채택과 선택중심 교육과정의 도입이다. 선택중심 교육과정은 2003학년부터 적용하여 2005학년부터는 대학 입시 과목의 변화를 가져왔다. 선택중심 교육과정에 의해 불가피하게 대학 입시 과목의 변화가 있었지만, 기본적인 대학입시체제는 선택중심 교육과정의 도입 전과 후는 비슷한 맥락 위에서 이루어졌다.

이 시기의 대학입시제도는 주로 대수능시험, 학생부, 논술 고사, 추천서, 심층 면접 등으로 이루어졌다. 2007학년에는 「수능 등급제」와 「입학사정관제」를 첫 시행했다. 특히 이 시기는 크게 무시험 전형제와 대학의 전형자료 다양화로 구분하여 접근할 수 있다. 무시험 전형제는 대수능시험 성적을 최소 자격 기준으로 활용하여 대수능시험의 영향력을 대폭 감소하게 했다. 대수능시험 점수는 정규분포상의 면적 비율에 따라 9등급으로 구분하는 스태나인(Stanine) 방식을 적용했다. 스태나인 등급은 그동안 문제시된 점수의 서열화를 대폭 감소하는 효과를 가지고 있었다. 대수능시험 점수는 스태나인 등급제만 제공한 것이 아니라 개인의 적성과 소질에 대한 정보를 주기 위해 영역별 점수를 표준점수와 백분위 점수로 병행하여 제공했다. 스태나인 방식은 [표 6−6]과 같다.

표 6-6 _____스태나인 표기 방식

등급	1	2	3	4	5	6	7	8	9
등급 비율	4%	7%	12%	17%	20%	17%	12%	7%	4%
누적 비율	4%	11%	23%	40%	60%	77%	89%	96%	100%

대수능시험의 점수 표기는 그동안 원점수 총점과 변환표준점수 총점으로 표기하던 것을 2002학년부터는 변환표준점수에 따른 등급만을 제공했다. 대수능시험의 지나친 점수 경쟁 및 변별 기능을 완화하기 위해 수능의 소수점 및 총점 표기제를 폐지했고, 향후 자격 고사화를 전제로 9등급제를 도입했다(양길석, 2008: 149).

2005학년부터는 원점수 형태의 모든 점수 체제를 폐기하고 영역별과 과목별 표준점수, 백분위와 등급만을 제공했다. 이런 표기의 도입은 대수능시험 총점에 따른 수험생의 한 줄 세우기를 지양하고 입시 경쟁의 합리성을 구현하기 위한 것이다.

대수능시험은 교과 간 통합과 단원 간 통합 문항을 출제하여 탐구능력과 추론 능력 그리고 문제해결능력과 같은 고등사고능력을 측정하는 데 초점을 두었다. 2002학년~2004학년의 영역과 배점은 언어 영역(배점은 120점), 수리 영역(배점은 80점), 사회탐구 영역에서 인문계와 예·체능계(각 배점은 72점) 그리고 자연계(배점은 48점), 과학탐구 영역에서 인문계와 예·체능계(각 배점은 48점) 그리고 자연계(배점은 72점), 외국어 영역(배점은 80점), 제2외국어(선택: 배점은 40점)의 6개 영역으로 되어 있다.

점수 표기 체제에서 영역별은 '원점수, 백분위, 표준점수, 변화표준점수, 변화표준점수에 의한 백분위 그리고 등급'으로 되어 있다. 총점은 종합등급으로 표기했다. 총점과 소수점 표기를 폐지하고 2004학년부터는 문항 배점을 소수에서 정수로 표기했다.

2005학년부터는 선택중심 교육과정4이 적용되어 직업탐구 영역이 신

---

4 2005학년 대수능시험 체제의 '영역별 선택 교과목'은 다양하게 편성되어 있다. '수리 영역'에서 '가'형은 수학Ⅰ + 수학Ⅱ + 3개 교과목(미분과 적분, 확률와 통계, 이산수학) 중 택 1이며, '나'형은 수학Ⅰ로 되어 있다. '사회탐구 영역'은 한국지리, 세계지리, 경제지리, 한국근·현대사, 국사, 세계사, 법과 사회, 정치, 경제, 사회·문화, 윤리(윤리와 사상 + 전통윤리) 등의 11개 교과목 중에서 택 4로 되어 있다. '과학탐구 영역'은 물리Ⅰ, 물리Ⅱ, 화학Ⅰ, 화학Ⅱ, 생물Ⅰ, 생물Ⅱ, 지구과학Ⅰ, 지구과학Ⅱ 등의 8개 교과목에서 중에서 택 4이다. '직업탐구 영역'은 17개 교과목 중에서 택 3으로 되어 있다. '제2외국어/한문 영역'에서 제2외국어Ⅰ (독일어, 프랑스어, 스페인어, 중국어, 일본어, 러시아어, 아랍어)의 7개 과목과 한문 1개 과목

설되고 교과목을 전부 또는 일부를 선택하여 응시하게 했다. 이 시기의 영역과 배점은 언어 영역(배점은 100점), 수리 영역('가'형과 '나'형: 100점), 탐구 영역(사회탐구, 과학탐구, 직업탐구: 배점은 각 25점), 외국어(영어: 배점은 100점), 제2 외국어/한문 영역(배점은 40점)으로 구성되어 있다. 점수 표기 체제는 그동안의 원점수 형태의 표기 체제와 종합 등급을 폐기하고, 영역별은 표준점수와 백분위 그리고 등급으로 단순화했으며, 총점은 알려주지 않았다.

학생부는 국공립 대학에만 적용하던 것을 사립 대학을 포함하여 모든 대학에 반영 여부에 대한 자율성을 부과했다. 교과 성적은 「수, 우, 미, 양, 가」의 절대평가 방식과 과목별로 계열별 상대평가 방식을 채택했다. 대학은 교과성적 중심의 반영에서 벗어나 학생의 적성과 특기, 각종 활동의 반영 비율을 높일 수 있으며, 교과 성적은 대학과 학과 특성에 적합한 과목 성적을 활용할 수 있게 했다. 면접 방식과 점수 비중은 각 대학에 맞게 자율적으로 판단할 수 있었다.

각 대학은 비교과 주요 자료인 학생부에 확인할 수 있는 사항뿐만 아니라 수학 계획서, 자기소개서, 학교 특성, 간단한 에세이 등을 요구할 수 있었다. 각 대학은 자체적으로 다양한 논술 고사와 실기 고사를 실시할 수 있으나, 대학별 지필 고사에서 국, 영, 수 과목은 제외했다. 컴퓨터 활용 능력을 보기 위한 정보소양인증제도 활용할 수 있었다.

전형 유형은 일반 전형과 특별 전형으로 구분된다. 일반 전형은 일반 학생을 대상으로 하지만, 특별 전형은 특기와 수상 실적, 농어촌 출신자, 산업체 근로자, 소외 계층을 대상으로 하였다. 이 시기 대학입시제도의 큰 특징은 무시험 전형제에 의한 특별 전형을 확대한 것이다. 한 줄로 세우는 점수 서열화를 벗어나게 하고 각 대학이 요구하는 개인의 소질과 적성에 따른 다양한 인재를 선발하기 위한 것이다.

모집 시기는 정시와 수시 모집으로 구분하여 연중 언제나 모집할 수 있었다. 정시 모집은 기존의 4개 군으로 구분된 모집 시기를 3개 군으로

을 포함하여 총 8개 교과목 중에서 택 1을 하게 되어 있다.

축소했으며, 같은 군에서는 한 대학에만, 지원하게 했다. 수시 모집은 시험 성적에 의한 우수 학생 특차 모집을 폐지하고 조기 모집, 예약 입학, 추가 모집 등을 통합했다. 수시 모집에 합격한 학생은 정시 모집에 지원할 수 없었다. 수시 모집은 1학기 말과 2학기 말에 각각 등록 기간을 두었다. 전반기 수시 모집은 정원의 10%를 넘지 못하였다. 이 시기의 대학입시체제 특징은 [표 6-7]과 같다.

표 6-7____대수능시험과 무시험 전형제, 학생부 및 대학별 고사 병행제의 입시 특징

구분	입시 특징
실시 시기	· 2002년~2007년
시대 상황	· 한일 월드컵(2002년), NEIS 사태(2003년)
고등교육정책	· 의학전문대학원 도입(2003년), NURI 사업 실시(2004년)
입시 관리	· 국가와 대학
전형 자료	· 대수능과 무시험 전형, 학생부 그리고 논술 고사, 추천서, 심층 면접 등
지원 형태	· 정시와 수시
입학 사정	· 각 대학이 자율적으로 결정, 입학사정관제 도입(2007학년)
입시 과목	· 2002~2004학년도 대학수학능력시험 　- 언어 영역(120점), 수리 영역(80점). 　- 사회탐구 영역: 인문계와 예·체능계(72점), 자연계(48점) 　- 과학탐구 영역: 인문계와 예·체능계(48점), 자연계(72점) 　- 외국어 영역(80점), 제2외국어(선택: 40점) 　- 점수 체제: 영역별 점수는 원점수, 백분위, 표준점수, 변환표준점수, 　　　　　　　변환표준점수에 의한 백분위, 등급으로 표기 　　　　　　　총점은 종합 등급으로 표기 　- 특징: 총점과 소숫점을 폐지함 · 2005학년도 대학수학능력시험 　- 언어 영역(100점), 외국어(영어: 100점), 제2외국어/한문(40점) 　- 수리 영역('가'형과 '나'형: 100점) 　- 탐구 영역(사회탐구: 25점, 과학탐구: 25점, 직업탐구: 25점) 　- 점수 체제: 영역별은 표준점수, 백분위, 등급으로 표기, 총점은 없음 　- 특징: 직업탐구를 신설, 종합등급 및 원점수 표기 폐지, 수능 9등급제 　　　　　도입(2007학년) · 대학은 추천서, 수학계획서, 자기소개서, 간단한 에세이 등을 요구함 · 대학은 다양한 논술 고사와 실기고사 그리고 면접 등을 실시함

입시 시기	· 정시(3개 군)와 수시
특별 전형	· 특기와 수상 실적자, 농어촌 학생, 산업체 근로자, 소외 계층, 특수교육 대상자, 소년·소녀 가장 그리고 국가 유공자의 자손과 자녀 등을 각 대학이 정한 기준에 의해 자율적으로 모집할 수 있음
입시 문제	· 각 대학은 대수능 점수에 의존하여 대학의 서열화 약화에 미흡함 · 2005학년 대입체제는 학생들에게 많은 학습 부담을 줌 · 대수능시험 문항의 난이도와 변별력 문제가 지속적으로 제기됨 · 내신 성적이 중요해지자 성적 부풀리기가 만연해짐 · 각 대학은 전형 자료 개발보다 대수능 성적에 의존함 · 논술 고사는 제2의 본고사라고 불렸으며, 사교육비를 증가시킴 · 면접, 추천서, 자기소개서 등의 타당성과 공정성 시비가 제기됨 · 학교간 등급 차이로 인한 내신 성적의 공정성 문제가 제기됨

노무현 정부에 들어 교육혁신위원회를 두고 TV 수능 과외를 실시하면서 교육 문제 해결을 위해 의욕적으로 시작했지만, 여전히 우리의 교육열은 굳게 닫힌 성문과 같았다. 「2002학년도 대학입시제도 안」을 적용하여 학생의 재능과 적성을 중요시하여 무시험 전형제를 확대하고 대입 전형자료와 그 활용의 다양화를 통해 학생의 선발 자율권을 대폭 부여했지만, 기대와 달리 교육 문제는 여전히 완화되지 않았다. 이를 정리하면 다음과 같다.

첫째, 대학의 선발 자율권을 대폭 보장했지만, 각 대학은 대수능시험 점수에만 거의 의존하여 대학의 서열화 약화와 학생의 잠재력 소질 개발에 큰 실효를 거두지 못했다.

둘째, 2005학년부터 적용된 대학입시체제에서 교육부는 선택중심 교육과정에서 2 + 1을 권고했지만, 대다수 대학은 3 + 1을 채택하고 동시에 교과 성적과 비교과 성적을 요구하여 학생들의 대학 입시 부담을 한층 가중했다.

셋째, 각 대학은 자기 특성에 적합한 특성화된 전형 방법의 개발 노력이 미흡하여, 종전과 같이 대수능시험에만 거의 의존했다.

넷째, 범교과적이며 통합적 사고능력을 측정하기 위한 대수능시험의 출제 문항에 대한 난이도와 변별력이 끊임없이 문제시됐다.

다섯째, 대학 입시에서 내신 성적이 중요한 변수가 되자 '성적 부풀리기'가 만연했으며, '학교는 내신 성적'에 '학원은 대수능시험'에 초점을 두어야 한다고 했다.

여섯째, 각 대학의 논술 고사는 국어, 영어, 수학을 간접적으로 출제하여 제2의 본고사라고 불렸으며, 사회 전반에 논술 고사의 사교육비를 증가시켰다.

일곱째, 면접의 타당성과 객관성 확보의 미흡, 추천서의 공정성 시비, 자기소개서와 학업계획서의 대필 등의 문제로 인해 개인의 적성과 소질을 중시하는 교육이념을 무색하게 했다.

여덟째, 지역 간, 학교 간 학력 격차를 반영하지 않아, 내신성적의 공정성 문제가 끊임없이 제기됐다.

14 대수능시험 제반 제도와 입학사정관제 시행(2008년~2012년) 과 입시문화

가. 교육의 사회적 배경

이명박 서울 시장은 청계천 복원 사업과 버스 중앙차로제 등을 실시하여 대중적인 인기를 얻었다. 이명박은 747 성장 공약을 통해 경제에 대해서 국민의 기대를 받으면서 대통령으로 당선됐다. 이명박 대통령은 취임 초부터 강력한 시장주의적인 신자유주의 정책으로 일관했다. 이명박 정부는 개발주의 인식으로 국민들에게 거친 저항을 받았으며, 취임 초부터 불안한 정치 행보로 인해 임기 내내 정국은 경색 국면을 벗어나지 못했다.

이명박 정부(2008년~2013년)는 세계 금융 위기로 인해 경제 성과는 국민의 기대에 미치질 못했다. 구체적으로 2008년은 3.0%, 2009년은 0.8%, 2010년은 6.8%, 2011년은 3.7%, 2012년은 2.4%의 경제성장률을 보였다. 경제 대통령이 되겠다는 이명박 정부에서 경제 성장률 지표가 저조하게 나타났지만, 당시의 세계 금융 위기를 고려하면 비교적 나쁘지 않은 성과였다.

이명박 정부는 보수 야당에서 오랜만에 집권하여 국민의 기대를 받았지만, 집권 초기부터 정국은 경색됐고 국민들과 긴장과 대립으로 일관했다. 이명박 정부는 2008년에 성급한 미국산 쇠고기 수입 협상으로 인해 국민들의 대규모 촛불시위와 격렬한 저항에 부딪혔다. 이때 '명박산성'이라는 오명과 함께 국민의 신뢰가 떨어지면서 임기 내내 어려움에 부닥쳤다.

이명박 정부는 친기업적인 고환율 정책을 실시하여 수출 친화적인 대기업 위주의 정책을 펼쳤다. 2007년~2008년에 '서브프라임 모기지 사태'라는 세계적인 금융 위기가 일어났지만, 지혜롭게 극복한 것은 다행한 일이었다. 이명박 정부는 지속가능한 발전 위주의 '녹색 성장'을 내세우면서 한반도대운하사업을 축소하여 4대강(한강, 낙동강, 금강, 영산강) 정비 사업을 추진하여 아직도 많은 논란을 남겼다. 같은 시기에 숭례문 화재 사건이 일어나 국민에게 충격을 주었다.

2009년에는 용산 철거 사태로 인해 철거민과 경찰이 극렬한 대치를 했다. 같은 해 노무현 대통령은 검찰 수사에 못 이겨 생을 마감하는 안타까운 사건과 현대사의 상징인 김대중 대통령의 파란만장한 인생 역정이 마감되면서 많은 국민이 슬픔에 잠겼다. 2010년에는 G20 서울정상회의가 개최됐으며, 백령도 근처에서 천안함 피격 사건과 연평도 포격 사건이 있었다. 국제적으로는 2010년 12월 튀니지에서 일어난 대규모 반정부 시위를 시작으로 장기 독재 정권의 부정부패, 실업과 고용불안, 빈부격차, 물가 폭등 등이 원인이 되어 이집트, 예멘, 시리아, 리비아 등 중동과 북아프리카 주요국으로 반독재 민주화 시위 운동(아랍의 봄)이 들불처럼 번졌다.

2011년에는 아덴만 여명 작전으로 인도양 근처에서 해적에 납치된 우리의 선원을 구했다. 같은 해 그리스 정부가 국가 부도 사태에 직면하여 유럽 국가들의 연쇄적인 국가부도 위기인 '유로 존 위기'가 발생했다. 2012년에는 세종특별자치시가 출범했다.

이명박 정부는 대통령인수위원회부터 화려하고 복잡한 교육정책을 내세웠으며, 교육 문제를 해결하려는 의지가 강하였다. 이명박 정부는 과거 정부보다 한층 강화된 신자유주의 이념에 기반한 강력한 교육정책을 제시했다. 이명박 정부의 교육정책은 의욕은 좋았지만, 너무 파격적이고 졸속적으로 마련되어 많은 저항과 논란의 대상이 됐다. 제대로 연구되지 않은 채, 전국 초·중등학교 일제식 학력평가의 강제적 시행을 통해 지역별, 학교별, 개인별 성적을 공개하여 학교 현장의 경쟁을 심화시켰다. 세계화로 인한 영어 공교육을 제안하여 초등교육부터 '영어몰입교육'을 강조했으며, 초등학생의 입시 경쟁을 재현할 우려가 있는 국제 중학교를 설립하여 사회적으로 분열을 초래할 정도로 엄청난 논란이 있었다. 당시 세계에서 국제 고등학교는 있어도 국제 중학교는 거의 없었다. 이를 두고 전 서울시 교육감인 유인종은 1960년대로 회귀한다는 의미에서 후진 기어를 넣고 엑셀레이터를 밟는 상황이라고 했다.

이명박 정부의 학생 선택권과 교육의 질을 높이기 위한 기숙형 공립 고등학교와 마이스터고등학교 설립 및 자율형 사립학교의 100개 확대 계획은 치열한 경쟁을 초래하는 학교 등급화의 우려를 낳게 했다. 2008년 4월에 발표한 '학교 자율화 추진 계획'에서 학교장은 자율을 빙자하여 교육 관료와 관리자의 통제를 높인다는 미명 아래, 교사와 학생을 교육의 시장 경쟁에 내몰았다. 실제 시장주의 인식에 기반한 우별반 편성과 0교시 수업 그리고 사설 모의고사 부활 등이 일어나자 사회적으로 예민한 쟁점이 됐다.

이명박 정부의 대학정책은 유례를 찾기 어려울 정도로 파격적이지만, 제대로 연구가 이루어지지 않은 상황에서 실시되어 지금도 많은 부작용에 시달리고 있다. 그것은 교육을 위한 정책이 아니라 여론을 의식한 정책을 위한 정책에 지나지 않았다. 이명박 정부는 집권 초기부터 '비즈니스 프렌들리'를 내세우면서 청년 실업률을 낮추려고 했으나 여의치 않자, 엉뚱하게도 대학에 책임을 물으면서 대학구조개혁이 시작된 것이다.

대학구조개혁의 배경에는 학령인구의 감소, 반값등록금 여론, 청년 실업률 등의 과거 정부가 실패한 정책들을 대학의 책임으로 돌리면서, '평가를 위한 평가'와 '경쟁을 위한 경쟁'을 유도하여 대학 교육을 황폐화하는 기반을 조성했다. 대학구조개혁의 평가 지표는 세계에서 찾아보기 어려운 것으로 심지어 한국에서만 적용하는 것이 많았다. 이 점에서 취업률과 충원율 등의 평가 지표는 많은 정치적 의미를 함축하고 있었다.

이명박 정부는 2010년에는 「국립대선진화방안」을 발표하면서 2011년에 '국립대학 교원 성과급적 연봉제 운용 지침(안)'을 제안하면서 개혁의 고삐를 당겼다. 2011년에는 부실대학 통폐합과 퇴출, 대학구조개혁 이행, 국립대 선진화 및 통폐합, 대출제한대학 선정 등을 위한 대학구조개혁위원회가 발족했다. 2012년에 '2단계 국립대학 선진화 방안'은 더욱 파격적인 개혁안을 담고 있어서 전국의 국립대학 교수들은 이 안에 대해 적극적인 반대 의사 표시와 격렬한 저항을 했다. 이 안은 국립대학 법인화, 총장 직선제 폐지, 성과급적 연봉제 시행, 국립대학 재정·회계법 제정, 기성회계 제도 및 운영의 선진화 등을 도입하면서 대학 사회에 엄청난 혼란을 주었다. 이 정책들은 겉으로는 화려하면서 사회 정당성을 지녔지만, 속으로는 대학을 전혀 이해하지 못한 졸속 부실 정책으로 한국의 대학 경쟁력을 약화하였다.

이명박 정부는 신자유주의 이념을 기반으로 초·중등교육에서 대학교육에 이르기까지 강력한 개혁 정책을 표방했으나, 대부분 그 부작용으로 한국 교육계에 깊은 상처를 안겼다. 교육 비전문가에 의해 주도된 이명박 정부의 교육정책들은 결국에는 선무당이 사람을 잡았다. 이명박 정부는 과거 정부가 반복한 악순환을 답습한 것도 모자라 회복하기 어려울 정도의 교육적 폐해를 남겼다. 이명박 정부도 교육열 완화와 사교육비를 경감하기 위해 큰 노력을 했다. 오래전에 예측된 저출산 아동에도 불구하고 대학 정원은 오히려 증가하고 있었다.

표 6-8   2008년~2012년 고등교육 정원의 실태 현황

구분	고등교육 기관 수						학생 수	교원 수
	대학교	대학	교육대	각종학교	전문대	계		
2008년	174	10	3	147	334	2,740.686	67,266
2009년	177	10	2	146	335	2,768,061	67.784
2010년	179	10	3	145	337	2,818,814	69,345
2011년	183	10	5	147	345	2,867,303	72,002
2012년	189	10	5	142	346	2.897,002	76,104

출처: 교육과학기술부·한국교육개발원(2008~2012). 교육통계연보.

이명박 정부는 학령 인구 감소를 대비하기 위해 대학구조개혁을 통해 대학 정원을 줄이려고 했지만, [표 6-8]에서 보듯이 실제의 대학 정원은 큰 변화가 없다. 실질적인 대학 입학경쟁을 주도하는 대학(교)의 학생 수는 2008년은 1,943,437명, 2009년은 1,984,043명, 2010년은 2,028,841명, 2011년은 2,065,451명, 2012년은 2,103,958명으로 과거 정부보다 다소 증가세를 보인다. 이명박 정부도 대학 정원을 일시에 줄이는 것에 관해 부담을 느끼고, 대학 정원의 양적 증가를 통해 교육열을 흡수하고자 했다.

이 시기의 중요한 특징은 입학사정관제의 실시다. 입학사정관제는 당시 사회 문제가 됐던 학생부의 성적 부풀리기 현상, 대수능시험의 복잡화로 인한 사교육비 증가, 대학별 특성화 전형의 실패, 특목고의 입시 학원화

를 해결하고 학교교육의 정상화를 도모하기 위해 도입된 것이다. 노무현 정부도 입학사정관제를 시범 운영을 했지만, 이명박 정부는 입학사정관제에 대한 지원금을 늘리면서 큰 기대를 하고 강력한 시행을 했다.

입학사정관제에 대한 정부의 예산 지원은 전례가 없는 한국에만 해당하는 사례였다. 2009년 이명박 대통령은 자신의 임기 말(2012년)까지 '대학들이 입학사정관제로 100% 가까이 학생을 뽑을 것이라고 기대한다'라고 하여 교육현실 이해의 부족을 여실히 드러냈다. 입학사정관제의 확대 적용은 당시에도 많은 논란이 있었으며, 주관성의 개입으로 객관성이 약하다는 사회 불만이 컸다. 입학사정관제는 요구하는 전형 자료가 너무 많고 복잡하여 교육 문제를 해결하는 것이 아니라, 오히려 사교육을 증가시키는 부작용을 초래했다.

이명박 정부에서 이념적으로 첨예한 대립이 확산했다. 대표적인 사건이 2011년에 불붙은 무상급식 논쟁이다. 무상급식에 대해서 교육적인 의미와 경제적인 예산 확보가 핵심적인 고려 사항이었지만, 이에 대한 논의는 없고 이념적으로 선택적 복지와 보편적 복지를 둘러싸고 정치적으로 심각하게 대립했다. 무상급식 논쟁에서 보수와 진보의 이념적 차별은 국론 분열을 야기할 정도로 전국을 들끓게 했다. 선택적 무상급식을 추진한 오세훈 시장은 주민 투표에서 패배하여 서울 시장직을 내려놓으면서 전면 무상급식이 채택되었다. 무상급식 논쟁은 보수와 진보의 정치적 이념적 갈등이 엉뚱하게도 학교 급식 문제로 불똥이 튄 이념적인 사건이었다.

2007년에는 반값등록금이 한나라당 대선 공약으로 처음 등장하였으며, 2011년에는 반값등록금의 현실화를 위한 대규모 집회가 열렸다. 반값등록금은 국가 차원의 초미의 관심사가 되었다. 반값등록금 운동의 원인은 1989년 국공립대 기성회비와 사립대학 등록금 자율화 조치가 계기가 되었다. 2003년 국공립대 등록금 자율화가 되면서 등록금 인상이 사립대학에 영향을 미치면서 반값등록금 운동이 일어났다. 당시 우리나라는 1인당 국민소득이 세계 20위권이었지만, 등록금은 세계 2위권에 있었다.

이 시기에 대학 등록금의 부담이 얼마나 컸으면, 1950년대의 우골탑을 빗대어 부모의 등골을 뺀다는 등골탑(鐙骨塔), 부모의 등골이 빠진다는 인골탑(人骨塔), 돈이 없어 쪽방에 쪼그려 자며 대학에 다닌다는 쪼글탑, 이외에 가골탑(家骨塔), 모골탑(母骨塔) 등의 섬뜩한 용어가 등장했다. 그 이후 정부는 반값등록금의 현실화를 위해 천문학적 예산을 국가장학금으로 지원했다.

반값등록금의 영향으로 정부는 2011년에는 교육법에 '등록금 인상률이 직전 3개 연도 평균 소비자물가상승률의 1.5배를 초과하지 못한다'고 규정하여, 사실상 등록금 인상을 동결시켜 버렸다. 경직된 등록금 동결은 재정 부족을 초래하여 지금도 고등교육의 발전을 저해하고 있다. 정부의 롤러코스터 등록금 정책으로 인해 학생의 등록금 피해가 대학의 재정적 피해로 나타났으며, 결국 대학의 재정적 피해는 학생의 복지 피해와 대학 교육의 질적 저하로 이어지는 악순환을 되풀이했다.

나. 대학입시문화의 전개

해방 이후 대학입시문화는 '오로지 합격'이라는 일관된 하나의 방향을 가리키고 있었다. 학부모와 학생은 대학 입시가 어려우면 어려운 대로, 쉬우면 쉬운 대로 그리고 단순하면 단순한 대로, 복잡하면 복잡한 대로 집요하게 적응한다. 대학 입시 내용보다 대학 입시 합격이 중요했기 때문이다. 그들은 대학 입시 변화에 구애받지 않고 대학 입시 자체에 모든 것을 올인하여 점수에 특화된 입시 기계가 된다. 대학 입시는 인재를 선별하는 교육 경쟁이 아니라 학력 출세를 위한 사회 경쟁의 공간이다. 지금까지 많은 교육정책자들은 대학입시체제를 바꾸어서 학교교육의 정상화에 성공하거나 사교육비를 감소시킨 적은 없다. 대학 입시는 교육 문제가 아니라 사회 문제이기 때문이다. 그래서 정치 위정자의 대학입시정책은 교육 현장에 영향을 주지 못하면서 오히려 사교육 현실을 악화시키는 결과를 초래했다.

우리의 역대 교육정책은 사교육과의 전쟁사(史)를 방불케 한다. 중학교 무시험제, 고교평준화, 본고사 폐지, 과외 강제 금지 같은 숱한 사교육 정책이 교육 정책을 좌지우지해왔다. 그렇지만 사교육 대책이 나올수록 사교육 시장이 팽창한다는 말이 있다. … 사교육 확대는 상류층이 쏟아붓기식 과외가 중산층의 불안 심리를 자극해 과외를 부추기고 그 뒤를 서민층의 따라나서기식 과외가 쫓아가는 방식으로 확산했다. 대한민국 학부모들은 예외 없이 남보다 앞서겠다고 달려가지만, 모두가 그 방법을 채택하는 탓에 제자리 뛰기를 하게 된다(조선일보, 2009. 6. 30.).

한국 사회의 '사교육 의존증'은 도무지 수그러들 기미가 없다. 어느 정부건 사교육비 절감 대책을 내놓는다. 이명박 정부도 그랬다. 현 정부는 '고교 다양화 프로젝트'를 사교육비 절감 대책으로 포장했지, 실상은 고교평준화의 틀을 깨는 시도였다. 결과는 아이들은 더 이른 나이부터 사교육 경쟁에 시달리게 됐다(프레시안, 2012. 2. 21.).

물론 이런 상황은 이명박 정부에게만 한정된 교육 문제는 아니다. 일제강점기를 포함하여 100년이 넘도록 비슷한 교육 문제를 되풀이하고 있다. 단지 시대라는 무대의 성격에 따라 교육 문제는 다양한 모습으로 나타났지만, 그 이면에는 학력 욕망이 일관되게 작용하고 있었다. 2011년에 '취업뽀개기'의 구직자 929명을 대상으로 한 조사에 의하면, '취업 활동 중에 학벌 차별을 경험한 적이 있다'에서 55.9%, '면접 때 학벌과 관련된 질문을 받았다'에서 70.5%, '학벌 때문에 서류 전형에 번번이 떨어졌다'에서 23.9%로 나타났다. 우리 사회에서 학벌은 사회 출세의 지표로 작용하고 있다. 학벌은 보이지 않는 사회 연줄로서 승진이나 인사에 많은 영향을 미치기 때문이다.

금융업계의 전 차장은 직장에서 잘나가는 에이스 사원 중의 한 명이다. … 빼어난 성과로 각종 상도 휩쓸었다. 그도 본인 스스로 '루저'라고 느낀다. 학벌이다. 지방대 출신이라서 느끼는 장벽이 존재하기 때문이다. 명문대 출신은 서로 밀어주고 당겨준다. … 그는 결국 학력 콤플렉스를 극복하기 위해 서울의 모 대학 대학원에 진학하기로 했다. 대학원 수료자도 같은 동문으로 인정해주는 곳이어서 학벌의 약점을 가려줄 것으로 전 차장은 잔뜩 기대하고 있다(한국경제, 2009. 11. 23.).

앞서 사례가 한국 사회에 만연한 학벌 소외감을 모두 보여줄 수 없지만, 학벌로 인한 사회 차별을 상징적으로 나타내고 있다. 능력이 있어도, 열심히 업무를 수행해도 학벌의 중압감을 극복하기 어려운 것이 우리 사회의 차가운 현실이다. 학생들은 학벌 출세주의를 위해 어린 시절부터 사춘기를 유예하면서 입시라는 지옥의 레이스에 참여하고 있다. 학생들은 어른도 감당하기 힘든 입시 압박감으로 엄청난 스트레스에 시달리고 있다. 2011년 CNN은 한국의 고3은 지옥의 해이며, 힘든 입시 스트레스로 인해 매년 200명의 학생이 자살한다고 방송했다. 안타까운 일이지만, 이 점은 우리 사회에 만연한 과도한 학벌 욕망이 야기한 기형적인 부작용이라고 할 수 있다.

> 고등학교 네 명 중 한 명이 학습과 시험 스트레스로 자살 충동을 느낀다. … 학생 10만 명당 5.2명이 자살한다. 지난 14일도 한 청소년이 꽃다운 나이에 투신했다. 역시 학원에서 받은 스트레스 때문이었다. 장소는 한국판 '맹모삼천지교'의 현주소로 불리는 강남구 대치동이었다. … A 학생은 예술고등학교의 진학을 위해 영어, 수학, 과학, 바이올린 학원에 다닌다. … 수업 일정은 아침 9시부터 밤 10시 30분까지 빡빡하게 짜여 있다. … B 학생은 오히려 방학이 더 바쁘다. 새벽 3시쯤에 잠들어서 아침 8시에 일어난다. 이렇게 해도 숙제가 워낙 많아서 다 못한다(프레시안, 2012. 2. 17.).

어렸을 때부터 입시 전사로 길러지는 어린이들은 유치원에서 월 백만 원에 가까운 고액 과외를 한다. 영어에 대한 친밀감을 심어주기 위해 어린 아동에게 영어 이름을 지어주는 작명소도 성업했다. 심지어 유치원과 초등학생을 대상으로 하는 영어 학원의 교과서에는 전문 통역사에게도 생소한 단어가 있었다. 미국 교과서는 권당 십만 원이 넘는다. 강남 지역의 영어 유치원 비용은 1년에 일천 만 원 이상, 심지어 이천 만 원에 달하는 곳도 있다. 이는 2009년 기준 국립대 평균 등록금의 4.3배에 해당하는 비용이다(조선닷컴, 2009. 11. 23.). 유치원 시절부터 대학 입시를 위한 조기 사교육비를 아낌없이 투자하고 있다. 대학 입시경쟁의 역 도미노 현상은 어린이를 학원에 보내서 대학 입시를 준비하게 한다.

> 학부모는 자녀들을 연쇄 과외 수업으로 몰아내고 학교와 학원은 학생을
> 점수 기계로 만든다. 초등학교 5, 6학년생의 선행 학습이다 하면서 중3 학
> 년생이 배우고 있는 과정을 미리 공부해야만 안심이 되는 … 이 말도 안
> 되는 기형적 교육시스템 속에서 우리 언론 매체는 무엇을 하였는가. …
> '능력은 학력이고 학력은 점수다'라는 명제에 동조하지 않았던가(강준만,
> 2009: 219).

> 사교육 경쟁은 죄수의 딜레마다. 해도 해도 끝이 없는 옆집과의 싸움이기
> 때문이다. … 학교에서 8시간, 학원에서 6시간, 다시 집에서 과외 2시간으
> 로 하루를 지새우는 … 월평균 소득이 580만 원인 이 씨의 둘째 딸은 한
> 달에 130만 원을 하는 영어 유치원에 다닌다. 큰아들 영어 학원비에도 20
> 만 원을 쓴다. 검도, 피아노 등 취미 관련 학원까지 더하면 두 아이의 사
> 교육 비용은 월 200만 원이 들어간다(한겨레21, 제750호. 2009: 30).

> 요즘은 초등학교 때부터 워낙 사교육을 시키거든요. 그런 애들이 상위권
> 을 차지하는 추세에요. 우리 애들은 어릴 때는 안 시키다가 나중에야 사교
> 육을 하려고 보니 어릴 때부터 관리가 된 애들을 따라잡을 수가 없었어요.
> 그렇다고 안 하자니, 성적이 뒤처지고 … 딜레마죠(프레시안, 2012. 3. 7.).

우리 사회에서 학벌 욕망은 과도함을 넘어서 넘치기까지 한다. 강남의
최고급 유치원에서는 집안의 경제 수준이나 아버지의 사회 지위가 비슷한
아이 4~5명을 엮어 영어 유치원에서 함께 생활하도록 하는 유치원 짝짓기
교육 열풍이 일어나기도 했다(조선닷컴, 2009. 11. 23.). 우리의 기형적 교육열이
자아낸 모습이라지만, 씁쓸하기까지 한다.

2008년에 강남 아이들은 입시를 위해 국적을 세탁하는 일도 있었다. 3
천만 원 정도의 비용으로 남미 등의 영주권을 사서 한국의 외국인 학교에
입학시켜 영어를 배우게 하는 것이다. 심지어 자녀를 외국인 학교에 입학

시키기 위해 '원정 출산'을 하거나, '위장 이혼'도 강행한다. 학비가 수천만 원에 달해 '귀족학교'로 변질한 외국인 학교에 보내기 위해 한국 국적을 포기하고 위조 여권을 발급받은 범죄 행위도 서슴지 않는다.

실제 인천지검 외사부는 충남의 재력가 권모 씨를 사문서위조 및 행사 등의 혐의로 구속하고 학부모 46명을 불구속 기소를 했다(경향신문, 2012. 11. 7.). 이런 상황은 기형적인 교육열을 넘어선 것이며, 거의 한국에서만 볼 수 있는 교육 현상이다. 한국에서는 입시를 위해 최선을 다하다 못해 자신이 쓰러지는 것조차 모를 정도로 혼신의 힘을 다한다. 한국에서 학벌은 평생 소중하게 보관해야 하는 가장 가치 있는 사회 자산 중의 하나이기 때문이다.

과도한 학벌 욕망은 2008년 대학 입시부터 새로운 입시 광풍을 몰고 왔다. 입학사정관제가 도입되면서 내신이 중요한 변수로 부각됐다. 입학사정관제도 학벌 출세주의라는 블랙홀은 비껴가지 못했다. 2010년 교육과학기술부는 입학사정관제를 통해 사교육을 받지 않고 대학에 갈 수 있도록 하겠다고 했다. 예상과 다르게 입학사정관제의 '스펙'은 기형적으로 변해, 오히려 사교육 열풍을 주도했다.

입학사정관제를 통해 학생의 입시 부담을 덜어 준다는 것이 초등학생 심지어 유치원 유아까지 '스펙 관리'를 하게 하여 그 부담감을 엄청나게 가중했다. 내신 + 수능 + 논술이라는 「죽음의 트라이앵글(삼각형)」에 대해 학생들은 촛불집회를 하여 사회 파장을 몰고 왔다. 여기에 입학사정관제의 스펙이 추가되면서 「죽음의 사각형」이라는 신조어가 등장했다. 스펙 관리가 얼마나 힘들었으면 「저승 스펙」이라는 단어가 생길 정도였다.

대학·고교 입시에서 입학사정관·자기 주도적 전형이 확산하면서 초등학교 사교육도 진화를 거듭하고 있다. 보충·선행 학습에 집중하던 과거와 달리 영어·논술 바람은 이미 불었고, 나름의 특징과 이력을 쌓는 '스펙' 경쟁이 더해지는 상황이다. 반장·회장 선거에서 대학·특목고 입시가 회자하는 게 단적이다. 대학·고교 입시의 '리더십' 항목에서 좋은 평가를 받기 위해서는 초등학교 시절부터 경험을 쌓는 게 도움이 된다는 뜻이다(경향신문, 2010. 3. 9.).

입학사정관제는 기대와 달리 스펙이라는 새로운 암초를 만나 사교육을 주도했다. 대학 입시의 새로운 변수가 된 스펙은 사회적 열풍으로 변모했다. 자기소개서와 교사 추천서를 대필하는 사설 업체가 생겨났다. 입시 상담, 자기소개서, 자료 준비 등의 대학 입시를 위한 체계적인 스펙 관리는 수백만 원을 요구한다. 입학사정관제의 너무 복잡해진 전형 자료로 인해 부모의 도움 없이 입시에만 몰두하는 학생이 혼자서 관리하는 것은 사실상 거의 불가능하다. 엄마의 도움으로 이루어지는 입학사정관제를 '엄마사정관제'라고 불렀다. 자기소개서와 교사 추천서를 창작 소설을 쓴다고 하여 '자소설(자기소개서 + 소설)'이라고 비하했다.

어떤 브로커는 1억 6천만 원을 받고 고3 수험생들의 경력을 허위로 만든 뒤 입학사정관제를 통해 대학에 부정 합격시킨 일을 하다 검찰에 적발됐다(매일경제, 2012. 8. 21.). 심지어 성폭행 가해자가 '봉사왕'으로 변해 명문대에 합격한 사실도 있었다. 이 학생은 자기소개서와 교사 추천서에는 전혀 나타나지 않았다. 스펙의 공정성을 의심할 수밖에 없었다. 스펙은 학부모의 교육적 신뢰를 받기 어려웠다.

입학사정관제의 스펙은 점수로 만들어진 인위적인 인재보다 타고난 잠재력이 높은 자연적인 인재를 선발하기 위한 것이다. 의도와 달리 스펙은 체계적 관리를 통해 인위적 인재를 배출하는 지표가 되었다. 스펙 관리라는 문제의 심각성으로 인해 2010년 한국대학교육협의회는 사교육을 조장하는 '인위적 스펙 관리'를 막기 위해 '입학사정관 운영 공통 기준'을 발표했지만, 스펙 열풍은 오히려 우리의 사교육 역사에서 찾아보기 어려운 새로운 바람을 일으켰다.

3월 새 학기를 맞아 서울 시내 초등학교는 '반장 선거', '어린이회장 선거' 열풍으로 뜨겁다. 덩달아 웅변·스피치 학원에 '선거 컨설팅'이 인기다. 학원에서는 스피치 연습은 기본이고 원고 첨삭 지도와 효과적인 공약 짜기도 병행한다. 지난 5일 한 스피치 학원에 문의하니 '이미 늦었다'면서, 관심 있는 학부모는 방학 때 집중적으로 준비한다고 답했다. '속성 코스는 가능하다'며 '연설문 대필과 실습 1일에 비용은 25만 원'이라고 하였다(경향신문, 2010. 3. 9.).

최근 국제중, 특목고, 대학교에 이르기까지 입학사정관 전형이 늘며 봉사 점수나 수상 경력을 쌓아 '스펙'을 넓히려는 열풍이 학생과 학부모 사이에 뜨겁게 불고 있다. 문제는 돈만 있다면 봉사 점수나 수상 경력도 살 수 있다는 현실에 있다. 실제로 자기소개서를 대필해 명문 대학에 진학시키겠다는 '스펙 브로커'도 등장했으며 봉사 활동 경험을 5만 원에 파는 봉사 단체도 있었다(중앙일보, 2010. 5. 20.).

대학입시체제가 변하면 학원뿐만 아니라 학부모도 놀랄 정도의 빠른 속도로 적응한다. 입학사정관제의 스펙이 중요하게 부각되자 유치원생부터 학원 주도의 스펙 관리가 들어갈 정도로 신속하게 대처한다. 우리의 학부모들은 새로운 대학 입시 적응을 위한 중·장기적인 전략적 계획을 즉각적으로 세우면서 망설임 없이 행동으로 옮긴다. 자연히 학원에 대한 의존도가 높을 수밖에 없게 된다. 교육과학기술부는 비정상적인 학원 열기를 줄이기 위해 학원비 초과 징수, 교습 시간 위반 등을 단속하는 '학원 신고 포상금제'를 도입하면서 「학파라치」가 생겼다. 학파라치는 우리의 안타까운 교육 현실을 보여주는 것으로 세계에서 희귀한 사례라고 할 수 있다.

이 시기에 주목받은 것은 '죽음의 트라이앵글'이라는 논술 입시다. 논술이 대학 입시에 중요한 변수로 등장하자 논술 학원에 대기자만 수백 명이 될 정도로 큰 인기를 끌었다. 초등학생에게 국문학과 외국 문학을 읽게 할 정도였다. 논술 열풍이라고 할 수 있다. 대학 입시 변화에 예민한 수험생의 입장에서 논술은 합격의 주요 변수로 자리 잡고 있었기 때문이다.

논술의 문제점은 대학마다 논술을 빙자하여 본고사를 치른다는 것이다. 올바른 논술은 정해진 정답이 없다. 논술은 자유로운 상상력과 이를 체계화하는 논리력을 발휘하기 위한 것이다. 같은 문항이라도 정답이 없는 논술은 개인의 수준에 따라 글쓰기의 수준이 달라진다. 일정한 정답이 있는 논술은 주관식의 확장에 지나지 않는다. 논술을 빙자한 주관식 문항이라는 것이다. 대학의 논술 입시는 일정한 정답을 요구하기 때문에 논술을 빙자한 본고사에 불과했다. 자연히 본고사 수준의 어려운 논술 시험을 보기 위해 사교육에 의존하게 됐으며, 논술 열풍이 대학 입시를 주도했다.

> EBS가 한양대 올림픽 체육관에서 개최한 입시 설명회에 학부모와 수험생들이 몰려 좌석 1만 5천 석이 가득 찼다. … 모의 평가 다음 날에 논술 학원은 문전성시를 이루고 있다. 상담을 받으려는 학부모와 학생들이 발길이 끊이지 않아 등록 마감된 6월 논술 강좌에는 대기자까지 생겼다. … 대치동의 자연계 논술 학원은 주말 오후에도 수험생으로 가득 찼다. 학원 측은 '1천 명을 대상으로 13개 반을 운영하는데 7월부터는 25개 반으로 늘릴 계획'이라고 했다. 논술 학원의 호황은 이미 예견됐다. 정부가 올해 수능을 쉽게 내겠다고 밝히면서 수능 변별력에 대한 우려가 높아진 탓이다 (동아일보, 2011. 6. 6.).

학부모에게 논술의 상상력과 창의력이 중요한 것이 아니다. 논술은 대학 입시를 위한 전략 도구일 뿐이다. 학부모와 학생은 대학 입시에 효과적으로 대응하기 위해 카멜레온처럼 신속한 변화를 한다. 대학 입시를 위해서라면 무슨 일도 할 것 같은 기세다. 학벌에 목숨을 걸게 하는 것은 우리 사회의 운명이다. 그만큼 우리 사회의 학벌주의 인식이 오랫동안 뿌리 깊게 도처에 자리잡고 있다.

다. 대학입시체제의 특징

2002학년 대학입시제도 개선은 무시험 전형과 특별 전형을 도입하여 다양한 선발 체제의 기반을 마련하여 대학의 선발 자율권을 확대했다. 이 대입제도는 학생의 적성과 소질에 따라 대학에 입학할 수 있다는 기대를 주었다. 2007학년은 스테나인 방식에 따라 수능 9등급제를 처음 적용했다. 2002학년 대입개선은 선진적인 선발 방법에도 불구하고 예상치 않은 많은 문제점을 노출했다.

2002학년의 대입제도가 파생한 다양한 문제를 해결하기 위해 2004년에 새로운 대입제도 개선안이 제시됐다. 2008학년에 적용될 대입제도개선안은 그동안의 교육 문제를 해결하고 학교교육의 정상화를 위해 마련됐다. 새 대입제도 개선안의 주요 특징은 수능 9등급제, 석차 9등급제, 학교생활기록부 반영 확대, 소외 계층 등의 광범위한 특별 전형이 있었다.

무엇보다 새 대입제도 개선안의 큰 특징은 대학 입시의 골격을 이루는 입학사정관제를 확대 적용했다. 노무현 정부인 2007학년에 도입됐지만, 시범 적용에 불과했으며, 미미한 수준이었다. 이 당시 입학사정관제는 당시 야당인 한나라당의 교육위원회 주도로 이루어졌다. 입학사정관제가 적극적으로 확대 적용된 것은 이명박 정부에 의해서다. 이명박 정부는 입학사정관제가 사교육비를 포함하여 우리의 교육 문제를 해결하리라 생각했다. 입학사정관제의 전형 자료를 보면 이명박 정부의 기대를 알 수 있다.

표 6-9_____입학사정관전형의 주요 전형 자료 및 평가 내용

구분	세부 평가 내용
학교생활기록부	· 교과성적: 지원한 전공과 관련된 과목의 성취 여부 · 학년 변화에 따른 성적의 추세 · 비교과 영역: 각종 교내활동 등
자기소개서	· 적성(전공 적합성), 인성, 흥미, 태도 등
추천서	· 참고자료 활용
증빙자료 (포트폴리오)	· 학교생활기록부, 자기소개서의 내용을 입증할 수 있는 증빙자료
창의적 체험 활동 종합지원시스템	· 학교생활기록부 보조자료 · 비교과 영역: 자율활동, 동아리활동, 봉사활동, 진로체험활동 등

출처: 김신영 외(2011). 19쪽.

입학사정관제의 전형 자료는 학생의 소질과 적성을 중요시하고 학교교육의 정상화를 위한 의지를 엿보게 한다. 2002학년 대학 입시는 시작부터 어려움에 부닥치게 됐다. 학생부의 비중이 커짐에 따라 내신성적 부풀리기가 사회에서 큰 문제가 되었다. 내신의 교과와 비교과를 포함하고 있으며, 교과 성적은 '수, 우, 미, 양, 가'라는 등급과 과목별 석차(석차/재적수)로만 표기됐다. 각 고등학교는 대학 입시의 유리한 위치를 위해 쉬운 문제를

내 성적 부풀리기를 했다.

성적 부풀리기는 특정 학교에만 국한된 현상이 아니라 전국적으로 확산했다. 당시「내신은 학교에서 수능은 학원에서」라는 말이 있었다. 학생부의 내신 교과 성적은 원점수, 평균, 표준편차와 함께 석차 9등급제를 적용하여 성적 부풀리기를 완화했다. 교과 성적의 석차 9등급제는 전국의 모든 고등학교의 성적이 같다는 전제를 하고 있다. 교과 성적의 석차 9등급제는 실제 존재하는 각 고교의 학력(學力) 차이를 반영하지 못해 자연히 많은 불만과 논란이 제기됐다.

대수능시험 성적은 영역과 과목별로 수능 9등급제를 적용했다. 대신에 대학별 내신성적과 대수능시험 성적의 적용 비율을 자율화했다. 예컨대 정시 모집에서는 학생부 50%, 수능 40%, 논술 10% 등으로 수시 모집에서는 학생부 50%와 논술 50% 등으로 대학이 자율적으로 반영하게 했다.

수능 9등급제는 점수 위주의 입시경쟁을 완화해 학교교육의 정상화를 높이고자 했지만, 선발의 변별력 약화라는 단점으로 대학에서는 수능 9등급제를 불신했다. 즉, 수험생이 50만 명이라고 가정한다면 1등급이 2만 명이나 된다. 1등과 2등만이 같은 성적 등급에 불합리한 배치를 받게 된다. 자연히 대학은 수능 9등급으로 선별하는 어려움을 가질 수밖에 없다. 예컨대 2008학년도에 총점으로 전국 1등이 가능하지만, 수학 1문제를 틀리면(당시 1등급은 만점) 2등급을 받기 때문에 원하는 대학에 진학할 수 없는 모순이 발생하게 된다. 수능 등급만의 제공은 교육적으로 많은 위험성을 내포하고 있어 2008학년도 한 해만 하고, 2009학년부터는 영역/과목별로 '표준점수, 백분위, 등급'을 함께 제공했다.

수능 9등급제의 변별력 약화와 학력(學力) 차이를 반영하지 않은 석차 9등급제로 인해 대학은 논술 비중을 늘리면서 우수 학생을 선발하려고 했다. 2007학년 정시 모집에서 논술 고사 반영 비율은 3%~10% 정도였지만, 2008학년 입시에서는 논술 고사 반영 비율이 30% 정도까지 높아졌다(조선일보, 2007. 9. 5.). 학생에게 대수능시험과 학생부 관리만 해도 엄청난 입시 중압감을 주는데 논술마저 강화되자「죽음의 트라이앵글」이란 말이 생겼다.

대수능시험 과목은 언어 영역(100점), 수리 영역(가형 100점, 나형 100점), 외국어(영어: 100점), 탐구 영역(사회탐구/과학탐구/직업탐구 중에서 택 1), 사회탐구(50점: 11개 과목 중 최대 택 4), 과학탐구(50점: 8개 과목 중 최대 택 4), 직업탐구(50점: 4개 과목 중 택 1과 13과목 중 최대 택 2), 제2외국어/한문(50점: 8개 과목 중 택 1)로 되어 있다. 과거에는 다양한 점수 표기 체제를 유지했지만, 수능 성적은 2008학년을 제외하고 표준점수, 백분위, 등급을 제공했다.

특별 전형은 정원내와 정원외 특별 전형이 있다. 정원내 특별 전형은 특기자 특별 전형(수학·과학경시 대회, 논술 대회, 각종 창작 대회, 예능 경진대회, 발명 경진 대회 등), 취업자 특별 전형, 일반계 고교 이외 출신자를 특별 전형(실업계 고교, 특수목적고, 산업체 부설고, 방송통신고, 대안학교, 특성화고교 출신자 대상), 대학의 자율적 특별 전형(학교장 및 담임교사 추천자, 교과성적 우수자, 선·효행상 등의 수상 실적, 자격증 소지자, 국가(독립) 유공자의 손·자녀, 기초생활수급대상자, 소년·소녀 가장, 지역 고교출신자, 환경 미화원의 자녀, 장기군 복무자의 자녀 등)이 있다.

정원외 특별 전형은 농어촌 학생, 실업계 고등학교 출신자, 재외국민과 외국인, 특수교육 대상자 등이 있다. 농어촌 학생은 입학 정원의 4% 이내, 특성화고 학생은 입학 정원의 5% 이내, 재외국민과 외국인은 입학 정원의 2% 이내(국외 교육과정 12년 이수자, 북한 이탈 주민의 경우는 제한이 없음), 기회균형 특별 전형(농어촌 4%, 전문계고 5%를, 총 9% 내에서 대학이 자율적 선발), 장애인 등 대상자 특별 전형(제한 없음), 산업체 위탁교육생(교육부에서 별도 정원을 통보하며 주로 야간대학과 사이버 대학이 해당), 특성화고 졸업자·재직자(농어촌, 전문계고, 기회균형을 포함하여 11%), 서해5도 특별 전형(입학 정원의 1% 이내 선발) 등이 있다. 이 시기는 대수능시험 성적 비중의 축소와 학교 차이를 반영하지 않은 석차 9등급제로 인해 대학별로 특별 전형이 다양하게 활성화됐다.

모집 시기는 수시와 정시 그리고 추가 모집이 있었다. 수시 모집은 수시 1학기와 수시 2학기로 구분된다. 수시 모집 대학에서 있어서는 전형 기간이 같아도 복수지원이 가능했다. 수시 1학기에 합격하면 등록하지 않더라도 수시 2학기와 정시 그리고 추가 모집에 지원이 금지됐다. 수시 2학기에 합격하면 등록하지 않더라도 정시와 추가 모집에 지원할 수가 없다. 이

중 등록도 금지됐다. 정시 모집은 가군, 나군, 다군이라는 3개 군으로 구성되어 있다. 이 시기의 대학입시체제의 특징은 [표 6-10]과 같다.

표 6-10_____대수능시험 제반 제도와 입학사정관제 시행의 입시 특징

구분	입시 특징
실시 시기	· 2008년~20012년
시대 상황	· 광우병 파동(2008년), 서브 프라임 모기지(2008년), 4대강 정비 사업(2008년)
고등교육정책	· 국립대선진화방안(2010년), 대학의 성과급적 연봉제(2011)
입시 관리	· 국가와 대학
전형 자료	· 대수능성적 9등급과 석차 9등급, 그리고 학생부 및 각종 전형 자료
지원 형태	· 정시와 수시 그리고 추가 모집
입학 사정	· 각 대학의 자율적인 결정과 입학사정관제 적용
입시 과목	· 2012학년도 대학수학능력시험 　－ 언어 영역(100점) 　－ 수리 영역(가형: 100점, 나형: 100점) 　－ 외국어(영어: 100점) 　－ 사회탐구 영역(50점): 11개 과목 중 택 4 　－ 과학탐구 영역(50점): 8개 과목 중 택 4 　－ 직업탐구 영역(50점): 4개 과목 중 택 1과 13개 과목 중 택 2 　－ 제2외국어/한문(50점) 　－ 점수 체제: 영역/과목별로 표준점수, 백분위, 등급 제공 　－ 수능 9등급은 2008학년만 제공 · 학생부 교과 성적: 석차 9등급제 · 대학은 추천서, 수학계획서, 자기소개서, 간단한 에세이 등을 요구함 · 대학은 다양한 논술 고사와 실기고사 그리고 면접 등을 실시함
입시 시기	· 정시(3개 군)와 수시 1학기와 수시 2학기 그리고 추가 모집
특별 전형	· 정원내: 특기자, 취업자, 일반계 고교 이외의 출신자, 대학의 자율적 전형 · 정원외: 농어촌 학생, 실업계 고교 출신자, 재외국민과 외국인, 장애인
입시 문제	· 수능 9등급제는 대학의 입시 변별력을 약화시킴 · 석차 9등급제는 고등학교의 학력 차이를 반영하지 못했음 · 논술 과목의 비중이 커지면서 입시 부담이 가중됐음 · 입학사정관제는 엄마사정관제라고 불리면서 불평등하게 적용됐음 · 입학사정관제는 스펙 경쟁을 초래하여 사교육 광풍을 초래했음 · 다양한 전형 제도를 도입했지만, 여전히 점수 위주의 입시 경쟁에서 벗어나지 못했음

2002학년 대학입시제도를 통해 전국 고등학교의 성적 부풀리기가 심각한 사회 문제로 등장하자 2004학년에 이를 해결하기 위해 「2008학년의 대학입시제도 개선안」을 마련했다. 2008학년은 수능 9등급제 적용과 석차 9등급제 도입 그리고 입학사정관제를 확대 적용했다. 점수 경쟁을 해결하기 위해 수능 9등급제와 석차 9등급제를 적용했지만, 새로운 입시 문제들이 풍선 효과처럼 차례로 나타났다. 대학입시체제가 어떤 모습으로 바뀌어도 변하지 않은 학력 욕망으로 인해 여전히 대면하고 싶지 않은 입시 문제에 직면했다. 이를 정리하면 다음과 같다.

첫째, 수능 9등급제 적용으로 인해 변별력이 약화하면서 각 대학은 대수능시험의 입시 비중을 낮추었다.

둘째, 학생부 교과 성적의 석차 9등급제는 고등학교의 실질적인 학력 차이를 고려하지 않아 많은 논란이 있었다.

셋째, 수능 9등급제와 석차 9등급제의 적용에 따라 논술 과목이 비중이 커지면서, 죽음의 트라이앵글이라는 입시 부담감이 한층 높아졌다.

넷째, 입학사정관제는 복잡한 전형 자료로 인해 부모의 지원 역할이 커지면서 엄마사정관제로 불렸다.

다섯째, 입학사정관제의 스펙 경쟁으로 인해 유아부터 초등학생까지 광범위한 스펙 광풍의 부작용을 초래했으며, 사교육비를 증가시켰다.

여섯째, 대학 입시에서 학생의 소질과 적성을 중시했지만, 여전히 점수 위주의 입시 경쟁이 완화되지 못했다.

15 대수능시험 제반 제도와 학생부 확대 적용(2013년~현재)과 입시문화

가. 교육의 사회적 배경

이명박 정부는 무리한 정책을 추진하여 임기 내내 국민의 저항을 받으면서 정치적으로 불안했다. 경제 대통령을 내세웠지만, 세계 금융 위기로 인해 경제 성과는 신통치 못했다. 2013년 아버지 박정희의 경제 업적을 기대하면서 탄생한 박근혜 정부는 역사적 향수를 자극하면서 국민의 큰 기대를 받았다. 같은 보수당인 박근혜 정부는 전반적으로 이명박 정부의 정책을 계승·확대한 것에 불과했다. 박근혜 정부도 국민의 신뢰를 받지 못하여 헌정사상 처음인 탄핵이라는 불행한 결과를 맞았다. 박근혜 정부(2013년~2017년)는 정치적으로 혼란의 연속이었다. 박근혜 정부의 경제성장률은 기대와 달리 저조했다. 구체적으로 2013년은 3.2%, 2014년은 3.2%, 2015년은 2.8%, 2016년은 2.9%, 2017년은 3.2%의 경제성장률을 보였다.

박근혜 정부는 최초의 여성 대통령이라는 수식어를 달면서 화려하게 탄생했지만, 국민의 큰 기대는 얼마 못 가서 큰 실망으로 바뀌었다. 박근혜 정부는 시작부터 어려움에 부닥쳤었다. 2013년 북한은 1991년의 남북불가침합의 폐기와 남북직통전화의 단절을 선언하여 도발적인 태도를 보였다. 박근혜 정부는 개성공단의 잔류 인원을 철수하면서 맞대응했다. 불행하게도 북한과의 관계에서 냉전 상태로 돌아간 것이다. 같은 해 국정감사 중에 제18대 대선 당시에 문재인 후보를 비방하는 댓글이 국가정보원과 국군사이버사령부의 불법적 개입이라는 의혹이 제기됐다. 사안의 심각성으로 인해 그해 11월에 박근혜 대통령의 퇴진 운동까지 있었다.

2014년에 경제혁신 3개년 계획을 발표하여 박근혜 대통령에 대한 호의적인 여론으로 국정 지지도가 높게 나타났다. 그해 연두 기자회견에서 '통일 대박입니다'라는 보랏빛 전망을 하여 처음에는 국민의 지지를 받았지만, 차츰 사실 근거가 미약하여 정치 수사에 지나지 않는다는 비판을 받았다. 나중에 최순실이 작명했다는 것으로 알려지면서 국민의 분노를 초래했다.

같은 해 4월 16일 세월호가 침몰하여 단원고 학생과 일반인 300명이 사망하는 참사가 일어났다. 이 사건이 엄청난 파장을 몰고온 것은 골든 타임에 단 한마디 '구하라'라고 말하는 명령권자인 대통령이 없었다는 것이었다. 지금도 그때의 행방이 묘연할 뿐이다. 우왕좌왕하다가 시간이 지체되면서 충분히 구할 수 있는 귀한 생명의 어린 학생들을 차가운 물 속에서 잃게 했다. 무능과 나태 그리고 무책임으로 이루어진 박근혜 대통령의 총체적 부실이 만든 전형적인 인재(人災)였다. 골든 타임을 놓친 박근혜 대통령의 은폐된 일정을 보면서, 국민의 깊은 슬픔은 분노로 변해 하늘에 닿을 정도였다.

2014년 6월에 경제부총리인 최경환은 금융 완화, 부동산규제 완화, 가계소득 증대 및 적극적인 재정 투입을 밝히면서, 침체한 경제를 회복시키기 위한 소위 '초이노믹스'를 발표했다. 당시 부동산과 주식 시장에 돈을 풀어 경기를 활성화하겠다는 '초이노믹스'에 대해 경제 전문가들은 상당히 위험한 정책이라는 지적을 하여 많은 논란이 있었다. 같은 해 10월 한미연합사 해체 및 전시작전통제권 전환을 무기한 연기했다. 2014년 11월 세계일보를 통해 정윤회 비선 실세의 국정 개입의 의혹이 제기됐다. 청와대 행정관인 박관천 경정이 만든 소위 정윤회 문건이 앞으로 닥칠 정치 후폭풍의 불씨로 자리잡기 시작했다. 그해 12월 헌법재판소는 통합진보당을 해산했다.

2015년 5월에 메르스(MERS: 중동호흡기증후군)가 급속히 확산하자, 정부의 초기 대응 실패로 세찬 질책이 이어졌다. 같은 해 8월에 북한은 DMZ에 목함지뢰를 매설하여 경계병 2명이 부상하는 사건이 일어났다. 박근혜 대통령은 북한의 도발에 단호한 대응으로 대처하여 국민의 지지를 받았다.

2016년 10월에 최순실의 국정 개입 의혹이 터지면서, 정국은 지금까지 경험하지 못한 새로운 국면을 맞았다. 박근혜 대통령 취임 이후 최순실이 모든 정책을 관할하는 상왕의 역할을 했다는 사실이 불거지자 국민들은 자존심에 큰 상처를 받으면서 허무에 찬 분노가 전국에서 들끓었다. 최순실 딸의 이화여대 부정 입학 사실이 밝혀지면서 사회 여론은 더욱 차가워졌다. 세월호 사고 의혹과 문화계 블랙리스트 등의 누적된 불만이 겹쳐지면서, 박근혜 대통령을 탄핵하기 위해 연일 100만 명 정도가 참여하는 대규모의 촛불집회가 19차례나 개최됐다.

박근혜 대통령이 만든 국가적 수치감은 질서정연한 촛불집회로 인해 세계 언론의 새로운 민주주의 도래라는 격찬을 받으면서 국민의 자존심 고양으로 바꿔었다. 그해 12월에 더불어민주당, 국민의당, 정의당, 무소속 의원 171명이 헌법과 법률 위반으로 인한 '대통령(박근혜) 탄핵소추안'을 국회에 발의, 가결되어 대통령 권한을 정지시켰다. 당시 정치적 논란과 사회적 진통 끝에 2017년 3월 헌법재판소의 탄핵소추안 인용으로 박근혜는 대통령직에 물러났다.

이 시기의 청년층은 사회 실업이 심각하여 청년층의 좌절감과 분노가 만연하여 한국 사회를 '헬조선'이라고 표현했다. 그리고 열정페이, 취업난, 삼포 세대(연애, 결혼, 출산을 미루는 것), N포 세대(주거, 취업, 결혼, 출산 등 인생의 많은 것을 포기하는 20대~30대를 일컬음), 지옥불반도(지옥+한반도), 88만 원 세대, 민달팽이 세대(옥탑방이나 고시원 등에 거주하는 청년 주거 빈곤층을 지칭), 노오력(사회의 구조적 모순을 개인의 노력 부족으로 돌리는 것에 대한 냉소적 표현), 탈조선(미래가 보이지 않는 한국을 탈출해 외국으로 떠나는 것), 죽창(죽창 앞에서 평등하다), 한남충(한국 남성의 비하), 김치녀·된장녀(한국 여성의 비하), 맘충(이기적이고 무개념 엄마) 등의 신조어가 난무하면서 청년층의 어려움에 대한 자조적인 표현이 등장했다. 사회가 어려워지자 계급적인 구조적 불합리성을 지적한 '금수저와 흙수저'라는 '수저계급론'은 청년층의 좌절감에 대한 태생적인 깊은 아픔을 대변했다. 이 시기의 청년층은 끝이 보이지 않는 어두운 터널에 갇혀서 한 점의 불빛을 찾기 위해 방황하는 세대라고 할 수 있다.

박근혜 정부는 교육개혁을 4대(공공/노동/금융/교육) 개혁의 하나로 지정하면서 교육에 큰 관심을 드러냈다. 초·중등 교육정책은 자유학기제, 공교육 정상화 추진, 지방교육 재정개혁, 사회수요 맞춤형 인력 양성, 일학습 병행 확산, 선취업 후진학 활성화로 구성된다. 고등교육정책에서 박근혜 정부는 이명박 정부의 정책을 계승, 발전시키면서 한층 강화했다. 대학구조개혁평가 체제를 2단계로 구분해 접근하여, 국회와 대학뿐만 아니라 시민사회에서도 논란이 있었다. 2014년에 들어 거의 유명무실하고 그동안 논란이 많았던 '대학설립준칙주의'를 폐지했다. 만시지탄(晚時之歎)이었다. 박근혜 정부는 대학평가에 의한 고등교육정책을 남발하여 대학 행정을 마비시킬 정도였다.

박근혜 정부는 대학교육역량사업, 국립대선진화방안, 산학협력선도대학(LINC 사업), 산업연계 교육활성화선도대학 육성사업(PRIME 사업), 국립대혁신지원사업(PoINT 사업), 대학인문역량사업(Core 사업), 평생교육단과대학, 국립대학자원관리시스템구축(KORUS) 등의 다양한 사업을 통해 재정 기반이 허약한 국·사립대를 재정적으로 압박했다. 반값등록금으로 인해 국·사립대는 사실상 등록금 인상이 거의 동결 상태에 있었기 때문이다. 결국 정부는 대학재정 지원사원사업을 통해 전국의 대학을 통제했다. 대학에 대한 정부의 통제는 헌법 제31조에 보장된 '대학의 자주성과 자율성'을 위배하여 자연히 박근혜 정부는 전국 대학들과 끊임없이 대립했다.

박근혜 정부는 교육정책을 매우 중요한 개혁안으로 생각했으며, 기존의 정부와 같이 의욕 차게 시작했다. 박근혜 정부의 교육개혁안은 매우 다양하게 전개됐지만, 그 실효성에 대해서 아직도 의심을 받고 있다. 박근혜 정부에 들면서 특징적인 점은 실제적인 학령 아동의 감소가 일어나서 대학정원이 감소하기 시작했다.

표 6-11_____2013년~2019년 고등교육 정원의 실태 현황

구분	고등교육 기관 수						학생 수	교원 수
	대학교	대학	교육대	각종학교	전문대	계		
2013년	188	10	5	140	333	2,900.001	77,070
2014년	189	10	3	139	341	2,890,977	78.284
2015년	189	10	2	138	339	2,853,224	79,408
2016년	189	10	2	138	339	2,801,468	79.146
2017년	189	10	2	138	339	2,747,635	80,588
2018년	191	10	2	137	340	2,708,523	80,429
2019년	191	10	2	137	340	2,651,170	79,222

출처: 교육부 · 한국교육개발원(2013~2019). 교육통계연보.

이명박 정부는 저출산 시대에 오히려 대학 정원은 증가세를 보였다. 박근혜 정부에 들어서 2013년에 대학정원이 정점을 찍으면서 2014년부터 대학 정원이 감소하여 2019년까지 비교적 빠른 속도로 줄어들고 있었다. 저출산 문제가 현실적으로 대학입학에 영향을 미치기 시작한 것이다. 실제적인 대학 입학경쟁을 주도하는 대학(교)의 학생 수는 2013년은 2,120,296명, 2014년은 2,130,046명, 2015년은 2,113,293명, 2016년은 2,084,807명, 2017년은 2,050,619명, 2018년은 2,030,033명, 2019년은 1,988,458명으로 크게 줄지는 않았다. 대학(교) 수는 오히려 증가세를 보였다. 기타 고등교육기관 수와 정원을 줄이고 대학(교)을 증가시킨 것이다. 이 점은 대학(교) 진학에 대한 국민의 열망을 흡수하기 위한 것으로 보인다.

학령인구의 감소가 시작되고, 상대적으로 대학(교) 수와 학생 수는 증가했지만, 대학 입시경쟁은 오히려 가열되고 있었다. 수시 전형에서 학생부가 중요한 경쟁 지표로 등장하자, 예상치 못한 성적 조작 사건이 일어났다.

2013년~2014년에 성남의 모 사립고 교무부장의 딸을 명문대에 진학시키기 위해 NEIS에 임의로 접속해 학생부를 조작한 사건이 있었다. 교장과 교감은 징역 6개월에 집행 유예 1년을 선고받았다. 당사자인 교무부장은 징역 1년에 법정 구속했으며, 교사 3명은 파면당했다.

2016년에는 광주의 한 고등학교의 교감과 교사들은 25명의 특별관리학생을 대상으로 생활기록부 성적과 내용을 조작하다가 경찰에게 발각되었다. 2018년 광주의 한 고등학교 행정실장은 중간 및 기말고사 시험지를 복사해 학교 시험 족보라고 하여 당시 학교운영위원장인 학부모에게 전달한 사건이 있었다.

2018년에는 강남의 S 여고 교무부장이 자신의 쌍둥이 자매를 위해 직위를 이용하여 시험 문제를 유출하는 파렴치한 부정을 저질렀다. 이 사건은 전국적으로 큰 충격을 주었다. S 여고의 학부모들은 학교 정문에서 자기 자녀가 혹시나 불이익을 당할까봐 마스크와 모자를 쓰고 100일간의 촛불 시위를 했다. 우리 사회에서 학력이 얼마나 절실했으면 학부모들이 학교 앞에서 시위까지 했을까 하는 생각이 든다. 교무부장은 파면과 동시에 구속기소 되어 대법원에서 징역 3년의 실형을 받았다. 결국, 쌍둥이 자매는 영점 처리되면서 퇴학당했다.

학력 욕망의 늪에 빠진 교무부장과 현직 교사는 사실상 범죄 수준의 부정을 거리낌 없이 자행했다. 무모하게 성적 조작을 한 현직 교사의 학력 욕망은 사회 중독에 가깝다.

최순실의 딸인 정유라의 이화여대 부정 입학 사건은 한국 사회를 경악하게 했다. 최순실은 학력 계급장이 주는 사회적 의미를 잘 알고 있어서 명문대에 진학시키기 위해 어렸을 때부터 승마를 배우게 했다. 최순실의 부정 입학은 대학 관계자들이 조직적으로 관여한 것으로 나타났다. 이 사건은 대학 입시에 극도로 예민한 학부모의 엄청난 분노를 불러왔으며, 촛불시위 때는 어린 중학생이 앞장서 정유라의 부정 입학을 규탄했다. 이 사건은 학력에 거의 목숨을 건 한국 사회가 학력 공정성에 대해 얼마나 예민하게 반응하는지를 여실히 보여주었다. 우리 사회는 입시 비리를 병역 비리와 거의 비슷하게 보기 때문이다.

학력 공정성을 소중히 간직하고 있으면서 혼신의 힘을 다해 대학에 들어가도 학력 출세가 보장된 것은 아니었다. 대학을 졸업해도 헬조선이라는 취업의 지옥문이 기다리고 있다. 이 시기에 금수저와 흙수저가 유행하면서 취업이 어려운 지방대와 문과를 비하하는 말들이 등장했다. 구체적으로 문송합니다(문과라서 죄송합니다), 문레기(문과 쓰레기), 문충이들, 문과 똘추, 인구론(인문계 졸업생의 90%가 논다), 지여인(지방대 출신·여성·인문대생), 지잡대(지방의 잡스러운 대학), 전화기(전자·전기, 화학공학, 기계공학 전공자), 서류 가슴(서류합격 + 오르가슴) 등과 같은 극심한 취업난을 상징하는 냉소적인 신조어가 등장했다. 이 용어들은 시대의 사회 분위기를 대변하고 있었다. 무엇보다 신자유주의 경쟁을 통해 돈이 중요한 사회의 가치 척도가 되면서 돈이 되지 않는 것을 무시하는 척박한 문화를 보여주고 있었다.

나. 대학입시문화의 전개

우리 사회의 학력 출세주의는 어느 날 갑자기 형성된 것이 아니라 오랜 역사적 과정을 가지고 있다. 과거제의 교육 출세주의를 거치면서 일제강점기와 해방 이후 지금까지 한결같이 나타나고 있다. 학부모의 학력 욕망은 현대사의 험난한 정치 격동기를 거치면서도 한 번도 꺾인 적이 없었으며, 시대의 새로운 무대에 따라 오히려 새로운 형태로 변모했다.

우리 사회의 학력 욕망은 위정자의 졸속 교육정책으로 완화할 수 있는 대상이 아니다. 수많은 대학입시체제의 변화에도 학력 욕망은 수그러들지 않았고, 굳게 닫힌 성과 같이 꿋꿋하게 자신의 위치를 지켰다. 한국 사회에서 학력 욕망은 생존 욕망의 다른 이름이다.

학력 귀족이 되지 못하면 평생, 송곳에 찔린듯한 날카로운 학력 차별의 아픔을 견디어야 한다. 우리 사회에서 학력은 약육강식의 사회 경쟁에서 비교 우위를 점하는 강력한 자산이며, 다양한 계급 차별을 막아주는 만능의 사회 방패막이기 때문이다.

한국 사회에서 학력의 중요성을 아무리 강조해도 지나치지 않다. 한국교육개발원(2016)의 여론 조사에서 '출신 대학의 차별'이 일부(65.3%) 혹은 심각할 정도(26.4%)로 총 91.7%가 존재한다고 인식하였다. 학력 차별은 도처에 편재해 있고 우리 사회의 일부분이 되고 있다.

진선미 의원(2015)의 국정감사 자료에 의하면 당시 고위공무원에서 서울대가 32.3%, 연세대가 10.9%, 고려대가 7.6%로 소위 SKY대가 50.7%로 나타났다. 일류대에 편중된 고위공무원은 막강한 행정 권한을 가지고 있어 학벌의 권력화를 엿보게 한다. 심지어 학력의 기반이 되는 학교 공부에서 성적 차별이 이루어지고 있었다. 한국의 사회 동향(2015)에서 초등학생은 16.5%, 중학생은 37.7%, 고등학생은 47.8%가 공부 때문에 차별을 받은 적이 있다고 했다. 우리 사회의 학력 차별은 자연스러운 관행이 될 정도로 우려되고 있다.

박 씨는 고등학교를 졸업하자마자 작은 회사의 계약직 사원으로 사회생활을 시작했다. 이직이 잦았지만, 업계와 상품을 가리지 않고 능력을 쌓는 기회로 여겼다. 장기적으로 학력보다 실력으로 승부가 가려질 거란 믿음도 있었다. 성과도 인정받아 … 박 씨의 능력을 높게 산 상사들이 추천서를 써준 것도 여러 번이다. 하지만 박 씨는 여전히 긴 이력서 중 '학력' 한 칸이 취업을 좌우한다고 하였다. 답답한 마음에 몇 년 전부터 방송통신대에 등록해 공부를 하고 있다. 이 졸업장이라도 있으면 좀 나아질까요?(한국일보, 2018. 2. 7.).

위의 사례가 특별하지만, 우리 사회에서 능력보다 2007년 1월 6일이 존재하는 것은 부인하기 어렵다. 불공정한 학력 차별을 받게 되면 사회 생활이 예민해지게 되며 불만족이 쌓일 수밖에 없게 된다. 김영철(2015: 8-9)의 연구는 '학력과 행복'의 관계에 대해 많은 시사를 준다. '전반적인 생활에 대한 만족'에서 상위권 대학은 55.7%, 중위권 대학은 45.3%. 전문대졸은 35.3%이며 고졸은 28.2%, 중졸은 21.3%의 만족률을 보인다. 학력에 따른 행복률의 차이는 도처에 있는 학력 차별을 정당화하고 있으며, 아울러 학력 욕망에 집착하게 하는 사회의 근거가 된다.

2020년에 어떤 유튜버는 수능 7등급은 용접이나 배워서 호주에 가라는 노골적인 비하로 사회의 물의를 일으켰다. 한국인들은 어려서부터 지긋지긋한 학력 세뇌를 받아서 이런 차별을 자연스럽게 받아들이고 있다. 심지어 학벌의 중요성이 부각되자 유치원 학벌을 찾게 되는 기이한 현상이 일어났다. 학력 욕망의 사회 경쟁은 확대·심화하여 대학교→초·중등학교 →유치원까지 내려오는 학벌의 도미노적인 역사슬이 생겼다.

우리 사회에서 만연한 학벌주의가 일류 명문고와 특목고를 거쳐 어느새 슬금슬금 유치원까지 내려왔다. 과거에는 대학만 잘 가면 엘리트 취급을 받을 수 있었지만, 요즘은 영어 유치원, 국제 초·중학교, 국제고·특목고로 이어지는 '명문대 코스'를 밟아야 '순혈 엘리트'가 될 수 있다는 말도 있다. 취업 이력서에 유치원까지 적어야 하는 시대가 올 거라는 우스개마저 나오고 있다(한국일보, 2014. 12. 11.).

믿고 싶지 않지만, 학력 차별이 인간 차별이 되면서 학력은 상품화되어 사람을 등급화시키고 있다. 학력 물신화(物神化) 현상이 우리가 모르는 사회 도처에서 은밀하게 일어나고 있다. 결혼정보업체는 학벌, 집안, 재산, 외모 등의 기준으로 적용해 미혼남녀를 15등급으로 나누었다. 출신 대학은 남자는 25점, 여자는 10점을 만점으로 평가했다. 서울대 출신 남성은 25점인 만점을, 지방 사립대 출신 남성은 5점으로 평가되고 있다(이데일리, 2017. 1. 11.). 학력으로 사람을 등급화하는 학력 물신화를 극명하게 보여주고 있다. 학력이 혼인의 중요한 지표로 된 것은 사실 오래전의 일이었다.

> '중매 시장'에서는 직업과 재산은 물론 학벌에 따라 예비 신랑·신부의 점수를 매긴다. 기업뿐만 아니라 결혼정보업체도 학벌에 따라 점수 등급이 달리 매겨진다. 등급을 매겨 시장에 내다 파는 고대 노예와 다를 바가 없다(대한매일, 2013. 3. 14.).

우리는 스스로 학력의 정신적 노예가 되고 있다. 우리 사회는 학력에 따라 자신도 모르게 노예처럼 등급화되고 있다. 학력 차별을 받지 않고 학력 천민이 되지 않기 위해서는 영아 시절부터 혹독한 훈련을 견디는 학력 전사가 되어야 한다.

김은영 외(2016)의 연구에 의하면 2세아의 평일 일과 중 사교육 시간은 어린이집에 다니는 경우는 70분 정도며, 반일제 이상 학원에 다니는 경우는 4시간 45분이었다. 5세아의 경우는 어린이집은 68분, 유치원은 59분이며 가정양육 5세아는 2시간 55분으로 상대적으로 높았다. 반일제 이상 학원에 다니는 경우는 6시간 15분으로 나타났다. 이처럼 우리 아이들은 유아기부터 학력주의라는 사회 세례를 받으면서 엄청난 고통에 시달리고 있다. 우리의 학력 욕망은 영유아뿐만 아니라 어린 학생들에게도 끔찍한 희생을 당연한 것처럼 요구하고 있다.

대치동 수학 학원에서 만난 김은지 양(당시 6세, 가명)은 생후 10개월부터 사교육을 받았다. 백화점 문화센터의 음악 프로그램, 사설 놀이학교가 출발이었다. 만 1세부터 영어, 발레, 미술 등을, 만 2세부터 국어, 한문, 수학, 영어 학습지를 시작했다. … 지난해부터 오전 9시에서 오후 4시까지 다니는 영유아 대상의 영어 학원과 별도로 수학 학원 2곳, 과학 교실 1곳, 피아노, 수영, 미술, 줄넘기를 병행하고 있다(중앙일보, 201. 2. 10.).

위의 사례가 특별한 경우라고 하지만, 우리 사회의 가혹한 학력 전쟁을 부인하기 어렵다. 2013년 르몽드지는 '교육 강박증에 걸린 한국인'이란 기사 제목에서 한국 학생들은 세계에서 가장 뛰어난 학생일지 모르지만, 가장 고통스러운 경쟁에 있는 가장 불행한 학생이라고 했다. 한국 학생들의 보충 수업은 때로는 밤 11시까지 이어지며, 이들이 하루 12시간 수업을 받고 있다고 전했다.

우리의 학생들은 태어나자마자 고대 검투사와 같이 학력 전사가 되기 위한 지옥 훈련을 시작해야 한다. 훈련의 끝은 대학에 들어갈 때까지다. 실제 강남의 유아 영어 학원은 한 달을 기다려야 테스트를 볼 수 있고 부모 면접까지 한다. 이 학원에 5세 아이가 다니려면 이른바 '카우프만 지능 검사(K-ABC 검사)라는 걸 받아서 상위 5%에 들어야 하고, 그다음 입학시험을 다시 따로 쳐야 한다(조선일보, 2015. 11. 21.).

영어 유치원은 연 1천만 원이 훌쩍 넘는다. 부모의 입장에서 돈의 액수가 중요한 것이 아니다. 원하는 대학에 입학하면 모든 것이 해결될 수 있다고 믿는다. 평생을 보장받는 학력 귀족이 되기 위해 투자 액수가 중요할 수가 없다.

박경미 의원(2016)의 조사에 의하면 사립 초등학교 5곳의 학비가 천만 원을 넘어섰다. 서울 영훈초등학교가 1,157만 원으로 가장 비쌌다. 우리의 교육 현실로 볼 때 천문학적 액수에 해당한다. 학부모의 학력 욕망으로 초등학생은 끊임없이 '학원 뺑뺑이'에 시달리면서 끼니를 메우는 것이 버거울 정도의 고통스러운 상황에 놓여 있다.

초등학교 5학년인 남모 양(12세)은 이날 오후 5시가 훌쩍 지나서야 컵라면 하나로 겨우 배를 채웠다. 오후 5시 30분부터 4시간 동안 진행된 학원 수업 때문에 끼니를 놓친 것이다. 요즘 학원을 6개를 다니기 때문이다. 일주일 한 번 이상 햄버거, 피자 등을 먹는 비율이 초등학생이 64.6%나 되었다(헤럴드경제, 2017. 4. 13.).

학력 전사인 어린 학생들은 학력 전쟁이라는 가혹한 상황에 내몰리고 있다. 학원 수업의 일정 때문에 끼니를 제대로 때우지 못한 어린 학생들은 그래도 행복한 편이다. 가정이 넉넉지 못한 학생들은 지옥 같은 학원마저도 다닐 수 없기 때문이다. 그런데도 학원에서 혹독한 생활을 견디고 있는 학생들에게 학부모들은 학력 귀족을 위해 가혹한 물리적·심리적 체벌도 주저하지 않는다. 학부모들은 젊은 시절의 학력 열등감으로 인해 학력 중독이 된 것이다. 학부모 입장에서 우리 사회는 공부가 전부라는 깊은 착각에 빠진 것이다.

2016년에 초등학교 현직 교사인 엄마가 초등학생 딸은 새벽 3시~4시까지 공부를 시켰으며 자정이면 일찍 자는 날이다. '돌대가리냐' 등으로 딸의 자존심을 떨어뜨리는 말을 자주 했다. 이 일은 이혼 사유가 되어 서울가정법원에서 남편을 친권자 및 양육자로 지정했다.

같은 해에 단지 숙제를 안 한다고 아버지가 초등학생 3학년과 6학년의 두 아들을 골프채로 때린 사건이 있었다. 폭행을 당한 아이들은 공포감과 두려움에 싸여 귀가를 꺼릴 정도였다. 이런 상황은 학력 중독에 빠진 우리 사회의 숨기고 싶은 단면을 비추고 있다. 그토록 원하는 학력은 은밀한 곳에서 괴물이 되고 있었다.

어린 시절부터 학력 전사가 되었지만, 대학 입시의 길은 끝이 없다. 정부는 학생을 위한다고 대학입시체제를 바꾸지만, 오히려 학생을 괴롭히는 걸림돌이 되었다. 학생부가 등장하면서 죽음의 삼각형(트라이앵글), 죽음의 사각형이란 섬뜩한 용어가 등장했지만, 역설적으로 학생들의 대학 입시 부담감은 더욱 커졌다. 이 시기부터 한층 진화하여 죽음의 오각형(내신 + 수능

+ 논술 + 영어 + 공인인증시험)과 죽음의 육각형 혹은 죽음의 핵사곤(내신 + 수능 + 학생부 + 비교과 활동 + 자기소개서 + 면접)으로 불렸다. 용어가 암시하듯이 끔찍한 대학 입시의 고통을 엿보게 한다. 한마디로 대학 입시는 지옥의 레이스다. 작은 틈도 허락하지 않고 숨마저 쉴 수 없게 하는 각박한 상황에서 우리의 학생은 극단적인 선택에 몰리게 된다. 전교 1등이었던 한 학생의 유서는 우리의 가슴을 먹먹하게 한다.

> 엄마 … 저예요. 너무 놀라지 말고 들어주세요. 지금 옥상에 있어요. 「제 머리가 심장을 갉아 먹어 이제 더 못 버티겠어요.」 충동적이라고 말할 수 있겠지만, 계속 생각해 왔어요. … 저 같은 놈한테 장례식 같은 건 하지 말아 주세요. 그냥 제 물건 다 버리고 서서히 잊어 주세요. 장기는 기증하고 남은 건 태워 주세요. 나에 대한 사랑은 없는데 엄마 그리고 아빠 절 사랑하는 만큼 엄마, 아빠를 사랑하지 않았나 봐요. 그럼 안녕히 계세요. 죄송합니다(SBS 스페셜제작팀, 2014: 48-49).

'제 머리가 심장을 갉아 먹는다'는 표현은 처절하지만, 지옥 같은 대학 입시 모순의 정곡을 짚은 것이다. 이 학생의 죽음은 불합리한 입시경쟁에서 희생된 학력 타살이며 사회 타살이다. 대부분의 입시 자살 유서에는 대학 입시경쟁에 처참하게 내몰린 교육 현실에 대한 안타까움이 배어 있다. 이런 학력 희생을 뒤로하고 여전히 대학 입시는 냉정한 현실을 유지하고 있다. 대학 입시는 이기기 위해 존재한다. 학력 귀족이 되기 위한 대학 입시를 위해서라면, 최선을 다하는 것은 기본이고 수단과 방법을 가리지 않는다.

우리 사회에서 입시 비리는 병역 비리만큼 엄격한 비판의 대상이 되고 있다. 한편으론 학력 전쟁의 냉정한 현실에 살아남기 위한 처절한 몸부림이라고 생각하면 이해가 되는 현실이다. 이런 이유로 깜깜이 전형인 학생부는 대학에 가기 위한 거짓말을 부추기고 있다. 학생부는 입학사정관 전형으로 노무현 정부가 도입하고 이명박 정부가 확대했으나, 박근혜 정부에서 학생부는 더욱 확대되고 전형 자료의 기본이 매우 복잡해졌다. 그래서

'죽음의 오각형과 죽음의 육각형'이란 말이 나왔다.

박근혜 정부에 들어서 자소서가 자소설로 되는 극심한 부작용을 겪어야 했다. 학력 블랙홀은 대학 입시 합격을 위해서라면 모든 것을 정당화하고 흡수한다. 오랫동안 일관된 학력 욕망은 사회 출세주의를 실현해주기 때문이다. 자연히 학생부 위조는 구조적으로 감수해야 할 일이다.

열네 번이나 고쳐 쓸 정도로 공들인 자소서가 미완인 이유는 수정을 거듭할 때마다 자기소개서에서 '자기'가 사라진 탓이다. 김유림 학생은 처음 쓴 자소서에 '역사 교과서 국정화 반대 1인 시위'를 적었다고 교사에게 퇴짜를 맞았다. … 면접 보러 가서 만난 교수님이 국정화에 찬성하는 분일 수 있고 또 반사회적 학생으로 보일 수 있어 위험하다는 의견이 너무 많아서 못 넣었어요. … 역사 교과서 국정화 반대 집회 참여를 통해 얻은 정치사회적 통찰을 쓸 수 없지만, 없는 꿈을 꾸며내야 하는 게 대입 자소설의 민낯이다. … 저는 원래 꿈이 없어요. 고1 때 학생부에 꿈을 적어서 내랄 땐 꿈을 지어냈어요(한겨레 1130호, 2016. 9. 26.).

박근혜 정부에 들어 2012년 대선 공약인 '대입 전형 간소화 정책'으로 학생부 종합 전형이 학종이라고 불리면서 등장했다. 기존의 전형은 각종 대회 입상 실적, 특정 교과목 성적 우수자, 공인 외국어 등의 교외 스펙을 강조하여 학생 부담이 가중된다는 비판이 있어서 학생 활동의 교내 스펙을 반영하는 학종이 생긴 것이다.

교내 스펙의 강조는 선한 의도와 달리 자소설과 같은 부작용이 발생했다. 자소서가 대학 입시의 중요한 변수가 되자 여지없이 학원의 대필이 성행했다. 대신 써주는 값이 수만 원에서 천만 원대에 달한다. … 강남 일대에서 자소서 대필 한 건당 최고 200만 원, 보통은 50만 원~600만 원 정도의 시세가 형성됐다(연합뉴스, 2016. 9. 28.).

학생 입장에서 자기소개서를 쓴다는 것은 매우 곤혹스러운 일이다. 없는 인생을 가공해야 하기 때문이다. 특정 소수를 제외하고 어렸을 때부터 입시에만 매몰된 어린 학생이 주위의 이목을 끌만한 인생 스토리가 없는 것은 지극히 자연스러운 일이다. 자기소개서는 큰 굴곡 없이 평범하게 살아온 학생에게 없는 인생을 강요하는 것이다. 학생은 사회의 약육강식 경쟁에 살아남기 위해 원하지도 않는 자신의 짧은 인생을 각색해야 하는 처지에 몰리고 있다.

상상력을 발휘하여 창작 소설을 써야 하는 교사의 추천서도 큰 차이가 없다. 교사는 많은 학생을 정확히 파악하기 어려운 일이지만, 스승의 입장에서 학생의 인생이 걸린 문제여서 조금이라도 불리하게 쓸 수가 없다. 교사 역시 학생의 학교 활동을 조금이라도 유리하게 각색하려고 한다.

> 아이들 손에는 그들의 학교 활동과 소감을 깨알같이 적은 종이가 한 장씩 들려있다. 대개 자신의 이야기를 '3인칭 관찰자 시점'으로 풀어 쓴 것이다. 읽어가다 보면 이래도 되나 싶어 쓴웃음 짓게 된다. … 학교 활동 내용을 손수 적어와 자신의 학생부를 풍성하게 해달라고 통사정하는 아이들이나, 좋든 싫든 받아서 뭐라고 적어줘야 하는 교사들이나 괴롭기는 마찬가지다. '소설책'이 된 학생부가 몰고 온 학교의 전에 없던 풍경이다. … 온전한 학벌 구조와 학생부의 위력 앞에 '대서소 직원'으로 전락한 교사 … (오마이뉴스, 2017. 3. 1.).

학종은 의도와 달리 어린 학생에게 인생은 거짓말이라고 가르치고 있다. 매우 불편한 진실이다. 심지어 학종을 위한 페이크(가짜) 독서도 있다. 상위권 대학들은 자기소개서와 독서 활동을 눈여겨본다. 이 때문에 수험생들을 위해 책을 읽지 않아도 요약 정보를 제공하고 독후감을 대신 써주는 학원들이 늘고 있다. … 대입 논술 전형이 축소되면서 입지가 좁아진 국어·논술 강사를 중심으로 편법 독서 사교육 시장이 형성됐다(중앙일보, 2017. 2. 28.). 대학 입시에 조금이라도 유리한 입장에 설 수 있다면 어떤 편법도 감수하는 것이 우리의 현실이다.

> 학종이 자사고와 특목고에 유리하고, 일반계 고등학교에 불리하다는 건 이미 삼척동자도 다 아는 이야기가 됐다. … 개중에는 학생부를 두고 소설

책이라며 조롱하기도 한다. 그렇지만 좋은 대학에 가겠다는 일념으로 '이게 어디 우리 학교만의 문제냐'며 '따라가지 않으면 나만 손해다'라고 스스로 합리화하면서 공범 되기를 주저하지 않는다. 심지어 학년말이면 자신의 학생부를 이렇게 써달라고 직접 작성한 걸 담임교사에게 건네는 경우도 허다하다. … 그들에게 유능한 교사란 잘 가르치는 교사가 아니라, 학생부의 질과 양을 높여주는 교사다. 아이들이 지원하는 대학이 요구하는 학종에 정확히 부합하는 인간형으로 만들어낼 수 있는 이가 단연 최고의 교사다(오마이뉴스, 2016. 6. 17.).

오래전의 학생부는 1~2쪽으로 구성되어 있는데 지금은 거의 30쪽에 가까우며 너무 복잡하게 구성되어 있다. 외국은 우리와 달리 최소의 학생 정보만 제공한다. 현재의 학종은 불필요할 정도의 아주 세밀한 사항을 요구하고 있어 부모의 개입과 지원이 있어야만, 체계적인 관리가 가능할 정도다.

우리의 학부모들은 공부 페이스메이커가 되는 것은 물론이고 학종 관리를 통해 대학 입시에 직·간접적으로 참여하여, 자녀를 대신하여 학력 전쟁의 대리전을 치르고 있다. 그래서 사교육의 절대 권력자인 「돼지 엄마」는 대입 정보를 얻기 위해 주변의 엄마를 새끼처럼 몰고 다닐 수 있었다. 이런 상황에서 학원에서 학생부의 관리 비용은 천정부지로 뛸 수밖에 없게 된다.

1학년 때부터 컨설팅을 받으면 1년에 1,000만 원 정도 들고 더 비싸면 횟수에 따라 1,500만 원 이상 드는 것도 있었다. 심지어 2,000만 원 이상이 될 수도 있었다. 비용을 더 내는 만큼 컨설팅의 질이 달라진다. … 교과, 비교과 활동을 합쳐 월 4회 관리해 주는 비용이 800만 원, 동아리 활동을 책으로 만들 때 드는 저술 비용이 800만 원이었고 출판 비용은 별도로 책정되어 있다. 각종 활동을 언론에 홍보하는 것과 그것에 대해 책을 내고 관련 전문가까지 참여시키려면 대략 3,400만 원이 필요했다(EBS 다큐프라임 제작팀, 2018: 59-60).

학생부 전형을 공정성 신뢰로 인한 '깜깜이 전형'이라고 하면서, 고가의 사교육비 지출을 요구하는 '금수저 전형'이라고 한다. 학생부 관리에 수천만 원을 호가하면 부모의 사회경제적 배경이 중요하게 작용할 수밖에 없다. 학생부가 처음 도입되었을 때에 쉽게 예상된 문제였다. 물론 소수의 학생이 혜택을 본다고 가정해도 정상적이라고 말하기 어렵다. 일류대 진학을 위해 고가의 비용을 지출하는 것은 잘못된 상황이다. 고가의 사교육비를 아낌없이 지출하는 것은 일류대를 졸업하면 평생의 비용 효과가 발생하기 때문이다.

비용도 비용이지만, 학생들은 학종에서 한 줄이라도 더 메우기 위해 혼신의 노력을 해야 한다. 오랜 기간 대학 입시를 위해 힘들게 준비한 학생들은 외견상 사회 혜택으로 쉽게 대학에 진학한 학우에 대해 공평하지 못한 결과라고 인식하며, 마음속으로 탐탁지 않게 여긴다. 그들은 특별 전형 학우들을 지균충(지역균형 선발), 기균충(기회균등 선발), 사배충(사회적 배려자 선발)으로 부르며 충격적인 비하를 한다. 서로를 배려하는 낭만이 있어야 할 학우들 간에도 계급 차이를 두고 차가운 구별 짓기를 한다. 누구의 잘못이라기보다는 우리 사회의 과도한 학력 욕망이 빚어낸 대학 입시경쟁의 안타까운 구조적 비극이라고 할 수 있다.

다. 대학입시체제의 특징

지금까지 대입제도는 정권이 바뀔 때마다 새로운 정책이 나와 많은 변화를 거쳤다. 우리의 가열된 교육열로 인한 비정상적인 입시경쟁과 비인간화 교육 그리고 사교육비의 고부담 등에 대한 국민의 불만을 줄이고 학교교육의 정상화를 위해 위정자들은 손쉬운 선택으로 대입제도를 수없이 바꾸었다. 특히 학생부의 본격적인 적용은 대학입시사에서 전환점이 될 정도로 파급력이 컸다.

노무현 정부는 입학사정관제의 도입을 통해 학생부의 내신제를 적용했다. 이명박 정부는 입학사정제가 확대하면서 대입완전자율화를 지향했지만, 대입전형이 3,000개나 될 정도로 복잡해졌다. 박근혜 정부는 대입전형의 간소화를 위해 노력해서, 수시인 학생부 전형을 대폭 확대하고 정시인 수능 전형을 축소했다. 박근혜 정부의 의도와 달리 수시 학생부가 본격적으로 부각되자, 죽음의 오각형과 죽음의 육각형이 암시하듯 학생들의 부담이 가중됐다. 역사적으로 대학입시체제를 개선하기 위해 역대 정부는 큰 노력을 했지만, 사회 도처에 있는 지긋지긋한 학력 유령이 움직이면서 대학 입시는 언제나 예상과 다른 방향으로 흘렀다.

이 시기 대학입시체제는 '2008학년 대학입시체제'의 기반 위에서 약간의 변화가 있었다. 2015년은 대학 입시의 간소화를 위해 수시 4개, 정시 2개 지원으로 제한했으며, 수능 최저학력기준을 완화했다. 2016년은 대수능시험에서 한국사 과목이 채택됐다. 2017년은 사교육비 감소를 위해 수능영어 절대평가를 실시했지만, 풍선 효과로 인해 국어, 수학 과목의 사교육이 심화했다.

2017학년 대수능 시험 과목은 언어 영역(100점), 수학(100점), 영어(100점), 탐구 영역(사회탐구/과학탐구/직업탐구 중에서 택 1), 사회탐구(50점: 11개 과목 중 최대 택 2), 과학탐구(50점: 8개 과목 중 최대 택 2), 직업탐구(50점: 10과목 중 최대 택 2), 사회/과학/직업탐구에서 2과목 선택자와 1~2과목 선택자가 구분되어 있다. 제2외국어/한문(50점: 8개 과목 중 택 1)과 한국사(50점)가 처음으로 필수로 도입됐다.

대수능시험 성적 표기는 영역/과목별로 '표준점수, 백분위 점수, 등급'을 기재했다. 언어, 수리, 외국어(영어) 영역은 평균 100, 표준편차 20, 사회/과학/직업탐구 영역과 제2외국어/한문 영역은 평균 50, 표준편차 10으로 선형 변환하여 표준점수를 산출했다. 표준점수는 소수 첫째 자리에서 반올림한 정수로 표기하고, 백분위는 정수화된 표준점수로 근거하여 산출한 후, 소수 첫째자리에서 반올림한 정수로 표기했다. 영역/과목별 등급은 '수능 9등급제'를 제공한다.

학생부의 교과 성적은 '석차 등급, 원점수, 과목 평균, 표준편차'로 기재됐다. 대부분의 대학들은 석차 9등급제를 활용하여 학생부 성적을 반영하고, 일부 대학은 등급과 다른 요소들을 혼합하여 대학별 자체 기준에 따랐다. 교과 성적은 학년별 성적을 달리 반영하거나, 전체 성적을 구한 후 일정한 기준으로 점수를 부여하는 등 대학마다 자율적으로 반영했다. 일반적으로 학년별 반영 비율은 1학년은 5개 과목의 석차 등급을 40%로, 2~3학년은 합쳐서 4개 과목의 석차 등급을 60%로 반영했다.

특별 전형은 정원내와 정원외 전형이 있다. 정원내 특별 전형에서 특기자 특별 전형은 각 대학이 인정하는 각종 대회(수학·과학 경시대회, 논술대회, 각종 창작 대회, 예체능 경진대회, 발명경진대회 등)의 입상 실적과 특정 교과목(수학, 과학, 외국어 등) 성적 우수자, 공인 외국어 성적 보유자, 특정 자격 소지자, 방송 및 연예 등 외부 활동 경력 등을 포함한다. 그리고 대학별 독자적 기준에 의한 특별 전형, 산업대학 우선 선발 특별 전형, 취업자 특별 전형이 있다.

정원외 특별 전형은 계약학과, 군위탁생, 기초생활수급자 및 차상위 계층, 농어촌 학생, 서해 5도, 장애인 등 대상자, 재외국민과 외국인, 특성화고교 졸업 예정자 및 졸업자 등이 있다. 이들 중에 기초생활수급자 및 차상위 계층, 농어촌 학생, 재외국민과 외국인, 특성화고교 졸업 예정자 및 졸업자는 정원의 2%~5%의 인원 제한이 있다. 장애인 등 대상자 특별 전형과 재외국민과 외국인 특별 전형 중에 북한이탈주민, 부모 모두가 외국인인 외국인, 외국에서 우리나라 초중등교육에 상응하는 교육과정을 전부 이수한 재외국민 및 외국인 등은 인원 제한이 없다.

모집 시기는 수시와 정시 그리고 추가 모집이 있다. 수시 모집의 전형 자료는 교과와 학생부 종합, 논술 위주, 실기 위주, 면접, 적성 등으로 구성되어 있으며 대학이 자율적으로 반영한다. 학생부는 교과와 비교과 영역으로 구분된다. 교과 영역은 각 학년에서 이수한 과목 성적이 표기되며, 비교과 영역은 출결, 자격증 및 수상경력, 봉사활동, 체험활동 그리고 특별활동 등 교과 이외의 활동을 말한다. 정시 모집의 전형 자료는 수능 위주, 학생부 교과, 학생부 종합, 실기 위주 등으로 구성되어 있으며 대학이 자율적으로 반영한다. 이 시기의 대학입시체제 특징은 [표 6-12]와 같다.

박근혜 정부는 복잡해진 학생부 전형으로 인해 '대입전형 간소화'를 약속했지만, 여전히 학생부 전형은 복잡하고 사교육 부담을 증가시키는 원인

표 6-12_____대수능시험 제반 제도와 학생부 확대 적용의 입시 특징

구분	입시 특징
실시 시기	· 2013년~현재
시대 상황	· 세월호 사건(2014년), 박근혜 대통령 탄핵(2017년)
고등교육정책	· PoINT 사업(2014년), PRIME 사업(2015년), Core 사업(2015년)
입시 관리	· 국가와 대학
전형 자료	· 대수능성적 9등급과 석차 9등급, 그리고 학생부 및 각종 전형 자료
지원 형태	· 정시와 수시 그리고 추가 모집
입학 사정	· 각 대학의 자율적인 결정과 입학사정관제 적용
입시 과목	· 2017학년도 대학수학능력시험 　　– 언어 영역(100점) 　　– 수학(100점) 　　– 영어(100점) 　　– 한국사(처음 도입, 50점) 　　– 사회탐구 영역(50점): 11개 과목 중 최대 택 2 　　– 과학탐구 영역(50점): 8개 과목 중 최대 택 2 　　– 직업탐구 영역(50점): 10개 과목 중 택 2 　　– 제2외국어/한문(8개 과목 중 택 1) 　　– 점수 체제: 영역/과목별로 표준점수, 백분위, 등급을 제공 · 학생부 교과 성적: 석차 9등급제, 원점수, 과목 평균, 표준편차
입시 시기	· 정시(3개 군)와 수시 1학기와 수시 2학기 그리고 추가 모집
특별 전형	· 정원내: 특기자, 취업자, 특정과목 성적 우수자, 각종 대회 입상자 · 정원외: 농어촌 학생, 특성화 고교 출신자, 재외국민과 외국인, 서해5도
입시 문제	· 자소서로 인한 학원 대필이 성행하고 사교육비를 증가시켰음 · 교사의 추천서는 교육적 신뢰감을 떨어뜨렸음 · 대수능 출제의 난이도 실패로 인해 입시 혼란을 초래함 · 영유아기부터 대학 입시를 준비하는 부작용이 생김 · 대학별 전형 자료가 달라서, 대학 입시가 복잡해졌음 · 학력 욕망은 해소되지 않고 오히려 대입경쟁은 가열됐음

으로 지목받았다. 학생부 전형에 대한 사회 불만은 옳고 그름을 떠나 '깜깜이 전형과 금수저 전형'이라고 비판했다. 학부모들은 학종 관리를 위해 천만 원 가까이 되는 비용을 서슴없이 지불하고, 학생들은 자기보다 쉽게 합격한 것처럼 보이는 정원외 특별 전형 학우들을 '지균충, 기균충, 사배충'이라고 비하하면서 사회 위화감을 조성했다. 이 시기의 대학입시체제도 의욕과 달리 많은 문제점을 양산했다.

첫째, 대입전형 간소화는 자기소개서가 자소설로 변하게 하고, 학원 대필을 성행 시켜 사교육비를 증가시켰다.

둘째, 교사 추천서는 한 학생의 인생을 좌우한다는 우리의 정서상 정확한 기재를 어렵게 만들어 교육적 신뢰감을 떨어뜨렸다.

셋째, 수능 등급제가 도입되면서 과목별 난이도에 따라 유불리가 결정되지만, 대수능시험 출제의 난이도 조정 실패로 물수능과 불수능이란 오명이 있었다.

넷째, 대학 입시경쟁의 역 도미노 현상이 일어나면서 영유아기부터 대학 입시를 준비하는 부작용이 발생했다.

다섯째, 수시와 정시 전형 유형에서 각 대학마다 요구하는 전형 자료가 달라서 대학입시제도가 더욱 복잡해졌다.

여섯째, 대입전형 간소화와 수능 등급제 그리고 석차 등급제 등과 같은 노력을 했지만, 학력 욕망은 해소되지 않고 오히려 대입 경쟁은 가열됐다.

제7장

대학입시체제의 쟁점들

CHAPTER 7

대학입시체제의 쟁점들

1 대학입시체제 vs 학교교육의 정상화

해방 이후 지금까지 많은 위정자들은 대학입시체제를 변화시키면서 학교교육을 정상화할 수 있다고 했다. 새로운 대학입시체제에서 국민들은 지긋지긋한 사교육비, 기형적인 과외의 성행, 비인간적인 입시 교육 등에서 탈출하여 학교교육이 정상화되는 꿈을 꾸었다. 국민들의 입장에서 모든 교육의 부작용이 대학 입시에서 파생했다고 믿기 때문이다. 치맛바람, 교육열 광풍, 암기식 교육, 입시 위주 교육, 점수 경쟁, 눈치작전, 배짱 지원, 입시 자살, 스펙 경쟁, 엄마사정관제, 죽음의 트라이앵글, 죽음의 핵사곤 등의 교육 언표들은 한결같이 대학 입시를 가리키고 있었다. 자연히 일반 국민은 모든 교육 문제의 핵심에는 대학 입시가 있다고 생각했다. 대학 입시가 모든 교육 문제를 일으키는 원인이라는 것이다.

정권이 바뀔 때마다 위정자들은 국민을 안심시키기 위해 대학입시제도 개혁을 통해 학교교육을 정상화시킨다는 교육의 엘도라도를 약속했다. 대학 입시는 정도의 차이가 있지만, 거의 매년 조금씩 변했으며 크게는 15번의 변화 체제를 가졌다. 학부모들은 대학입시체제가 바뀔 때마다 학교교육의 정상화에 대한 부푼 기대를 가졌다. 지금까지 본고사 병행제, 전인교육 실시, 무시험 전형제, 예비고사 시행, 고교내신 반영, 학력고사, 대학 정원의 확대, 졸업정원제, 논술 고사, 대수능시험, 입학사정관제, 학생부, 수시와 정시 등의 수많은 대학입시정책들은 교육의 공정성과 학교교육의 정상화를 위해 시행됐다.

　그동안 많은 시행착오를 겪으면서도 대학 입시경쟁은 굳게 닫힌 성문처럼 변화할 기미는커녕 전혀 요동도 하지 않고, 오히려 교육 문제를 악화시키면서 진화를 거듭했다. 대학 입시가 야기한 교육 문제는 꿈에라도 나올까봐 무섭고 세상의 모든 부정을 가져오는 찰거머리 같은 존재가 됐다.

　중요한 점은 일제강점기에서 지금까지 수많은 입시 정책들은 한 번도 학교교육을 정상화한 적이 없고, 오히려 교육열만 가열시켰다는 점이다. 우리 국민은 일제강점기를 포함하여 거의 백 년을 실패한 입시 정책에도 인내심을 가지고 꾸준히 지켜보았다. 그런데도 우리 국민은 대학입시정책이 변하면 학교교육이 정상화된다는 무의식적인 믿음이 있었으며, 새로운 대학입시정책이 나올 때마다 기대하고 바라보았다.

　대학입시체제를 통한 학교교육의 정상화에 대한 미련을 버리지 못한 것은 크게 두 가지 이유가 있어서다. 하나는 대학 입시의 교육 부작용은 정부의 잘못된 정책에서 비롯됐다는 것이다. 다른 하나는 대학 입시에서 초래된 문제는 전형적인 교육의 문제라는 것이다. 대학 입시에 대한 이런 인식은 모든 입시 문제를 교육의 틀 내에서 노력하면 해결할 수 있다는 기대를 하게 한다. 자연히 대학입시체제를 바꾸면 교육의 많은 문제를 완화할 수 있다고 믿게 한다.

　우리 사회는 대학 입시경쟁에서 파생된 문제들이 오로지 교육에서 야기된 부작용이라는 생각에서 벗어나야 한다. 단순히 교육만의 문제였으면 이미 오래전에 해결됐을 것이다. 자세히 살펴보면 우리의 교육 문제는 고려·조선 시대를 포함하여 천년의 세월 동안 거의 유사하게 반복된 일관된 성격이 있었다. 우리의 교육 문제는 교육의 가면을 쓴 사회 문제였다.

　시험이 탄생할 때도 시험은 유능한 인재를 양성하기 위한 합리적인 제도가 아니라 왕권을 지키기 위한 정치 도구로 출발했으며, 개인에게는 입신양명이라는 출세주의 욕망을 부채질한 사회 도구로 활용됐다. 시험은 공정성이라는 고귀한 순결의 의미를 구현한 것이 아니라 세속에 물든 출세 욕망을 실현하는 장치였다. 고려·조선 시대에도 교육은 사회 출세와 높은 신분의 유지를 위한 제도였다. 과거제는 교육의 사회 출세 욕망을 실현하는 효과적인 수단이었다. 교육 욕망이 사회 욕망이며, 사회 욕망이 교육 욕망이었다.

일제강점기를 거치면서 해방 이후 교육은 제도화된 학력(學歷)으로 변하면서, 교육의 사회 출세는 학력의 사회 출세로 전환했다. 교육을 제도화시킨 학력은 사회 출세와 신분을 유지하는 제도 장치로 변모했다. 모두가 원하는 학력 귀족이 되기 위해 학부모들은 엄청난 희생을 기꺼이 감수해 왔다. 현대사의 험난한 굴곡에서 어떤 어려움이 닥쳐도 우리의 교육열은 일류 대학에 진학하기 위해 일관되게 작동했다. 과거제의 교육 출세주의가 학교 연계의 학력 출세주의로 변한 것이다. 학력 귀족이 되면 사회 귀족이 될 수 있다는 믿음을 강화했다. 학력 욕망에는 사회의 출세 욕망이 숨어 있었다. 학력 욕망이 사회 욕망이며, 사회 욕망이 학력 욕망이라는 것이다.

우리 사회의 다양하고 복잡한 교육 문제들은 한결같이 학력 출세라는 하나의 문제로 집중하고 있었다. 우리의 교육 문제는 외형상 대학 입시경쟁이 파생한 것처럼 보이지만, 대학 입시가 학력을 통한 사회 출세의 수단이듯이, 학력의 출세 욕망의 그림자에 불과했다. 수많은 교육 문제 증후의 대부분은 교육 경쟁이 아니라 학력 경쟁을 통한 학력 출세를 위해서, 나아가 사회 출세를 위한 사회 경쟁을 기반으로 하고 있다. 우리가 교육을 받는 이유는 좋은 학력을 획득하기 위해서며, 좋은 학력은 사회 출세의 지표가 되기 때문이다. 사교육비, 과외, 점수 기계, 비인간적인 학교교육, 죽음의 트라이앵글 등의 다양한 증후들은 교육 문제로 포장되어 있지만, 깊은 이면에는 신분과 출세 욕망이 작동한 사회 문제였다. 교육 경쟁의 근원에는 사회 경쟁이 뿌리 깊게 자리잡고 있다.

교육 경쟁을 유도하는 대학 입시경쟁은 사회 경쟁의 가면에 불과하다. 점수 경쟁, 암기식 교육, 비정상적인 입시 교육 등은 대학입시제도가 파생한 것이 아니라 학력의 사회 출세 경쟁의 효과에서 비롯된 것이다. 대학입시제도를 바꾸어 학교교육을 정상화할 수 있다는 믿음은 교육 문제를 교육이라는 작은 틀에서 바라본 것이다. 우물 안의 교육 개구리를 벗어나지 못한 것이다. 교육 문제를 교육으로 해결하려는 것은 바다 위에 떠다니는 플라스틱 오염을 사람의 문제가 아니라 바다의 문제로 생각하는 것과 같다. 플라스틱 오염이 사람의 문제이듯이 교육 문제는 근원적으로 사회 문제인 것이다. 교육 문제는 사회 출세를 위한 학력 욕망에서 비롯된 것이며, 학교교육은 학력 욕망을 실현하는 사회 도구에 불과하기 때문이다. 대학입시제도는 학력을 통해 사회 출세를 실현하는 최후의 보루이다. 대학입시제도의 변화는 교육 문제보다 사회 문제에서 비롯된 것이다.

대학입시제도의 변화를 통해 학교교육을 정상화한다는 것은 진단 자체가 잘못됐다. 대학입시제도와 학교교육은 학력의 사회 출세 욕망의 수단에 불과하다. 대학입시제도를 통해 학교교육을 개선하는 것은 도구를 통해 병의 원인보다 도구만을 치료하는 것과 차이가 없다. 대학입시제도와 학교교육의 정상화는 엄밀한 의미에서 거의 별개의 문제다.

대학입시제도를 아무리 바꾸어도 사교육비와 과외는 줄지 않는다. 지금까지의 사례를 보면 우리의 학부모와 학생은 대학 입시가 어려우면 어려운 대로 쉬우면 쉬운 대로 그리고 복잡하면 복잡한 대로 단순하면 단순한 대로, 역사적으로 한순간도 흐트러짐이 없는 놀라운 집중력을 보였다. 그들은 인생 도박판에 거의 전 재산을 내놓은 냉혹한 승부사와 같이 언제나 집중적인 올인을 했다. 대학 입시의 유형이 중요한 것이 아니라 대학 입시의 합격이 중요했기 때문이다.

대학입시체제는 학력의 사회 출세를 위한 도구다. 대학입시체제를 변화시킨다고 해서 학교교육이 정상화되는 것은 아니다. 물론 일정 부분은 도움이 될 수 있지만, 근원적인 학교교육의 정상화를 기대하는 것은 사실상 거의 불가능에 가깝다. 대학입시체제를 개선하여 학교교육의 방향을 바꾸기 위한 노력은 이해할 수 있지만, 학교교육을 정상화한다는 것은 위선이며 기만에 지나지 않는다. 학교교육의 정상화를 위해서는 더욱더 사려 깊은 정책적인 배려가 필요하다.

흔히 교육은 백년지대계라고 한다. 이 말은 교육을 정상화하기 위해서는 백 년의 계획, 즉 백 년의 노력이 필요하다는 것이다. 그만큼 교육 문제를 해결하는 것이 어렵다는 것을 의미한다. 대학입시체제의 변화에서 보듯이 단기간에 교육 문제를 해결하기 위한 졸속 접근에서 피해를 보는 것은 결국 우리의 어린 학생이다. 지금까지 각 정권은 정치적 인기에 영합하기 위해 조변석개(朝變夕改)와 같은 새로운 대학입시정책과 교육정책으로 많은 혼란을 주었던 것은 부인하기 어렵다. 대학입시정책뿐만 아니라 모든 교육정책에서도 신중한 접근이 필요하다. 그렇지 않으면 어린 학생만 다친다. 삭막하고 치열한 입시 경쟁을 이기지 못해 스스로 삶을 마감한 학생 자살은 위정자와 교육정책자 그리고 우리가 모두 경솔하게 만든 안타까운 사회 타살에 지나지 않는다.

국가 주도 관리 vs 대학의 선발 자율권

새로운 대학입시제도의 등장과 대학입학시험을 치를 때마다, 대학은 언론을 통해 학생의 선발 자율권을 끊임없이 제기했다. 언제부터인지 대학의 선발 자율권은 민주화의 상징인 것처럼 부각됐다. 대학의 선발 자율권이 침해당하면 대학은 국가 주도의 관리가 대학 입시경쟁을 가열한 원인처럼 여겼다. 대학은 학생의 선발 자율권을 주면 우리를 괴롭혀온 교육 문제를 상당히 완화할 수 있다는 자신감을 보였다.

그런데 대학의 선발 자율권은 이념의 문제일 뿐, 한국의 교육 문제와 거의 관련이 없다. 우리의 교육 문제는 학력의 사회 출세 욕망에서 비롯된 사회 문제이기 때문이다. 대학 입시경쟁에서 대학의 선발 자율권은 사회 문제를 교육의 틀에서 해결하려는 노력에 불과하다. 대학의 선발 자율권은 사회 문제인 교육 문제를 해결하기에는 구조적인 한계가 있다.

대학의 선발 자율권을 이해하기 위해서는 역사의 진행 과정을 짚어 볼 필요가 있다. 해방 이후, 미군정 시기에 육군 대위인 락카드(Lockard)는 교육부 장관 역할을 하면서 미국 유학파를 대거 등용하여 고등교육을 체계화했다. 당시 한국의 고등교육은 미국식의 대학 선발 자율권을 보장해주면서 출발했다. 1945년~1968년의 대학별 단독 시험기는 중간에 국가의 개입이 잠시 있었지만, 우리 역사에서 대학의 선발 자율권을 가장 많이 보장했던 시기다.

당시 정부는 대학의 선발 자율권을 보장했지만, 대학은 부실 재정의 구조적 한계로 인해 부정 입학과 부정 졸업을 남발하여 고등교육의 질을 떨어뜨려 사회적인 문제가 됐다. 1960년대 말의 국정감사에서 지적됐듯이 사립대학 정원이 10만 명 정도였지만, 5만 명 정도의 부정 입학생을 더 뽑았다. 부정 입학은 생각보다 광범위하게 진행됐다. 해방 이후 부정 입학은 지속해서 자행된 고질적인 문제였다.

1990년 전후에도 1천 명 이상의 부정 입학이 있었다. 오늘날에는 더욱 교묘해진 최순실 딸과 같은 부정 입학이 사회에 큰 충격을 주었다. 역사를 통해 대학의 선발 자율권을 완전히 보장하면, 일류병이라는 학력 욕망으로 점철된 한국 교육의 상황에서 부정 입학 가능성이 전혀 없었던 것은 아니다.

지난 역사에서 보듯이 국가가 대학에 학생 선발 자율권을 양도했지만, 대학은 부정 입학뿐만 아니라 많은 교육 문제를 양산했다. 대학은 고상한 교육목적에 의해 움직이는 것이 아니라 자신의 사회 이해관계를 대변하는 집단이다. 대학은 자신의 사회 가치를 높이기 위해서는 첫째 우수한 학생이 있어야 하며, 둘째 학생 수가 많아야 한다.

학력 사회에서 우수 학생은 학력 피라미드의 정점을 차지할 수 있는 매우 중요한 인적 기반이다. 학생 수의 규모는 튼실한 재정 기반의 마련과 사회적으로 인적 네트워크를 확대·재생산할 수 있다. 이를 통해 대학은 자신의 사회 명성을 안정적으로 확보할 수 있다. 대학은 교육의 숭고한 목적을 구현하는 집단이 아니다. 오히려 자신의 이익을 높이기 위한 사회의 이해 집단과 차이가 없다. 자본주의라는 경쟁 사회에서 대학이 사회의 이해 집단으로 변모하는 것은 불가피한 선택이라고 여길 수 있다.

대학이 자신의 이해관계를 높이려는 노력은 대학입시체제에서도 엿볼 수 있다. 대학은 일차적으로 대학입시체제를 통해 자신의 사회 가치를 높이려고 역사적으로 끊임없이 노력했다. 실례로 1986학년도 대학입시체제는 단편적이고 객관식 일변도의 지엽적인 암기력 측정에서 벗어나, 고차원적인 능력을 높이기 위해 논술 고사를 채택했다.

논술 고사는 교과 내용을 벗어나 자유로운 소재를 가져와 상상력과 논리력을 높여 고등사고능력을 자극하는 것이다. 논술 고사는 일정한 정답이 정해진 것이 아니라 새롭고 유연한 발상을 논리적이며 체계적으로 서술하는 것이다. 이를 통해 논술 고사는 학생의 상상력과 유연한 사고 능력을 높이기 위한 것이다.

대학은 새롭고 유연한 상상력과 창의력을 높이는 논술 고사에서도 정답의 경직성을 요구하여 기대와 달리 고등사고력을 마비시켰다. 논술 고사에서 특정 형태의 정답을 요구하면, 논술 고사는 그 즉시 객관식이나 주관식의 확장에 지나지 않는다. 대학이 논술 고사에 특정 정답을 요구하면, 논술 고사는 논술 고사의 가면을 쓴 주관식 문항이 된다. 논술 고사에서 경직된 정답을 요구하는 것은 객관식 문항과 같은 점수 차이로 우수 학생을 선발하겠다는 의도와 무관하지 않다.

「죽음의 트라이앵글」에서 보듯이 논술 고사는 가혹할 정도의 대학 입시 부담을 주었다. 논술 고사가 '본고사화'되자 논술 광풍이 불기 시작하여 초등학생들도 학원에서 미리 어려운 공부를 하며 논술을 준비했다. 논술의 본고사화는 예기치 않게 논술 학원의 호황을 이끌었다.

대학별 본고사는 대학의 이해관계를 명확하게 보여준다. 본고사의 어려운 수준에 따라 대학의 위계적인 피라미드가 성립하기 때문이다. 대학들은 본고사에서 서로가 어려운 문제를 내기 위한 경주를 한다고 느끼게 한다. 본고사의 어려운 출제는 자연히 과외를 요구하게 된다. 역사적으로 본고사는 과외를 가중시키는 사교육비 주범으로 지목됐다.

1980년 신군부는 7·30 교육개혁조치에서 본고사부터 폐지했다. 한국의 대학입시사에서 본고사는 사회의 트라우마 같은 것이다. 오랜 시간에 걸쳐 본고사를 어렵게 폐지했지만, 대학은 손쉽게 대학의 위계화를 정해주는 본고사의 향수를 지울 수가 없었다. 대학은 틈만 나면 그럴 듯한 이유를 들어 본고사의 도입을 주장했다.

1994학년 대수능시험을 도입하면서 본고사를 권장했지만, 대부분의 주요 대학이 국, 영, 수 위주의 본고사부터 먼저 채택하여 과외 열풍이 일어나자, 크게 사회 문제가 됐다. 정부는 이런 본고사를 강제적으로 폐지할 수밖에 없었다.

지금은 본고사가 진화하여 '본고사인 듯 본고사가 아닌 본고사'가 행해지고 있다. 2019년에 13개 대학의 4년간 자료를 분석한 교육부의 조사에 의하면 학종에서 평균 내신 등급은 일반고>자사고>외고·국제고>과학고의 순이었으나, 실제 평균 합격률은 역으로 과학고(70.0%)>외고·국제고(23.2%)>자사고(8.9%)>일반고(2.1%) 순으로 나타났다. 외형상 학생부 교과 성적이 좋은 일반고가 평균 합격률이 높아야 하지만, 오히려 평균 합격률은 기대와 달리 압도적인 차이로 반대순으로 나타났다.

내신 등급이 낮은 특목고가 높은 합격률을 보인 것은 거의 50%를 차지하는 수시 면접에서 당락이 결정되기 때문이다. 주요 대학은 수시에서 면접 비중을 높이면서 「구두 본고사」를 채택했다. 학생부 서류로는 학생을 서열화시키기 어려워서, 일정한 시험 문제를 주고 면접에서 사실상의 본고사를 실시했다. 면접이란 가면을 쓴 구두 본고사는 학생 성적이 객관화된 점수로 서열화한 우수 학생을 선발하여 학력 피라미드를 공고히 하기 위한 것이다.

각 대학은 사회의 이해관계를 구현하기 위해 우수 학생을 한 명이라도 더 선발하기 위해서 집중적인 노력을 한다. 우수 학생을 선발하기 위해서 대학이 요구하는 손쉬운 방법은 본고사 시행과 점수로 줄 세우는 것이다. 본고사와 점수 줄 세우기는 기존의 학력 피라미드를 유지해 주는 역사적으로 검증된 효과적인 방법이기 때문이다. 본고사와 점수 줄 세우기 방식은 숫자로 된 성적으로 합격과 불합격을 구분하여 사회적으로 각인시킬 수 있었다.

교육적으로 의미 없는 0.01점 차이로 떨어져도 숫자가 주는 공정성이란 이름으로, 우리 사회는 정당하게 받아들인다. 0.01점 차이는 합격과 불합격의 큰 차이로 느껴지면서 심리적으로 실력 차이로 연결된다. 공정하다는 숫자 효과가 만든 '숫자의 마술'인 것이다. 0.01점 차이는 학력 귀족과 학력 천민 차이라는 사회의 낙인이 되어 인생 차이를 만든다. 실력보다는 성적 차이를 만드는 숫자가 똑똑해야 한다. 교육이란 이름으로 성적 차이가 인생 차이를 나타내는 숫자는 불가피한 사회의 야만이 숨어 있다.

그래도 대학은 숫자로 된 점수 차이를 선호한다. 숫자 차이가 공정한 학력 차이로 인식하기 때문이다. 교육적으로 불합리하더라도 대학은 자신의 사회 가치를 유지하는 데 조금이라도 유리한 방법을 선택한다. 대학은 우수한 학생을 한 명이라도 더 선발하기 위해 객관성의 가면을 쓴 점수 차이의 유혹을 벗어날 수 없다. 점수 차이를 내는 본고사와 성적 경쟁은 사교육비 증가와 과외 등의 교육 문제를 악화시키는 주범이 되었다. 점수로 표기된 대학 입시경쟁은 많은 교육 문제와 사회 문제를 일으키기 때문에 국가의 개입이 필요한 것이다. 사회의 이해 집단인 대학의 입장만을 고려할 수 없게 된다. 대학입시체제는 교육보다 사회적인 파장 효과가 너무 크기 때문이다.

사회 문제가 된 교육 문제를 위해서 대학입시체제에 대한 국가의 개입은 불가피하다. 대학입시체제는 대학만의 것이 아니라 사회의 것이며 우리 모두의 문제이다. 한국의 대학입시체제에는 대학의 선발 자율권이라는 이념으로만 재단할 수 없는 학력 출세주의라는 한국만의 고유하고 독특한 교육열이 작동하고 있기 때문이다.

대학은 사회의 이해 집단으로서 우수 학생을 선발하기 위한 노력을 해야 하지만, 국가는 교육 공공성과 사회 공정성을 위해 대학입시체제의 개입이 불가피해진다. 중요한 점은 국가 개입의 적절성이다. 이 점은 앞으로 깊은 논의를 통해 발전된 합의를 모색해야 한다. 학력 출세주의로 가득한 우리의 교육 상황에서 대학의 선발 자율권 자체도 분명한 내적 한계가 있으며, 국가 주도 관리도 대학 입시 자체를 경직되게 할 수 있다. 한층 성숙한 정책적 배려를 통해 국가 주도 관리와 대학의 선발 자율권이란 양 날개의 균형을 맞추고 조화롭게 구성하도록 각고의 노력을 해야 한다.

3 수시 vs 정시

학력 출세주의로 점철된 한국 사회는 대학입시제도에 대해 지나칠 정도의 관심을 보인다. 대학입시전형은 학력 귀족과 학력 천민을 구분하는 기준이 되고 있다. 자신이 선택한 대학입시전형을 위해서는 초등학생 시절부터 전략적인 맞춤형 준비를 해야 한다. 학부모 입장에서 수시와 정시 전형은 대학입학의 두 개의 관문으로서 합격과 불합격의 중요한 기준이므로 첨예할 정도의 예민한 관심을 가진 것은 자연스러운 일이다. 수시와 정시 전형은 단순히 교육에만 한정된 문제가 아니라 전 국민이 관심을 가진 사회 문제이다.

실례로 수시 전형에 부정적 인식을 가진 학부모들의 압력으로 인해 2018년 교육부 차관이 3개 대학에 전화로 정시 확대를 요청한 사실이 밝혀지자, 자유한국당은 서울중앙지검에 직권남용 혐의로 고발장을 접수했다. 그동안 수면 아래에 있었던 수시와 정시 전형에 대한 찬반 논쟁이 거세게 일어났다.

조국 전 법무부 장관 딸의 수시 입학에 대한 의혹과 불신이 사회적으로 확산하여, 2019년 문재인 대통령도 학종 불공정성을 언급하자 유은혜 교육부총리도 학종 불신을 언급하면서 정시 비율을 높이겠다고 했다. 각 대학은 즉각적으로 반발했으며 표면상 학교교육의 정상화를 위해 현재의 수시 비율을 유지하겠다고 했다. 시도교육감협의회서도 정시 확대를 즉각 중단할 것을 촉구했다.

수시와 정시의 논쟁은 교육뿐만 아니라 정치권에서 관심을 가질 만큼 사회적으로 예민해지고 있다. 수시와 정시 전형은 대학 입시의 문제를 넘어서, 사회 갈등을 야기하고 있다. 수시와 정시가 사회 쟁점이 되는 원인을 알기 위해서는 수시와 정시 전형에 대한 기본적인 이해가 필요하다.

수시는 학생부 종합 전형(이하 학종), 학생부 교과 전형, 논술 전형, 실기 전형 등이 있다. 정시는 수능 위주 전형, 실기 위주 전형, 매우 소수지만 학생부 교과 전형과 학종 등이 있다. 특히 문제가 되는 것은 학종이다. 학종은 학생의 적성과 능력을 다양하고 종합적으로 평가하기 위한 것이다.

학종은 교과 성적과 비교과 활동(스펙)으로 구분되며 자기소개서와 추천서가 있다. 비교과 활동은 소논문, 세부 능력 및 특기 사항(이하 세특), 교내·외 수상 실적, 교내 말하기와 글쓰기 대회 원고, 자율 동아리 활동, 자격증, 교사의 평가 등으로 되어 있다. 학종의 기입 내역은 과도하게 많이 이루어졌다.

학종은 도입부터 학생의 잠재 능력과 소질을 중시하는 교육목적을 실현하고자 하는 좋은 뜻이 있었지만, 입시 경쟁으로 일관된 우리의 학력 사회에서 변질될 가능성이 충분히 있었다. 일류병에 물든 학력 욕망의 블랙홀은 교육목적이 순수해도 모든 것을 입시 수단으로 변화시킨다. 학종은 의도와 달리 새로운 문제점을 양산했다.

학종의 교과 성적은 비교적 객관적인 성격을 띠고 있어도 사회 불신이 가득했다. 진학 컨설팅 업체들은 '신 중의 신은 내신이다'라고 한다. 내신 등급은 수시에서 매우 중요한 영향을 미친다는 것이다. 학부모와 수험생은 내신 성적에 극도로 예민해질 수밖에 없다. 철저한 사회 감시가 이루어지는 내신 성적에서도 예상과 달리 불법적인 조작이 자행됐다.

모든 국민에게 알려진 사건이 2018년 서울 S 여고에서 행해진 쌍둥이 자매의 내신 성적의 조작이다. 2017년 광주의 한 여고에서 NEIS에 229회에 접속해 생활기록부 과목별 세부 능력과 특기 사항을 36회에 걸쳐 수정했다. 명문대 진학 가능성이 높은 학생들에게 좋은 학생부를 만들기 위해서다. 이 과정에 수학 내신 성적 1등급 학생과 2등급을 받은 학생이 바뀐 것으로 나타났다. 아울러 학부모로부터 2,500만 원 상당의 과외 교습료를 받아 동료 교사들과 나눠 갖기도 했다. 이런 학종 조작 사건은 전국에 걸쳐 꾸준히 일어났다.

심지어 일류대에 진학 가능성이 있는 상위권 학생을 몰아주기 위해 하위권 학생들이 희생하는 비인간적 교육이 학교에서 버젓이 성행했다. 고등학교에서는 내신 등급이 높은 학생들에게 경시대회, 봉사활동, 기회를 몰아줘 학종에서 유리한 위치를 차지하게 한다. 학생부는 상위권 학생에게만 교사가 써주고 있다. … 스펙을 쌓아주려고 프로그램들이 많이 생기는데 자격을 성적으로 제한한다. 결국 서울 시내 대학에 갈만한 40~50명 학생에게 집중된다. … 상위권 대학에 초점을 두다 보니 모든 아이가 성장할 수 있는 프로그램이 아니라 소수 학생만 따라갈 수 있는 교양 프로그램을 만들고 있다(한국일보, 2015. 12. 18.).

학교 차원에서 공식적으로 우수 학생에게만 스펙을 몰아주고 있다. 한 교사는 한 명이라도 명문대에 더 보내기 위해 한 학생에게만 올인하는 경우가 많다. … 100명의 아이에게 골고루 나눠 써야 할 시간을 1명에게 다 쓰고 있다고 한다(EBS 대학 입시의 진실 제작팀, 2018: 43). 내신 등급이 나쁜 학생은 학교에서 불리한 차별 대우를 받고 입시 경쟁에서 악순환을 경험할 수밖에 없다.

학종 비교과 활동의 세부 내용은 복잡하게 구성되어 있다. 비교과 활동은 스펙이 결정한다. 각종 스펙을 쌓으려면 구조적으로 과도한 사교육비가 들 수밖에 없다. 어린 시절부터 스펙을 위한 각종 맞춤형 학원을 다녀야 하기 때문이다. 죽음의 삼각형(내신 + 수능 + 논술), 죽음의 사각형(내신 + 수능 + 논술 +스펙), 죽음의 오각형(내신 + 수능 + 논술 + 영어 + 공인인증시험)과 죽음의 육각형(내신 + 수능 + 학생부 + 비교과 활동 + 자기소개서 + 면접)이라는 수능 전형의 문제점을 압축한 교육 언표의 변천에서 보여주듯이 구조적으로 많은 사교육비를 요구하고 있다.

그래서 학종[1]을 「금수저 전형」이라고 한다.[2] 부모의 재력이 대학입학

---

1 학종이 지방에 유리하여 확대해야 한다는 주장이 있다. 학종 확대를 찬성하는 교사들은 지방과 일반고 학생들에게 더 많은 대학진학 기회를 주어서 '사다리 전형'이라고 한다. 틀린 말은 아니지만, 불분명한 점이 있다. SKY와 인서울 대학 그리고 정원외 입학을 고려하면 학종 확대 찬성에 대한 논리 근거가 약해진다. 정원외 입학은 본질적으로 학종 때문이 아니라 입시 전형과 관계없이 지방 출신이 유리하게 되어 있다. 그리고 학종이 지방에 유리하다는 통계 지표를 통해 학종 확대의 근거로 삼는다. 예컨대 지방 합격률이 55%이며 서울 합격률이 45%라고 가정한다면 학종이 지방에 유리하다고 판단한다. 이런 해석은 너무 평면적이고 지방 개념이 불분명하여 세 가지 이유로 오류를 범할 가능성이 있다. 첫째, 지방의 대도시와 많은 특목고가 지방에 있는 것을 고려해야 한다. 둘째, 학종 이전의 학력고사와 대

을 결정한다는 것이다. 사실 우리의 대학 입시경쟁은 서울대, 고려대, 연세대라는 이른바 SKY 대학과 인서울 대학이 주도하고 있다. 한국 교육열의 진원지라고 할 수 있다. 학종의 전형적인 모습은 이런 대학들에 의해 규정되고 있다. 실제 조사에서 SKY 대학의 재학생 70% 가량이 국가장학금3이 필요하지 않은 것으로 나타났다. 국가장학금 9, 10분위는 고소득층으로 간주하여, 신청하지 않은 학생까지 포함하면 재학생의 73.1%나 해당하였다. SKY엔 금수저들이 살고 있었다(국민일보, 2017. 2. 9.).

　　2019년 13개 대학의 4년간 학종 자료를 분석한 교육부의 조사 결과, 소위 '금수저 고등학교'가 압도적으로 합격했다. 실제 평균 합격률은 과학고는 70.0%, 외고·국제고는 23.2%, 자사고는 8.9%로 나타났으나 일반고는 2.1%에 불과했다. 높은 사교육비를 요구하는 다양한 스펙으로 학종이 구조적으로 흙수저보다 금수저에게 유리한 것은 부인하기 어렵다.

　　그런데 학교 현장의 많은 교사는 학종을 찬성하고 있다. 2017년 한국

수능시험 시기의 지방 합격률을 제시해야 비교 근거를 얻어야 한다. 셋째, 지방과 서울의 각각 전체 고등학생 수를 모집단으로 한 합격 비율을 산출해야 정확한 유불리를 판정할 수 있다.

2　학종의 금수저 전형에 대한 논란이 있다. 우리나라 대학 입시경쟁을 주도하는 태풍의 눈은 소위 SKY 대학이며, 그 다음은 인서울 대학이다. 대부분의 수험생은 이 대학에 들어가기 위해 혼신의 힘을 다한다. 그런데 지방 대학의 학종은 비교적 용이한 편이다. 심각한 학령 아동의 감소로 인해 지방 대학은 예전과 달리 입학 충원율을 충족시키기 위해 많은 노력을 해야 한다. 지방 대학의 학종 전형은 서울과 비교하여 느슨해질 수밖에 없다. 많은 지방 대학은 재정적 이유로 학생 수를 채우는 데에 급급하다. 이런 상황에서 인서울과 지방을 구분하지 않고, 수시 전형을 통해 쉽게 대학에 입학할 수 있다는 논리는 평균의 함정을 무시한 것이다.

3　국가장학금으로 금수저 전형의 여부를 판단하는 것은 많은 주의를 요구한다. 2020학년도 국가장학금은 기초생활수급자(평균 70점 이상)와 1~8구간(평균 80점 이상)으로 나누어져 있다. 여기서 정원 내의 학생으로 구분해 접근해야 하며, 평균 80점 이하인 학생 집단 규모를 통계적인 유의미한 해석에서 어떤 관점으로 보아야 할 것인가를 고민할 필요가 있다. 고소득층 학생이 부모의 재력을 밝히고 싶지 않아 한 학기에 33만 원가량의 국가장학금을 포기한 학생들이 있다. 이 점에서 국가장학금으로 금수저 전형에 대한 해석을 어렵게 하여 신중한 접근이 요구된다.

대학교육협의회가 교사 401명을 대상으로 조사에서 교사의 84%가 '학종이 대입전형에서 바람직한 제도'라고 인식하며, 교사의 81%는 학종이 고교 교육과정 정상화에 기여가 크다고 했다. 다양한 이유가 있겠지만, 학종 전형 이전의 '점수 기계'를 만드는 학력고사와 '등급 기계'로 만드는 대수능시험에서 학교교육을 비인간적인 입시경쟁으로 몰았기 때문이다.

교사의 입장에서 보면, 학종은 교육과 연계된 최초의 입시라고 할 수 있다. 학종 이전과 비교하면 학생들의 수업 태도가 좋아지고 있다. 수업 방법은 과거에 엄두도 못 냈던 탐구 수업, 발표 수업, 토론 수업 등을 시도하여 학생의 상상력과 창의력을 자극하여 교육목적에 부합하고 있다. 교사의 입장에서 학종이 학교교육의 내실화를 도모한다는 것은 틀린 말은 아니다.

수업은 교사보다 학생이 수용하고 좋아야 한다는 전제 조건이 있다. 학생이 부담스러워하고 싫어하게 된다면, 아무리 좋은 수업도 효과적이지 못하다. 학생부에 기댄 교사가 하고 싶은 꿈의 수업은 대학 입시경쟁의 틀 안에서 이루어진 강제 수업에 불과하다. 학생이 좋아서 받는 수업이 아니라 대학 입시를 위해 어쩔 수 없이 따라가는 한계가 있다. 학생의 수업 태도가 좋아진 것은 교사의 좋은 수업 방법도 이유가 되겠지만, 학종에 직접적인 영향을 미치는 교사의 통제권이 강해진 것도 부인하기 어렵다.

지금까지 학종을 포함한 수시 전형은 학교교육의 정상화를 위해 도입됐다고 한다. 여기서 교육의 역설이 생긴다. 교육은 실패를 거울삼아 극복하는 방법도 가르치는 것이다. 인생의 긴 과정에서 학교의 실패는 내면의 거울이 되어 성숙의 밑거름이 될 수 있다. 그런데 학종을 포함한 수시 전형은 어린 학생에게 단 한 번의 실패도 용납하지 않으며, 조금도 숨 쉬는 틈을 허용하지 않는다. 끊임없이 성적 관리를 해야 한다. 수시는 희망을 꿈꾸지 못하는 패자 부활전이 없는 잔인한 전형이다. 수시 전형과 같이 단순한 제도 변화로 학교교육의 내실화를 도모할 수 있다는 인식은 큰 오만이다. 지금까지 교육의 제도적 야망은 한국의 학력 욕망을 한 번도 넘어선 적이 없다.

사실 수시 전형은 학교교육의 정상화를 위한 제도가 아니라, 먼저 학교교육의 정상화가 이루어진 후에 시행하여 교육의 결실이 더욱 풍성하기 위한 제도다. 수시 전형 정책의 기대는 처음부터 오해에서 비롯됐다. 학종을 포함한 수시 전형으로 학교교육의 정상화를 유도한다는 생각은 오랫동안 학력의 신분 출세주의로 점철된 우리 사회의 학력 욕망을 간과한 것이다. 학력 귀족이라는 일류병에 찌든 학력의 사회 욕망은 긴 역사의 과정에서 단단하게 형성됐으며, 지금까지 어떤 대입전형에게도 한 번도 문을 열어 준 적이 없었다. 오히려 교육의 순수한 목적을 살리기 위한 학종 같은 수시 전형은 학력 욕망의 블랙홀에 들어가면 입시 괴물이 되어 나온다. 우리의 대학 입시는 순수한 교육목적이 존재하지 않는 약육강식의 생존 전쟁터이기 때문이다.

학종이 비판받은 것 중의 다른 하나는 「깜깜이 전형」이다. 학종에서 대학과 학과에 따라 평가 방식과 전형 비율이 다소 차이가 있다. 예컨대 2021학년도 수시 일반 전형 2단계에서 서울대는 서류 평가 60%와 면접 평가 40%로, 고려대는 서류평가 60%~70%와 면접평가 30%~40%, 연세대는 서류 평가 40%와 면접 평가 60%로 되어 있다. 여기서 세 번의 깜깜이 전형 평가가 나온다.

첫째, 서류 평가의 비교과 활동에 대한 분명한 평가 기준이 없다는 것이다. 수많은 비교과 활동에 대해 일정한 평가 기준이 없어서 주관성이 개입될 수밖에 없다. 여기서 '1차 깜깜이 평가'가 이루어진다.

둘째, 면접 비중이 지나치게 높다는 것이다. 여기서 '2차 깜깜이 평가'가 이루어진다. 심하게 말하면 면접이 합격을 결정한다고 할 수 있다. 비슷한 수준 학생들의 경쟁에서는 면접 비중이 10%가 아니라 5%로만 주어져도 당락에 의미 있는 영향을 미친다. 어떤 정보도 없는 학생을 짧은 시간에 평가하는 면접은 매우 임의적이며 주관적이다. 일반인들은 면접이 특별한 시험이라고 생각할 수 있지만, 과장하면 점쟁이가 점을 치는 것과 큰 차이가 없다. 그만큼 주관성의 개입이 크다는 것이다. 면접의 신뢰도와 타당도를 높이기 위해서는 면접 기준이 객관적이며 투명해야 한다. 학생에 관한 어떤 서류와 정보도 주지 않는 블라인드 테스트를 해야 한다. 학생에 관한 약간의 정보가 있는 서류가 있으면 무의식적으로 불공정한 편견이 개입되기 때문이다. 학생 면접은 어떤 정보도 주어지지 않는 완전 백지상태에서 시작되어야 한다.

셋째, 객관성이 보장되지 않는 임의적 기준으로 「구두 본고사」로 면접을 본다는 것이다. 여기서 '3차 깜깜이 평가'가 이루어진다. 면접 비중이 높은 것은 구두 본고사라는 편법으로 우수 학생을 선발하기 위해서다. 수시의 교육목적과 정면으로 위배되고 뚜렷한 평가 기준이 없어서 더욱 의문이 제기될 수밖에 없다. 주요 대학들의 구두 본고사는 학생에게 일정한 장소와 시간 동안에 시험 문제지를 먼저 보게 한 다음, 면접관에게 대답하게 되어 있다. 구두 본고사는 면접이란 가면을 쓴 사실상의 주관식 시험이며 기만행위에 불과하다. 구두 본고사는 인지 능력이 우수한 학생[4]을 선발하기 위한 제도로서, 상식적으로 납득이 어려운 면접 비중을 높아지게 한 원인으로 작용했다. 과장하면 순수한 면접의 30~60% 비중은 오로지 신만이 채택할 수 있는 제도다.

수시 면접에서는 학생의 인지 능력에 대한 것을 묻지 말아야 한다. 교과 성적에서 표기된 인지 능력은 대학수학능력 여부를 가늠하는 기준으로 주어졌기 때문이다. 구두 본고사는 학교교육 수행에 대한 교과 성적의 인지 능력을 무시하고, 수시의 순수한 목적을 정면으로 위배하고 있다. 수시 전형은 교과 성적이 대학수학의 인지 능력을 대신한다는 가정을 기반으로 이루어졌기 때문이다. 대학입학 면접은 인지 능력을 제외한 학생 심리와 성향, 태도와 관심, 적성, 도전 정신, 문제해결력, 상상력과 창의력 등과 같

---

4 2017년 서울대 합격자의 출신 고교별 현황을 보면, 상위 10개 전부가 자사고와 특목고로 되어 있다. 상위 30개 고등학교를 살펴보아도 크게 다른 점은 없다. 특목고가 15개로 528명, 자사고가 10개로 373명, 일반고가 6개로 124명을 서울대학교에 보냈다. 자사고와 특목고 비율이 무려 80.6%였다. … 일반고도 6개 학교 중 3개 학교는 강남 3구에 소재한 고등학교였다. 이 학교들은 일반고 출신의 서울대 입학생 124명 중 63명을 배출했다. 나머지 3개의 일반고에서 61명은 서울 목동, 경기 수지, 지방 소재로 확인되었다. 강남권의 비율이 50.8%였다. 사실상 일반고도 평범한 일반고가 아니었다(EBS 대학 입시의 진실 제작팀, 2018: 203).

은 질문이 이루어져야 한다.

그런데도 대학들이 선택한 구두 본고사는 자사고와 특목고의 우수 학생을 합법적으로 선발할 수 있는 효과적인 장치이다. 면접 비중이 높아진 이유는 1차 서류 평가의 내신 등급과 비교과 활동의 스펙 차이를 넘어설 수 있기 때문이다. 특히 구두 본고사는 '시험 아닌 시험'이며, '면접 아닌 면접'으로 결정적인 차이를 내게 한다. 깜깜이 전형에 대한 사회의 따가운 눈총에도 불구하고, 이 점이 수시 전형의 비중을 높아지게 한 이유이다. [표 7-1]에서 보듯이 대학이 수시 전형의 비율을 늘리는 것은 사회 가치라는 이해관계와 관련 있기 때문이다.

표 7-1_____연도별 수시와 정시 전형의 점유율 추이

(단위: %)

연도	2002	2004	2006	2008	2010	2012	2014	2016	2018	2020
수시	28.8	38.5	48.3	53.1	57.9	62.1	66.2	66.7	73.7	77.3
정시	71.2	61.5	51.7	46.9	42.1	37.9	33.8	33.3	26.3	22.7

학종의 금수저 전형과 깜깜이 전형에 대한 학부모와 학생의 교육 공정성에 대한 불만이 심각하게 제기됐다. 「금수저 전형」은 경제 격차로 인한 교육기회의 불공정성, 「깜깜이 전형」은 선발의 불공정성과 직접적인 관련이 있다.

2017년 EBS 다큐프라임제작진과 전국시도교육감협의회의 공동 주관으로 전국의 고3 담임교사 3,096명으로 대상으로 한 조사에서 4점의 공정성 척도에서 정시 전형은 3.46점, 학생부 교과전형 3.01점, 논술 전형 2.36점, 특기자 전형 2.44점이며, 학종은 2.36점으로 가장 공정성이 떨어진 것으로 나타났다.

매일경제(2018. 3. 18.)와 진학사의 공동 조사에서 고교 재학생과 졸업생 1303명을 대상으로 '학종이 공정하다고 느끼는가'에 977명인 75%가 공정하지 않다고 대답했다. 학종에 대한 고교생의 불신도 심각한 수준이었다.

수시에 대한 불신이 커지면서 학생들 간에도 분열이 조장되었다. 대학

에서 전형 유형에 따른 보이지 않는 차별을 하는 신조어가 등장했다. 공정한 경쟁을 거쳤다는 의미에서 '정시 귀족', 불공정하다는 의미에서 수시충, 학종충, 교과충(학종 교과), 지균충, 기균충, 사배충, 재외국민충으로 불렸다. 이런 상황에서 학생부 조작 사건이 끊임없이 일어나자, 수시 전형에 대한 학부모의 불신이 고조되어 강력한 정시 확대 요구로 이어졌다.

수시 전형은 순수한 교육 의도와 달리, 우리의 학력문화 풍토에 어울리지 못하고 오히려 학생의 대학 입시 부담을 가중하는 결과를 초래했다. 수시 전형은 교육 공정성을 위배한다는 심각한 불신이 학부모들 사이에 팽배했다. 문재인 정부에 들어서 수시 전형에 대한 불신이 높아지자 정시 확대에 대한 사회 목소리가 커진 것이다.

수시 전형에만 문제가 있는 것은 아니다. 정시 전형도 서열 위주의 상대평가로 인해 많은 문제를 일으켰다는 것은 역사적으로 검증된 사실이다. 정시 전형은 비인간적인 교육풍토의 성행, 학생의 점수 기계화, 단편적인 암기식 교육의 성행, 고차원적 사고능력의 저해, 학교교육의 황폐화, 점수로 인한 대학의 서열화 등의 수많은 문제를 안고 있다. 학력고사 시절에는 원점수 하나만을 부여한 것을 지금은 영역별 교과 성적을 표준점수, 백분위 점수, 등급을 제공하고 있다는 점에서 차이가 있다. 그래도 정시 전형은 많은 문제점에도 불구하고 결정적인 장점은 선발의 공정성을 보장한다는 것이다. 반대로 수시 전형은 좋은 장점에도 불구하고 선발의 공정성을 의심하게 하는 치명적인 단점이 있다.

모든 대학 입시 전형에는 장단점이 혼재해 있다. 특히 학력 욕망으로 일그러진 우리의 대학입시문화에서 절대 좋은 전형이라든가 절대 나쁜 전형이란 제도는 없다. 어떤 전형이든 장단점이 존재하기 때문에 우리의 대학입시문화에 유리한 입시체제를 고려해야 한다. 우리의 대학입시문화에서 완벽하게 적합한 입시 전형은 있을 수 없으며, 조금이라도 입시 정책의 고려 사항에 넣지 말아야 한다. 학력 출세주의라는 세속적 욕망을 주도하는 교육열은 어떤 대학 입시 전형이든지 왜곡·변형되기 때문이다.

올바른 대학 입시 전형을 채택하려면 우리의 대학입시문화에 적합한 것을 먼저 고려해야 한다. 우리의 대학입시문화를 완벽하게 만족시키는 절대적인 입시 전형은 존재하지 않는다. 단지 상대적으로 유리한 대학입시 전형을 모색해야 한다. 우리의 대학입시문화에 유리한 입시 전형이 무엇인가에 대한 고려를 먼저 해야 하며, 상호 입시 전형의 상대적인 비교를 통해서 조금이라도 유리한 제도에 대한 정책적 배려가 있어야 한다.

수시와 정시 전형에서도 차이가 없다. 수시와 정시 전형은 각각 장단점이 혼재해 있다. 중요한 점은 우리의 대학 입시와 조화 가능성에 대한 세밀한 검토를 통해 수시와 정시 전형에 대한 구체적인 정책을 고려해야 한다. 수시와 정시 전형에 대한 상대적인 비교 우위를 고려하기 위해 우리의 대학입시체제에서 장단점을 분명히 점검할 필요가 있다. [표 7-2]는 상대적인 비교를 위해 리커트 5점 척도를 기준으로 주관적으로 평가했다.

표 7-2 _____수시와 정시 전형의 상대적인 비교

구분	수시 전형(학종)		정시 전형	
	장점	단점	장점	단점
선발 체제		매우 불공정성	매우 공정성	
교실의 내실화	조금 도움			매우 도움 안됨
입시 경쟁		매우 치열함		치열함
사교육비		매우 높음		조금 높음
부모의 배경		많이 작용		조금 작용
과외 교육		매우 받음		조금 받음
재수생		매우 높음		매우 높음
대학의 위계화		조금 높음		매우 높음
고차원적 능력	조금 도움			도움 안됨

[표 7-2]는 우리나라 대학 입시 풍토를 기준으로 수시와 정시의 장단점에 대한 절대 비교가 아니라 상대 비교를 한 것이다. 수시와 정시 모두 장단점이 혼재하여 무엇이 우리에게 적합한 대학 입시 전형인지를 가늠하기 어렵다. 우리가 중요하게 고려할 부분은 대학입시체제가 합리성을 기반으로 한 선발 제도라는 것이다.

선발은 공정성이 생명이다. 수시 전형은 교육적인 의미가 있지만, 선발의 공정성에서 치명적인 약점을 가지고 있다. 정시 전형은 교육적인 문제가 있지만, 선발의 공정성에서 좋은 장점이 있다. 서울의 주요 대학인 경우에 너무 복잡하고 다양하여 '엄마사정관제'로 불리는 수시보다 정시 전형이 부모의 사회경제적 배경이 비교적 덜 작용한다는 것도 큰 장점이 된다. 이렇게 보면 정시 전형으로 선택해야 하지만, 어떤 하나의 전형만을 경직되게 적용하면 더 큰 문제점이 생길 수 있다.

획일적으로 적용된 입시 전형의 문제점을 해결하기 위해 수시 전형의 치명적인 단점인 선발 기준의 투명성을 확보해서 공정성을 높여야 한다. 정시 전형은 고차원적 사고 능력을 높이는 출제와 각 대학에서 잠재 능력과 적성에 맞는 학생을 선발할 수 있도록 제도 장치를 보완해야 한다. 수시와 정시의 상호 보완과 조화로운 균형을 통해 우리의 대학입시문화에 적합한 맞춤형 입학 전형을 모색해야 한다.

참고문헌

강무섭(1990). 입시위주 교육의 실상과 대책(Ⅰ). 한국교육개발원. 연구보고 RR 90 – 27.

강무섭(1991). 과외수업 실태분석 연구. 한국교육개발원. 연구보고 RR 91 – 2.

강병운(2001). 대학입시제도에 관한 연구. 한국교육연구. 제7권 제2호. 19 – 43.

강성국 외(2005). 한국교육 60년 성장에 대한 교육지표 분석. 연구보고 RR 2005 – 15. 서울: 한국교육개발원.

강일국(2005). 교육적 원칙에서 바라 본 2008 대입제도의 특징. 교육비평. 서울: 교육비평사. 45 – 80.

강준만(2009). 입시전쟁잔혹사. 서울: 인물과 사상사.

강창동(2018). 교육사회학의 이해. 서울: 학지사.

강창동(2019). 한국의 교육문화사. 서울: 박영story.

강창동(2019). 우리는 히스테리 사회에 산다. 서울: 박영story.

강창동(1993). 한국 학력주의의 사회사적 연구. 고려대학교대학원 박사학위논문.

강창동(2000). 한국 교육열의 편집증적 성격에 관한 사회학적 연구: 들뢰즈와 가타리를 중심으로. 교육학연구. 제38권 제3호, 159 – 177.

강창동(2001). 조선조 성리학과 교육문화의 관계에 대한 연구. 교육학연구. 제39권 제4호. 1 – 18.

강창동(2005). 조선조 종법제 가족주의와 교육문화의 관계에 대한 연구. 교육학연구. 제43 제1호. 109 – 135.

강창동(2006). 한국 초등교육의 학력(學歷) 자본에 대한 사회학적 고찰. 교육문제연구. 제26집. 101 – 123.

강창동(2007). 한국 대학입시제도의 사회사적 변천과 특징에 관한 연구. 교육문제연구. 제28집. 83 – 113.

강창동(2008). 한국의 편집증적 교육열과 신분 욕망에 대한 사회사적 고찰. 한국교육학연구. 제13권 제2호. 5－32.

강창동(2010). 學力 개념에 관한 사회학적 연구. 교육사회학연구. 제20권 제1호. 1－24.

강창동(2014). 한국의 국립대와 사립대의 대학경쟁력 비교 연구. 한국교육학연구. 제20권, 제2호. 301－323.

강창동(2015a).「국립대학 선진화 방안」의 정책 오류에 관한 연구. 한국교육학연구. 제21권, 제2호. 5－39.

강창동(2015b). 정부의「대학구조개혁」정책에 관한 비판적 연구. 한국교육학연구. 제21권, 제4호. 275－306.

강창동(2015c). 한국 고등교육 정책 동향 분석과 평가. 한독교육학회·인하대학교 BK21＋ 사업팀 공동학술대회. 글로벌시대 고등교육의 성찰과 전망.

강창동(2016). 한국의 학력 상징계와 라캉의 인정욕망에 관한 연구. 한국교육학연구. 제22권 제4호. 337－360.

강창동(2018). Lacan의 관점에서 본 한국의 학력 신경증의 구조적 특징 연구. 한국교육학연구. 제24권 제1호. 5－30.

강창동(2019). Lacan의 관점에서 본 한국의 학력 도착증의 사회적 현상 연구. 한국교육학연구. 제25권 제2호. 1－22.

강창동 외(2002). 일반계 고등학교 선택중심 교육과정의 편성·운영 방안 연구. 한국교육과정평가원. 연구보고 RRC 2002－3.

고복순(1987). '할수 있다'는 생각이 성공의 첫걸음. 어머니의 내신성적. 서울: 삼중당.

고형일 외(1998). 2002학년 이후의 입학제도 개선에 관한 연구. 교육정책연구보고서.

교육부 학생부종합전형조사단(2019). 2016~2019학년도 13개 대학 학생부종합전형 실태조사 결과.

교육신문사편찬위원(1999). 한국교육 100년사. 서울: 교육신문사.

구본호·이규억(1991). 한국경제의 역사적 조명. 서울: 한국개발연구원.

김대환(1999). 한국전쟁과 한국사회의 인식 변화. 현대사회. 제36권, 봄호.

김덕희(1987). 엄마의 간절한 소망을 도시락 속의 쪽지에. 어머니의 내신성적. 서울: 삼중당.

김동환(2002). 일제강점기 진학준비교육과 정책적 대응의 성격. 교육사회학연구. 제12권 제3호. 25－53.

김동석(2000). 학생 선발정책과 2002 대입제도의 쟁점 분석. 교육문제연구. 제13집.

19 – 49.

김동춘(1999). 가족이기주의. 역사비평, 여름호. 서울: 역사비평사.

김명자(1994). 대학 수험생 가족의 전반적 현황 및 문제. 한국가족연구회 편, 자녀 교육열과 대학입시. 서울: 하우.

김범석(2020). 학교생활기록 기반 교육평가 정치의 계보학. 한국교원대학교대학원 박사학위논문.

김성훈, 김안나(2009). 출신 고등학교 유형에 따른 대학생들의 학업성취도 비교 연 구: 특목고의 영향을 중심으로. 교육사회학연구. 제19권 제4호. 47 – 61.

김수곤(1985), 사내 직업 훈련 제도의 개선 방향. 서울: 대한상공회의소.

김신영 외(2011). 입학사정관제 성과 분석 연구. 연구보고 RR 2011 – 18 – 365. 서울: 대학교육협의회.

김영모(1977). 조선 지배층연구. 서울: 일조각.

김영봉·김신복·김기영(1984). 한국의 교육과 경제발전: 1945~1975. 서울; 한국개 발연구원.

김영철(2015). 행복은 성적 순이 아니잖아요? 학력(학벌)의 비경제적 효과 추정. 한국 재정경제학회. 한국재정학회 2015년도 추계학술대회논문집.

김영철 외(1980). 入試制度 比較研究. 한국교육개발원. 연구보고 115집.

김영철 외(1981). 학교교육 정상화를 위한 과열과외 해소 대책. 한국교육개발원.

김영화 외(1993). 한국인의 교육열 연구. 한국교육개발원. 연구보고 RR 93 – 21.

김영화, 이인효, 임진영(1994). 한국인의 교육의식 조사연구. 한국교육개발원. 연구 보고 RR 93 – 21.

김완준(2003) 대치동 아이들은 잠들지 않는다. 서울: 프리즘씨알.

김은실(2005) 사교육 1번지 대치동 엄마들의 입시 전략. 서울: 이지북.

김은영 외(2016). 영유아 사교육 실태와 개선 방안 Ⅱ: 2세와 5세를 중심으로. 육아정 책연구소. 연구보고 2016 – 3.

김의규(1985). 高麗時代의 貴族制說과 官僚制論. 서울: 지식산업사.

김익로(1993). 우리나라 대학입학시험제도의 변천과정에 관한 연구. 연세대학교 대학원 석사학위논문.

김재우(1987). 조선총독부의 교육정책에 관한 분석적 연구. 한양대학교대학원 박 사학위논문.

김재웅(1996). 1980년대 교육개혁의 정치적 의미와 교육적 의미: 졸업정원제와 과외 금지 정책을 중심으로. 한국 교육정치학회. 한국의 교육개혁과 그의 정치학. 1995/6년도 연차학술대회 발표 논문집.

김종철 외(1974). 문교사: 1945~1973. 중앙대학교출판국.

김종철(1979). 한국고등교육연구. 서울: 배영사.

김지영(2019). 연령대별 성격강점의 발달유형: 한국인 연령 집단에 따른 성격강점 비교 및 문화적 특성. 한국심리학회지. 제24권 제3호. 607－630.

김형관 외(1990). 우리나라 대학교육의 변천에 관한 연구. 고려대학교 교육문제연구소.

김흥주(2001). 조기유학(유학이민)의 현황 및 국민의식 분석. 2001년도 제1차 KEDI 교육정책포럼. 한국교육의 현실과 저기유학(유학이민)의 명암. 한국교육 개발원.

김흥주(2005). 조기유학의 명암. 교육정책포럼, 제98호. 한국교육개발원.

김희복(1992). 학부모 문화 연구. 서울대학교대학원 박사학위논문.

남명호 외(2005a). 대학수학능력시험 10년사Ⅰ. 한국교육과정평가원 연구보고. 서울: 중앙교육진흥연구소.

남명호 외(2005b). 대학수학능력시험 10년사Ⅱ. 한국교육과정평가원 연구보고. 서울: 중앙교육진흥연구소.

남미자, 배정현, 오수경(2019). 드라마〈SKY〉에서 재현된 교육열: 서사구조와 담론 분석을 중심으로. 2019 한국교육사회학회 춘계학술대회. 스카이캐슬에 대한 교육사회학적 접근. 1－31.

남혜영(2002). 우리나라 대학입시제도 변천과정에 나타난 문제점 연구. 건국대학교 대학원 석사학위논문.

노종희(1980). 학생 선발제도 개선방향 탐색. 서울: 한국교육개발원.

문교부(1980). 韓國教育三十年.

문교부(1988). 韓國教育40年史.

박도순(1994). 1994학년도 새 대학입시제도의 실행 방안에 관한 연구. 교육문제연구. 제6집. 1－34.

박도순 외(2007). 교육평가: 이해와 적용. 서울: 교육과학사.

박도순 편저(2007). 한국의 교육문제, 어떻게 생각하는가? 서울: 원미사.

박미희(2013). 대학입시 준비 경험이 대학진학에 미치는 영향 분석. 교육사회학연구. 제23권 제1호. 1－24.

박용운((1980). 高麗時代 臺諫制度 研究. 서울: 일지사.

박창희(1991). 무인정권하의 문인들. 한국사 시민강좌. 제8집. 서울: 일조각.

박철희(2004). 식민지학력경쟁과 입학시험준비교교육의 등장. 아시아교육연구. 제4권 제1호. 65-92.

박철희(2005). 대학입학선발제도의 변천: 대학의 자율과 국가의 통제를 중심으로. 교육비평. 서울: 교육비평사.

박현채 외(1988). 한국 자본주의와 사회구조. 서울: 한울.

박희찬(1983). 우리나라 대학정원정책의 사회적 함의에 관한 연구. 서울대학교 대학원 석사학위논문.

배중근·이미나(1988). 한국교육의 실체: 국민은 교육을 어떻게 생각하나. 서울: 교육과학사.

배천웅·최상근·박인종(1986). 한국인의 교육관 분석. 한국교육개발원. 연구보고 RR 86-15.

백순근(2000). 일제강점기의 교육평가. 서울: 교육과학사.

서봉언(2018). 대학 입학전형요소와 교육성과 간 메타분석. 교육사회학연구. 제28권 제1호. 35-62.

서울대학교 40년사 편찬위원회(1986). 서울대학교 40년사: 1946-1986.

서중석(2015). 서중석의 현대사 이야기. 파주: 오월의봄.

성기선(2007). 한국 사회와 대학입시제도에 대한 성찰. 송순재 외 11인. 대학입시와 교육제도의 스펙트럼. 서울: 학지사.

손인수(1997). 율곡사상의 교육이념. 서울: 문음사.

손인수(1998). 한국교육연구 하. 서울: 문음사.

손인수(1999). 세종시대의 교육문화연구. 서울: 문음사.

손종현(2007). 일제시대 학교시험제도의 정치학. 교육철학. 제31집. 21-44.

손준종(1994). 한국고등교육정원정책 경정요인에 관한 연구: 국가 역할을 중심으로. 고려대학교대학원 박사학위논문.

손준종(2006). '내신제' 도입의 사회적 성격에 관한 연구: 1930년대를 중심으로. 교육사회학연구. 제16권 제3호. 135-165.

송순재 외 11명(2007). 대학입시와 교육제도의 스펙트럼. 서울: 학지사.

신천식(1994). 중앙의 교육기관. 국사편찬위원회 편. 한국사 17: 고려 전기의 교육과 문화. 서울: 탐구당문화사. 13-72.

안기성 외 8인(1998). 한국 교육개혁의 정치학. 서울; 학지사.

안선회(2010). 사교육비 경감정책 평가연구: 참여정부를 중심으로. 고려대학교대학
　　　원 박사학위논문.

안선회(2018). 학생부 중심 대입제도의 추진과정과 정책문제 분석. 교육문화연구.
　　　제24권 제6호. 87－116.

안선회(2018). 정권교체와 대학입시 정책변동. 한국교육정치학회 2018 춘계 학술
　　　대회 논문집. 105－156.

안태호(1987). 대량소비구조의 변천. 세계평화교수협의회. 한국현대사의 재구성. 서
　　　울: 일념.

양길석(2006). 2008학년도 대학수학능력시험 점수체제(9등급)에 관한 비판적 고
　　　찰. 한국교육연구. 제12권 제2호. 141－164.

역사학회 편(1992). 과거: 역사학대회 주제토론. 서울: 일조각.

오성철(2000). 식민지 초등교육의 형성. 서울: 교육과학사.

오영희(1999). 한국대학입시제도의 변천과정과 원인에 관한 연구. 경희대학교 교
　　　육대학원 석사학위논문.

오욱환(2008). 조기유학, 유토피아를 향한 출국: 조기유학의 복합적 기능과 역기능. 서
　　　울: 교육과학사.

오천석(1975). 韓國新敎育史. 서울: 1975.

우용제 외 3인((1998). 근대한국초등교육연구. 서울: 교육과학사.

유진오(1962). 우리나라 대학의 회고와 전망. 사상계. 4월호.

윤길순 외(1997) 고생하는 엄마, 고3 엄마. 서울: 아카데미북.

윤용남(696). 우골탑 특감 방청기. 월간 중앙. 3월호.

이경숙(2005). 1920·30년대의 "시험지옥"의 사회적 담론과 실체. 한국교육. 제32권
　　　제3호. 35－59.

이경숙(2006). 일제시대 시험의 사회사. 경북대학교대학원 박사학위논문.

이경숙(2006). 1930년 조선총독부의 "시험폐지" 규정과 교육담론. 정신문화연구. 제
　　　29권 제3호(통권 104호). 225－253.

이경숙(2007). 학적부 분석 : 일제말기 학교가 이룩한 '국민학생'의 삶, 희망, 현실.
　　　교육철학. 제31집. 45－71.

이경숙(2012). 시험가 내신의 엇갈린 역사: 선발의 역사에서 무엇을 배울 것인가.
　　　한국교육사학회 발표논문집. 시험의 역사. 111－151.

이경숙(2018). 시험국민의 탄생. 서울: 도서출판푸른역사.

이광현, 안선회, 이수정(2019). 학생부종합전형 쟁점 분석: 학종 입학생들의 소득 수준 분석. 2019 한국교육사회학회 연차학술대회. 학교-지역사회 연계의 교육사회학적 검토. 132－157.

이광호(1990). 한국 교육체제 재편의 구조적 특성에 관한 연구: 1945~1955를 중심으로. 연세대학교대학원 박사학위논문.

이광호(1996). 구한말 근대교육체제와 학력주의 연구. 서울: 문음사.

이대근(1987). 韓國戰爭과 1950年代의 資本蓄積. 서울: 까치.

이동원(1992). 기조강연: 대학입시와 가족. 한국사회학회 가족·문화연구회. 대학입시와 가족.

이두휴(2007). 대학서열체제의 구조와 해소방안 연구. 교육사회학연구. 제17권 제3호. 131－157.

이만갑(1961). 사회불안의 전위·인테리 실업자. 사상계. 2월호.

이만규(1991). 조선교육사 Ⅰ. 서울: 거름.

이만규(1988). 조선교육사 Ⅱ. 서울: 거름.

이미나(2001). 한국교육의 현실과 조기유학. 2001년도 제1차 KEDI 교육정책포럼. 한국교육의 현실과 조기유학(유학이민)의 명암. 한국교육개발원.

이성무(1973). 十五世紀 兩班論. 창작과 비평. 제8권 제2호. 여름호. 통권 28호.

이원재(2001). 과거 공부를 알아야 우리 교육이 보인다. 서울: 문음사.

이원호((1987). 개화기교육정책사. 서울: 문음사.

이원호(2002). 조선시대 교육의 연구. 서울: 문음사.

이정표(1994). 기업체의 채용·승진 과정에 나타나는 학력의 기능 분석: 대졸자에 대한 고용주의 인식을 중심으로. 이화여자대학교대학원 박사학위논문.

이종각(1989). 연합적 경쟁 구조와 학생 삶의 구속 논리. 안범희(편). 교육민주화: 발전적 시론. 춘천: 강원대학교 출판부.

이종각(1996). 제5공화국 교육개혁의 실상과 허상. 강원대학교 사범대학 교육학과. 송복주 교수 정년 기념 논문집. 춘천: 조야기업 출판사.

이종승(2005). 대학입학제도의 변천사. 대학수학능력시험 10년사Ⅰ. 한국교육과정평가원 연구보고. 서울: 중앙교육진흥연구소.

이종제(1981). 한국인의 교육관: 유형적 특성과 갈등. 서울: 한국교육개발원.

이종제(1990). 韓國高等敎育體制의 機能分化에 관한 硏究. 한국대학교육협의회. 연구보고 제88－24－55호.

이진재(1986). 우리나라 입시제도의 변천사: 입시제도 개선 연구(Ⅲ). 서울: 중앙교육
평가원.

이혜영(1992). 대학 입학정원 결정의 사회적 동인에 관한 연구. 서울대학교대학원
박사학위논문.

이혜영·윤종혁·류방란(1997). 한국 근대 학교교육 100녀사 연구(Ⅱ). 한국교육개발
원. 연구보고 RR 97-10.

이효수(1984. 노동시장구조론. 서울: 법문사.

임찬빈·양길석·성병창(1998). 대학수학능력시험 영향 연구. 한국교육과정평가원,
연구보고 RRE 98-9.

장하진(1985). 1950년대 한국사회구조에 관한 계급론적 연구. 이화여자대학교 대
학원 박사학위논문.

전경갑 외(1987). 교육애 대한 국민의식 조사. 한국교육개발원. 연구보고 RR 87-8.

전봉관(2005). 경성제대 입시 대소동: '일본인을 위한 조선 대학' 첫 시험, 불공정
시비로 얼룩지다. 신동아. 12월호.

전봉관(2008). '유전입학 무전낙제'… 입시 지옥의 탄생. 신동아. 6월호.

전봉관(2009). 살인적 입학난과 총독부 입시 정책. 나라경제. 12월호.

정구향·김수동·양길석(1999). 대학수학능력시험 평가 연구. 한국교육과정평가원.
연구보고 RRE 99-11.

정민승(2019). 입시는 정체성이다: 스카이캐슬 인물에 대한 후기구조주의적 접근.
2019 한국교육사회학 춘계학술대회. 스카이캐슬에 대한 교육사회학적 접근.
53-71.

정범모 외(1993). 교육의 본연을 찾아서: 입시와 입시 교육의 개혁. 서울: 나남. 정선
이(2002). 경성제국대학의 연구. 서울: 문음사.

정우현, 구병림, 손준종(1998). 한국의 전문직 시험제도. 서울: 원미사.

정태화(2003). 학벌주의 극복을 위한 종합대책 연구. 교육인적자원부. 인적자원개발
정책연구 2003-4.

조성종(2001). 대학입시제도의 변천과 특징. 고려대학교 교육대학원 석사학위논문.

조정래(2019). 스카이캐슬 신드롬에 대한 인식유형 암구. 2019 한국교육사회학 춘
계학술대회. 스카이캐슬에 대한 교육사회학적 접근. 32-52.

중앙일보 특별취재반(1989). 교육 이대로 둘것인가: 참교육으로 가는 징검다리. 서울:
천지.

차장섭(1997). 朝鮮後期閥閱研究. 서울: 일조각.

최돈민 외(2001). 학부모 학력주의 교육관 타파 방안 연구. 한국교육개발원. 교육정
책연구 2001-일.

최양숙(2005). '기러기 가족' '기러기 아빠'의 실상. 교육정책포럼. 제98호. 서울: 한
국교육개발원.

최봉영(1997). 조선시대 유교문화. 서울: 사계절.

한국역사연구회 현대사연구반(1991a). 한국현대사 2: 1950년대 한국사회와 4월 민중
항쟁. 서울: 풀빛.

한국역사연구회 현대사연구반(1991b). 한국현대사 4: 1980년대 한국사회와 민족민
주운동. 서울: 풀빛.

한국학중앙연구원(1991). 한국민족문화대백과사전. 서울: 한국학중앙연구원.

한만길(1992). 대학 정원의 확대 정책과 교육기회 배분 구조의 변화에 관한 연구:
1980년의 7·30 교육조치를 중심으로. 강원대학교대학원 박사학위논문.

허흥식(1991). 高麗科擧制度史研究. 서울: 일조각.

현　주(2003). 한국 학부모의 교육열 분석 연구. 한국교육개발원. 연구보고 RR
2003-6.

홍성길(1977). 課外盛業地帶. 월간중앙. 3월호

EBS 대학입시의 진실 제작팀(2018). 대학입시의 진실. 서울: 다산북스.

SBS 스페셜제작팀(2014). 부모 vs 학부모. 서울: 예담.

金諍(1990). 科擧制度與中國文化. 강길중 역(1995). 중국문화와 과거제도. 서울:
중문.

何柄棣(1962). The Ladder of Success in Imperial Cahina. 조영록 역(1983). 中國
科擧制度의 社會史的 研究. 서울: 동국대학교 출판부.

宮岐市定(1963). 과거. 중국사연구회 역(1993). 중국의 시험지옥: 과거. 서울: 청년사.

Chaffee, W, C.(1995, The Thorny Gates of Learnin in Sung Chiana: A Social
History of Examinations, 양종국 역(2001). 송대 중국인의 과거생활: 배움의
가시밭길. 서울: 신서원 임상렬.

Hobsbawm, E. (2003). The Age of Revolution 1789~1848. 정도영·차명수 역
(2003). 혁명의 시대. 서울: 한길사.

찾아보기

(ㄱ)

가골탑(家骨塔)　　230

가족의 상징적 계급장　　153

가족주의(家族主義) 교육문화　　39

간판 위주의 학력주의　　122

갑오개혁　　41

강경(講經)　　34

검정고시　　59, 69

결과주의 교육행위　　169

경기중학교　　98

경성제국대학교　　43, 47, 54

경제 자본　　198

경학(經學)　　34 37

계약제 과외　　186

고교교육의 정상화　　75, 79, 81

고교교육헌장　　169, 171

고교내신　　142

고교 내신성적　　80, 81, 126, 132, 134, 145, 148, 173, 190, 192, 205

고교등급제　　211

고교평준화　　112, 113, 114, 115, 122, 211

고등교육　　53, 54, 57, 62, 63, 67, 68, 73, 78, 88, 90, 93, 104, 138, 151

고등교육 개혁　　75

고등교육 실업자　　78, 84, 105

고등교육 실업자 문제　　118

고등교육 열망　　55

고등교육 욕망　　54

고등교육 유민　　79

고등교육의 부정 입학　　73, 82

고등교육의 양적 팽창　　93

고등교육의 질　　68, 88, 93, 102, 110, 122

고등교육의 질적 저하　　79, 85, 118

고등교육의 팽창　　84

고등교육 정원　　94

고등교육 정원 통제　　110

고등교육 정책　　58

고등교육 확대　　54

고등사고능력　　191, 208, 271

고등실업자　　82

고등학교　　59, 69

고3병 112, 113, 115, 117

고속도로 과외 130

고액과외 187

고학력화 현상 140

골품제(骨品制) 37

공영형 혁신학교 210

과거 합격 27, 40

과거삼층법(科擧三層法) 33

과거제(科擧制) 1, 2, 12, 25, 26, 33, 36, 37

과열 과외 113, 118, 125, 127

과외 97, 102, 114, 202

과외공부 99

과외 공화국 172

과외 광풍 188, 215

과외 교육열 201

과외비 102

과외 금지 99, 128, 129, 130, 144, 145, 163, 202

과외 망국론 125, 164

과외 열기 116

과외 열풍 116, 189

과외 전쟁 117

과잉 교육열 167, 185

관료적 신분 출세주의 38

교과층 283

교수계약제 195

교수연봉제 195

교원 평가제 210

교육 강박증 252

교육 경쟁 267

교육 공급자 181

교육 공정성 282

교육 부패 185

교육 소비자 181

교육 욕망 2, 11, 29, 267

교육 출세주의 2, 11, 13, 76, 153, 249, 267

교육개혁심의위원회 150, 173

교육문화 3, 36

교육병 143

교육부총리 195

교육에 관한 임시특례법 82, 84, 88

교육열 2, 46, 65, 66, 68, 75, 85, 86, 96, 100, 131, 141, 166, 185, 195, 212, 266

교육열 광풍 265

교육은 지위의 사다리 65

교육의 결과주의 인식 85

교육의 유산적인 인식 100

교육입국조서 41

교육적 능력주의 56, 65

교육정보화시스템(EduNet) 181

교육정책 201

교육행정정보시스템 210

교육혁신위원회 212

교차 지원 제도 212

구두 본고사 273, 281, 282

국6병　　　112, 113, 114

국가고사제　　　85, 102

국가연합고사　　　69, 71, 79

국가장학금　　　278

국공립대학 정비안　　　82

국립대선진화방안　　　227, 246

국립대학 법인화　　　227

국립대학의 통폐합　　　210

국립대학자원관리시스템구축(KORUS)
　　　246

국민의 정부　　　194

국민학교　　　64, 65, 75, 96, 101, 114,
　　　180

국민학교의 정상화　　　99

국민학생　　　96, 97

국보위　　　126

국제 중학교　　　226

군부 정권　　　179

군사 정부　　　82, 84, 88, 90, 91, 93, 95,
　　　96, 102, 104

귀속사회(ascribed society)　　　30

귀족학교　　　234

근대 사회　　　31, 32

글짓기 과외　　　186

금 모으기 운동　　　194

금수저　　　245, 248, 278

금수저 전형　　　258, 261, 277, 278, 282

기균충　　　258, 261, 283

기러기 가족　　　215

기부금 입학제　　　152

기숙사 학원　　　155

기숙형 공립 고등학교　　　226

기업형 과외　　　172

김대중 정부　　　208, 209, 218

김영삼 정부　　　179, 180, 181, 194, 204

깜깜이 전형　　　258, 261, 280, 282

(ㄴ)

내신 등급　　　273, 276, 282

내신 성적　　　76, 102

내신성적 부풀리기　　　208, 238

내신 실명제　　　218

내신제(內申制)　　　42

노무현 정부　　　209, 210, 212

노천 수업　　　54, 56

노천교실　　　55

노태우 정권　　　173, 175, 179

논술 고사　　　158, 160, 173, 206, 219,
　　　221, 224, 239, 266, 271

논술 과외　　　186, 213

논술 열풍　　　236, 237

논술 전형　　　256, 275

논현동 과외팀　　　188

농지개혁법　　　52, 53, 59, 68

농촌 경제　　　68, 72, 78

눈치작전　　　134, 146, 265

능력주의(meritocracy)　　1, 29, 31, 41

능력주의(meritocracy) 사회　　30

(ㄷ)

다문화 사회　　196

단군 이래 최저 학력　　196

대리시험　　165

대수능시험　　182, 190, 191, 192, 204,
　　205, 206, 211, 219, 223, 266, 272

대입경쟁　　168, 212

대입입시제도　　58

대졸 취업난　　166

대학 경쟁　　77

대학 입시 열풍　　102

대학 정원　　140, 163, 196, 228

대학 졸업장　　78

대학 진학열　　66

대학교육　　88

대학교육역량사업　　246

대학구조개혁　　227

대학구조개혁방안　　210

대학망국론　　68, 78

대학별 단독고사제　　61

대학별 단독 시험제　　58, 103

대학별 본고사　　69, 71, 79, 120, 122,
　　173, 272

대학생 조정안　　113

대학생 징집 연기령　　60

대학설립기준령　　52

대학설립준칙주의　　181, 182, 196, 246

대학설치기준령　　74, 79, 82

대학수학능력시험　　27, 29, 110, 182,
　　190

대학의 교육열　　76

대학의 봄　　73

대학의 부정 입학　　61

대학의 붐　　63, 64, 78

대학의 선발 자율권　　270

대학의 입학 경쟁　　76

대학의 자율성　　61

대학 입시　　57, 87, 98, 100, 116, 118,
　　153, 171

대학 입시경쟁　　101, 105, 142, 167,
　　187

대학 입시경쟁 구조　　142

대학입시문화　　2, 13, 47, 54, 58, 96,
　　283, 284

대학 입시 부정　　166

대학입시전쟁　　189

대학입시정책　　143

대학입시제도　　11, 13, 15, 17, 59, 79

대학입시제도의 분류 체계　　3

대학입시체제　　58, 236, 265

대학 입학경쟁　　139, 140, 247

대학입학 무자격자　　73

대학입학 예비고사　　118, 119, 122

대학입학 예비고사령　118

대학입학 자격　59

대학입학 자격고사　68

대학입학 지원자　59

대학입학 학력고사　146

대학입학고사　71

대학입학시험제도　11

대학입학자격 국가고사제　89

대학입학자격 국가고시　90

대학정원　59

대학종합평가인정제　181

대학징집연기잠정령　52

대학평가인증제　138

대학 학생 정원령　94

독서 과외　186

돼지 엄마　257

돼지 키우기　202

두뇌한국(BK 21)　195

두레 과외　186

드라이브 과외　144

등골탑(鐙骨塔)　230

(ㄹ)

락카드(Lockard)　58

(ㅁ)

마이스터고등학교　226

마테오 리치(M. Ricci)　1, 30

모골탑(母骨塔)　230

몰래바이트　128, 144

무림사건　124

무상급식　229

무시험 전형제　79, 219, 221, 265

무시험 특별 전형　196

무자격자의 부정 입학　59, 68, 78, 93

무자격자의 입학　82

무즙 파동　12, 98

문과 똘추　248

문관고시제도　31

문교부　52, 53, 56, 75, 79, 90, 116, 120

문교부 장관　103

문레기　248

문민정부　179, 190

문벌 가문　35

문벌 귀족　25, 33

문벌 집단　38

문벌(門閥)　25, 34

문벌주의(門閥主義) 교육문화　38

문송합니다　248

문재인 대통령　275

문제(文帝)　25

문충이들　248

문치주의(文治主義)　36

문화 자본   198
미군정   61
민달팽이 세대   245

(ㅂ)

박근혜 정부   243, 245, 246, 254, 259
박정희 정권   75, 110, 115, 118, 123,
    161
반값등록금   227, 229, 230, 246
발전된 학력고사   190
배꼽 누르기   202
배짱 지원   134, 146, 265
백분위 점수   219
벌열(閥閱) 가문   39
베이비붐 세대   111
변종 과외   166, 171
변태 과외   130, 144, 155
변화표준점수   220
변환표준점수   205, 220
별과생   64, 67
별시(別試)   35
별장 과외   130, 172
복수지원   133, 146, 192
본고사   122, 182, 183, 191, 236, 272
본고사 과외   186
봉사왕   235
부마 민중항쟁   110

부실대학   68
부실대학 통폐합과 퇴출   227
부실한 사학재단   59
부자격자의 입학   118
부정 입학   64, 67, 68, 76, 77, 95,
    102, 118, 122, 165, 245, 270, 271
부정 졸업   95, 270
부정 합격   67, 79
부정행위   27
비디오 과외   130
비밀과외   129, 144, 145, 155, 172
비인간 교육   148
비인간적인 입시 교육   87
비정상적인 교육열   100
비정상적인 입시 교육   100
BK21   210

(ㅅ)

사교육 경쟁   233
사교육 의존증   231
사교육비 경감   112
사다리 전형   277
사당오락(四當五落)   155, 187
사림파   34
사립대학   53, 95
사립대학의 부실   53
사립대학의 부정 입학   96

사립대학정비안   82
사립학교법   88
사배충   258, 261, 283
사범학교   69
사설 강습소   87
사장(詞章)   34
사학재단   61
사학재단의 부실 재정   93
사학정비법   83
사회 경쟁   11, 12
사회 계급   198
사회 공정성   61
사회 생존권   11, 12
사회 욕망   2, 29, 267
사회 자본   198
사회 차별의 지표   184
사회 출세주의   255
사회경제적 지위   168
사회병   142, 143
사회의 신분 출세   78
사회의 신분 출세주의   86
사회의 인정 자본   67
사회의 출세 욕망   267
사회정화위원회   129, 145
산학협력선도대학(LINC 사업)   246
삼당사락   187
삼포 세대   245
상대평가   41
상징 자본   198

상징적 가치   143
상징적 계급장   166
새끼 과외   171, 186
생활기록부   80
서류 가슴   248
서울 올림픽   161
서울의 봄   123
석유 파동   117
석차 9등급제   238, 240, 242
석차 등급   218, 259
선발의 공정성   283, 284, 285
선시험→후지원   132, 133, 134, 145, 146, 173
선지원→후시험   175
선택 과목   69, 103, 174
선택중심 교육과정   181, 219, 220, 223
선행 학습   215, 233, 234
성과급적 연봉제 시행   227
성리학(性理學)   27, 36
성적 부풀리기   218, 228, 239
세트 과외   172
소빙하기(小氷下期)   40
소신 지원   174
솔서혼(率壻婚)   39
수금원 가장 과외   130
수능 9등급제   237, 238, 239, 242, 259
수능 등급제   219

수능 위주 전형　275

수시　208, 259, 275, 279, 282

수시 면접　281

수시 모집　260

수시 전형　247, 275, 279, 280, 282, 283, 284

수시충　283

수월주의　169, 172

수저계급론　245

수준별 교육과정　181

수직적인 양적 경쟁 구조　139

수평적인 질적 경쟁 구조　140

수행평가　181

숫자의 마술　273

숭문주의　36, 64

숭문주의 이데올로기　36

숭문주의(崇文主義) 교육문화　36

스태나인 등급제　219

스펙　234, 235, 277

스펙 관리　235

스펙 광풍　242

스펙 열풍　235

시장경쟁원리　181

시험　1, 26, 31

시험 경쟁　26

시험 욕망　29

시험지옥　44, 100, 101

식년시(式年試)　35

신군부　110, 111, 123, 124, 128, 130, 131, 179

신분 차별　198

신분 출세주의　27, 28, 75, 77

신분 출세주의 욕망　27, 35, 36

신유학(新儒學)　33

신자유주의 경쟁　248

신자유주의 시장경쟁원리　182, 194, 210

신자유주의 이념　228

신자유주의 정책　225

신진사대부(新進士大夫)　33, 34

심야 과외(올빼미 과외)　130

3D(difficult, dirty, dangerous)　196

3·15 부정선거　82

3불 정책　211

3저 현상　149

3저 호황　149

4·19 의거　72, 74, 82

10·26 사태　110, 123

(ㅇ)

암기식 교육　118, 265, 267

암자 과외　130

양적 경쟁　140

양측적(兩側的) 친속관계(親屬關係)　39

엄마 성적　185

엄마사정관제　13, 265, 285

역 도미노 경쟁　13

영수 학관　87

영어 결정론　200

영어 공교육　226

영어 과외　201

영어 사교육　185

영어 유치원　233, 252

영어몰입교육　226

예비고사　69, 110, 117, 120, 132

올빼미 과외　172, 186

옹알이 과외　199

우각관(牛角館)　78

우골탑(牛骨塔)　68, 78, 229

원점수　205, 220, 259

원정 출산　234

위성 교육 방송　195

위장 과외　172

위장 이혼　234

유교 경전　27

유교 능력주의　36

유신 헌법　110

유치원　97

유학　38

유학 토탈 컨설팅 학원　214

유학(儒學)　36

유학적 숭문주의　36

이공계 정원　113

이명박 정부　225, 228, 229, 238, 243,
　　247

이북5도지사의 증명　59

이승만 대통령　62, 82

이해찬 세대　196

인골탑(人骨塔)　230

인구론　248

인문계 고교 학군별 추첨 입시 방안　112

인터넷 과외　202

일류 고등학교　75, 76, 96, 100, 101,
　　114

일류 대학　77, 88, 101, 115, 117

일류 대학병　118

일류 대학 합격　87

일류 대학교　76, 96

일류 중등학교　75

일류 중학교　76, 96, 97, 99, 101, 112

일류 학교　75, 87, 88, 96, 101

일류 학원　117

일류대　143

일류대 합격자　87

일류병　75, 100, 112, 113, 115, 117,
　　122, 130, 141, 142, 145, 189, 276,
　　280

일반 전형　221

일제강점기　3, 41, 42, 43, 44, 57, 65,
　　267

일제식 학력평가　226

입시 경쟁　66, 76, 88, 98, 99, 112,
　　212, 216, 226

입시 공부　87

입시 과목   69

입시 교육   105

입시 기계   230

입시 부정   77, 166

입시 스트레스   232

입시 열풍   102

입시 자살   113, 156

입시 전사   215, 232

입시 전쟁   96, 117, 217

입시 지옥   65, 86, 96, 97, 102, 112, 114

입시 풍토   77

입시문화   44, 96

입신양명   1, 64, 266

입신양명주의(立身揚名主義) 교육문화   37

입신출세   88

입주 과외   144

입학 경쟁   47, 76

입학 사정   58

입학난   44

입학사정관제   219, 228, 229, 234, 235, 236, 238, 242, 258, 266

입학시험   45, 65

입학정원제   150, 162

EBS 수능방송   210

IMF 외환위기   194

NEIS 사태   210

N포 세대   245

YH 무역 사건   110

0교시 수업   227

5·16 군사정변   72, 74, 82

5·16 군사정부   93, 118

5·17 비상계엄   110, 123

5·18 광주민주화운동   123, 138, 141

5·18 민주화 운동   180

5·31 교육개혁안   181, 194, 195, 205, 210

5·6공 쌍둥이 정권   161, 179

6·10 민주항쟁   150

6·25 전쟁   54, 55, 57, 58, 59, 61, 62, 63, 65, 67, 68, 72, 73

6·29 민주화 선언   150

(ㅈ)

자기소개서   221, 235

자립형 사립고   181

자소서   255

자소설   235, 255

자유주의   30

자율형 공영학교   181

자율형 사립학교   226

재수생   102, 115, 116, 127, 139, 163, 173

재수생 문제   113, 116, 118, 125, 131, 138, 163

재수생 문제 해소를 위한 종합정책시안

116

재수생 합격자　102

재외국민층　283

재지사족(在地士族)　35

저승 스펙　234

저출산 아동　228

전교조　162, 195

전국교직원노동조합　210

전두환 정권　137, 138, 149, 152, 160, 162, 173

전시연합대학　54, 63

전시하교육특별배치요강　55, 56

전통적 교육문화　36, 56

전화 영어 과외　186

절름발이 교육　73, 74

점수 경쟁　267

점수 기계　267

정시　208, 275

정시 귀족　283

정시 모집　260

정시 비율　275

정시 전형　283, 284

정원내 특별 전형　240, 260

정원외 입학　59

정원외 입학 부정　96, 118

정원외 초과 모집　78, 82

정원외 특별 전형　240, 260

정원외 학생　95

정원외의 부정 입학　53

제5공 정권　149, 179

제7차 교육과정　181

제술(製述)　34

조기교육　26, 185

조기 교육비　232

조기 사교육　213

조기유학　189, 197, 198, 214

족보　31

족집게 사기 과외　202

졸업정원제　116, 126, 127, 132, 139, 140, 141, 142, 150, 151, 162, 266

종로 학원　117

종법제(宗法制)　40

종생부　205

종합생활기록부　205

좌주문생제(座主門生制)　34

주말 과외　130

죽음의 사각지대　13

죽음의 사각형　234, 253, 277

죽음의 삼각형　253, 277

죽음의 오각형　253, 255, 277

죽음의 육각형　254, 255, 277

죽음의 트라이앵글　13, 45, 234, 236, 239, 242, 265, 272

죽음의 핵사곤　13, 254, 265

죽창　245

중3병　112, 113, 114, 117

중·고등학교　66

중학교 교육의 정상화　112

중학교 무시험 제도　　112

중학교 무시험제　　99, 112, 113, 114, 118, 122

중화학공업　　109

지균충　　258, 261, 283

지방 국립대학교 설립　　54

지방대학혁신역량사업　　210

지역별 입학 할당제　　219

지옥불반도　　245

지하 과외　　186

짝짓기 교육 열풍　　233

쪼글탑　　230

출세 욕망　　1

출세주의　　37

출세주의 욕망　　266

취업난　　46, 57, 67, 151

치맛바람　　12, 55, 97, 100, 101, 265

7 · 15 교육혁명　　99

7 · 30 교육개혁조치　　12, 125, 126, 127, 128, 131, 138, 140, 142, 145, 150, 152, 158, 162, 190, 195, 211, 272

7 · 30 교육정책　　111

(ㅊ)

창칼 파동　　12, 98

천막 교실　　54

청강생　　59, 64, 67, 95

청년 실업률　　227

초 · 중등교육　　57, 58, 63, 66

초등학교　　44, 180

초등학교 입학시험　　44

초빙 과외　　117

초집(抄集)　　1, 27

촛불집회　　234, 245

총장 직선제　　161

총장 직선제 폐지　　227

최치원　　37

(ㅌ)

탈조선　　245

특공 과외　　186

특별 전형　　90, 104, 174, 192, 221

특수목적고　　181

(ㅍ)

'8학군' 제도　　164

팩시밀리 과외　　172

페레스트로이카　　137

표준점수　　219, 220, 259

표준점수제　　205

표준편차　　259

풀뿌리 민주주의　　　161, 179, 194

품앗이 과외　　　202

필기시험　　　69

필답고사　　　103

필수 과목　　　69, 103, 174

8학군　　　166

(ㅎ)

학교 자율화 추진 계획　　　227

학교교육의 내실화　　　279

학교교육의 정상화　　　145, 205, 229, 266, 275, 279

학교정비기준령　　　83

학력　　　12, 31, 41

학력 가치　　　141, 142

학력 경쟁　　　12, 41, 44, 45, 101, 267

학력 공정성　　　248

학력 귀족　　　2, 200, 201, 202, 203, 204, 249, 252, 253, 254, 267, 273, 280

학력 난민　　　204

학력 디플레이션　　　141

학력 물신화(物神化)　　　251

학력 세뇌　　　250

학력 세탁　　　131, 197

학력 왕족　　　200, 201

학력 욕망　　　2, 12, 13, 86, 118, 130, 131, 153, 154, 157, 165, 166, 167, 169, 189, 202, 212, 231, 242, 248, 249, 252, 255, 258, 267, 268, 276, 279, 280

학력 위조　　　212

학력 인플레이션　　　12, 126, 134, 140, 141, 151, 152

학력 전사　　　200, 203, 252, 253

학력 전쟁　　　252, 253

학력 차별　　　143, 184, 250, 251

학력 천민　　　203, 204

학력 출세　　　143, 189, 230, 267

학력 출세주의　　　2, 11, 75, 76, 77, 88, 100, 118, 142, 143, 146, 165, 208, 249, 267, 274, 275, 283

학력 출세주의 욕망　　　16, 77, 129, 130, 148

학력 출세주의 인식　　　153

학력 타살　　　254

학력 히스테리　　　154

학력(學力)　　　1, 211

학력(學歷)　　　42, 65, 77, 153, 198, 267

학력(學歷) 사회　　　1

학력(學歷) 욕망　　　11, 212

학력(학벌)주의　　　12, 15

학력고사　　　110, 116, 137, 148, 160, 173, 175, 182, 190, 192, 204, 265

학력의 사회 출세주의 욕망　　　2

학력의 사회적 차별　　　143

학력의 신분 출세주의　　280

학력주의　　41, 44, 157, 251

학력주의 사회　　76

학력주의(學歷主義)　　2, 31, 41, 100

학령 아동의 감소　　246

학령인구의 감소　　227

학림사건　　124

학벌(學閥)　　38, 43, 75, 215, 216,
　231, 234, 250

학벌 경쟁　　217

학벌 욕망　　215, 232, 233, 234

학벌 차별　　216

학벌 출세주의　　234

학벌주의　　215, 216, 250

학벌주의 인식　　237

학사자격 국가고시제　　85

학생부　　205, 219, 239, 247, 253, 257,
　258, 259, 266

학생부 교과 전형　　275

학생부 조작　　283

학생부 종합 전형　　255, 275

학생생활기록부　　205

학생정원령　　95

학연(學緣)　　101

학원　　87, 102, 116, 117

학원 기업　　78

학원 뺑뺑이　　252

학원 신고 포상금제　　236

학원 입시　　117

학원 중독증　　217

학원입시　　156

학위등록제　　95

학자금　　67, 68

학적부　　80

학종　　255, 256, 258, 275, 276, 279,
　282

학종 관리　　261

학종 불공정성　　275

학종 조작　　276

학종충　　283

학파라치　　236

한국 교육열　　78

한국교육개발원　　116

한국교육방송공사　　195

한국의 고등교육　　58

한국의 대학입시문화　　3

한남충　　245

한탕 과외　　186

햇볕 정책　　209

헬조선　　245

현대판 사회 혈통　　199

호족연합정권　　33

화살 과외　　172

훈구파　　34

흙수저　　245, 248, 278

저자 약력

강 창 동

강원대학교 사범대학 교육학과 학사
고려대학교대학원 교육학과 석사
고려대학교대학원 교육학과 박사

한국교육과정평가원 선임연구원 및 교육정책연구실장
대통령자문정책기획위원회 교육정책평가 전문위원
국무총리자문교육정보화위원회 전문위원
전국국공립대학교교수연합회(국교련) 공동회장
국립 한경대학교 교수회장

(현) 국립 한경대학교 브라이트칼리지 교수

[주요 저서]
한국의 교육문화사(제3판, 박영story, 2019)
우리는 히스테리 사회에서 산다(박영story, 2019)
교육사회학의 이해(제3판, 학지사, 2018)
시간의 가장자리(글나무, 2016)
지식기반사회와 학교지식(문음사, 2003)

새로운 교육학개론(공저, 학지사, 2020)
한국 국립대학의 길을 묻는다(공저, 북스힐, 2019)
한국교육의 사회학적 이해(공저, 교육과학사, 1998)
교육학개론(공저, 하우, 1996)
교육사회학연구(공저, 교육과학사, 1990)

한국의 대학입시문화사 -시험의 탄생에서 SKY 캐슬까지-

초판발행	2020년 8월 10일
지은이	강창동
펴낸이	노 현
편 집	배근하
기획/마케팅	김한유
표지디자인	BEN STORY
제 작	우인도·고철민
펴낸곳	㈜ 피와이메이트
	서울특별시 금천구 가산디지털2로 53 한라시그마밸리 210호(가산동)
	등록 2014. 2. 12. 제2018-000080호
전 화	02)733-6771
f a x	02)736-4818
e-mail	pys@pybook.co.kr
homepage	www.pybook.co.kr
ISBN	979-11-6519-080-4 93370

정 가   20,000원

박영스토리는 박영사와 함께하는 브랜드입니다.